本書係「敦煌文獻系統性保護整理出版工程」項目成果

二○二一—二○三五年國家古籍工作規劃重點出版項目

「十四五」國家重點出版物出版規劃項目

國家古籍整理出版專項經費資助項目

法國國家圖書館藏

敦煌文獻

榮新江　主編

第　一　一　一　册

P.3342 ~ P.3354v

上海古籍出版社

MANUSCRITS DE DUNHUANG CONSERVÉS À LA BIBLIOTHÈQUE NATIONALE DE FRANCE

111

P.3342 ~ P.3354v

Directeur

RONG Xinjiang

Les Éditions des Classiques Chinois, Shanghai

DUNHUANG MANUSCRIPTS IN THE BIBLIOTHÈQUE NATIONALE DE FRANCE

111

P.3342 ~ P.3354v

Editor in Chief

RONG Xinjiang

Shanghai Chinese Classics Publishing House

主　編　　榮新江

編　纂　　史睿　王楠　馮婧　范晶晶　付馬　陳瑞翾

　　　　　沈琛　包曉悦　李昀　何亦凡　郝雪麗　毛秋瑾

　　　　　嚴世偉　宛盈　袁勇　李子涵　李韞卓　忻然

　　　　　路錦昱　徐偉喆　潘雪松　關子健

　　　　　府憲展　曾曉紅　盛潔

支持單位　　北京大學敦煌學研究中心

責任編輯　　張禕琛

美術編輯　　王楠瑩　嚴克勤

目録

Pelliot chinois 3342

P.3342　大乘入道次第（總圖）　……　一

　　　　大乘入道次第　……　八

Pelliot chinois 3343

P.3343　律部疏釋（總圖）　……　八九

　　　　律部疏釋　……　九〇

P.3343v　律部疏釋補記　……　九二

　　　　　　　　　　　　　九八

Pelliot chinois 3344

P.3344　老子十方像名經　……　一〇三

　　　　　　　　　　　　　一〇四

Pelliot chinois 3345

P.3345　文選卷二九　……　一一七

　　　　　　　　　　　一一八

Pelliot chinois 3346

P.3346　雜齋文（總圖） ………………………………………………………………… 一二五

　　　　雜齋文 ……………………………………………………………………………… 一二六

P.3346v　七言闋題詩（今見花時滿樹紅） ……………………………………………… 一二八

　　　　 …………………………………………………………………………………………… 一二七

Pelliot chinois 3347

P.3347　後晉天福三年（938）十一月五日歸義軍前作坊隊副隊張員進改補充 ………… 一三九

　　　　衙前正十將牒 ………………………………………………………………………… 一四〇

Pelliot chinois 3348

P.3348　大寶積經卷八二至卷一一三抄（總圖） ……………………………………………… 一四三

　　　　大寶積經卷八二至卷一一三抄 ……………………………………………………… 一四四

P.3348v　唐天寶六載（748）十二月豆盧軍案爲軍倉收納糴粟麥事等（總圖） ………… 一八八

　　　1. 唐天寶六載（748）十二月豆盧軍案爲軍倉收納糴粟麥事 ……………………… 一九二

　　　2. 章疏序 …………………………………………………………………………………… 一九六

　　　3. 雜齋儀 …………………………………………………………………………………… 二〇三

　　　4. 唐天寶四載（745）豆盧軍和糴計會狀 …………………………………………… 二一一

　　　5. 唐天寶六載（747）十一月豆盧軍案爲軍倉收納糴粟麥事 ……………………… 二一四

Pelliot chinois 3349

P.3349　算經并序 .... 一三五

P.3349v　僧神贊等分配齋儭曆（總圖） .... 一三六

　　　　騎縫押 .... 一四四

　　　　僧神贊等分配齋儭曆 .... 一四六

P.3349 pièce 1　某年七月廿四日判官令狐善應致男令狐員潤委曲 .... 一四七

P.3349 pièce 1v　某年七月廿四日判官令狐善應致男令狐員潤委曲封題 .... 一四八

P.3349 pièce 2　敦煌慈惠等鄉分拆黃顁（芪）名目 .... 一四九

P.3349 pièce 3　梁苟子等柴草曆 .... 一五〇

P.3349 pièce 4
　1. 尚想黃綺帖習字 .... 一五二
　2. 尚想黃綺帖習字 .... 一五四

P.3349 pièce 4v　尚想黃綺帖習字 .... 一五四

　　　　尚想黃綺帖習字 .... 一五六

Pelliot chinois 3350

P.3350　　1. 下女夫詞　　一五九

　　　　　2. 咒願新郎文　　二六〇

　　　　　3. 咒願新婦文　　二六八

P.3350v　　　　　　　　　　　　二七〇

　　　　　禮懺等雜寫（總圖）　　二七二

　　　　　禮懺等雜寫　　二七四

Pelliot chinois 3351

P.3351　　妙法蓮華經觀世音菩薩普門品等（總圖）　　二七九

　　　　　1. 妙法蓮華經觀世音菩薩普門品　　二八〇

　　　　　2. 般若波羅蜜多心經　　二八二

P.3351v　　離合十字詩圖等（總圖）　　二九〇

　　　　　1. 雜寫　　二九二

　　　　　2. 離合十字詩圖　　二九四

　　　　　3. 雜齋儀　　二九四

Pelliot chinois 3352

P.3352　　觀無量壽佛經變榜題稿等（總圖）　　二九六

　　　　　1. 觀無量壽佛經變榜題稿　　三〇一

　　　　　　　　　　　　　　　　　三〇二

　　　　　　　　　　　　　　　　　三〇四

2. 千手千眼觀音經變榜題稿 ……………………………………………………… 三〇七

3. 瑞像記榜題稿 ……………………………………………………………………… 三〇八

P.3352v　後晉開運三年（946）沙州三界寺招提司法松手下
　　　　　諸色入破曆算會狀等（總圖）…………………………………………… 三一〇

1. 後晉開運三年（946）沙州三界寺招提司法松手下諸色入破曆算會狀 ……… 三一二

2. 天請問經抄 ………………………………………………………………………… 三一四

Pelliot chinois 3353

P.3353　太上業報因緣經卷四 …………………………………………………………… 三一九

P.3353v　四分律疏釋等（總圖）…………………………………………………………… 三二〇

1. 四分律疏釋 ………………………………………………………………………… 三二六

2. 雜寫 ………………………………………………………………………………… 三二八

3. 五言詩四首 ………………………………………………………………………… 三三〇

4. 施捨疏 ……………………………………………………………………………… 三三一

Pelliot chinois 3354

P.3354　唐天寶六載（747）燉煌郡燉煌縣龍勒鄉都鄉里籍 …………………………… 三三一

P.3354v　佛經集抄（總圖）………………………………………………………………… 三三五

　　　　　佛經集抄 ……………………………………………………………………… 三三六

　　　　　佛經集抄 ……………………………………………………………………… 三七四

　　　　　佛經集抄 ……………………………………………………………………… 三七八

Pelliot chinois 3342

P.3342　　大乘入道次第（總圖）　　（一）

P.3342　　大乘入道次第（總圖）　　（二）

P.3342　　大乘入道次第（總圖）　　（三）

P.3342　　　大乘入道次第（總圖）　　　（四）

P.3342　　　大乘入道次第（總圖）　　　（五）

P.3342　　　大乘入道次第（總圖）　　　（六）

P.3342　　　大乘入道次第（總圖）　　　（七）

P.3342　　　大乘入道次第（總圖）　　　（八）

P.3342　　　大乘入道次第（總圖）　　　（九）

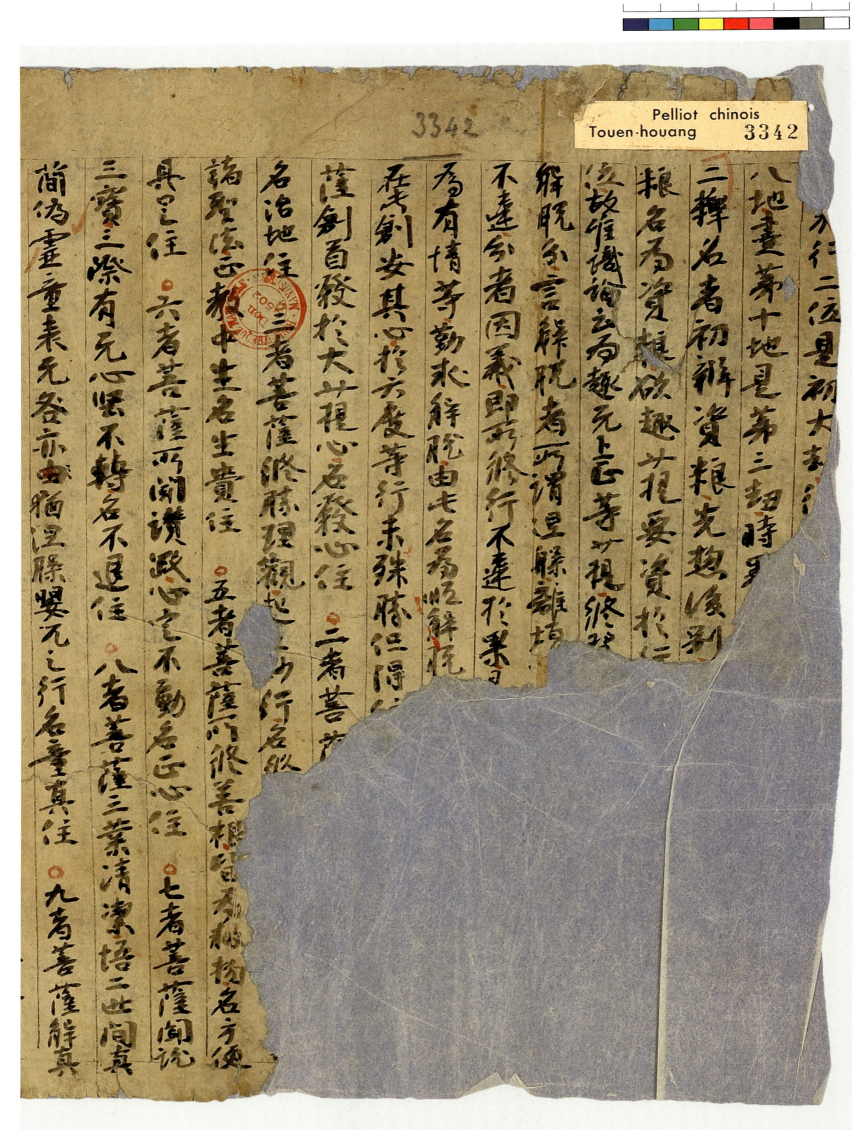

水行二位是初大乘

八地盡第十地見第三劫時果

二輝名者初辨資粮差別後別

粮名為資粮差別大報要資於二

後故摧識論立四趣元上言等及視終破

辭脫名言解脫者一謂違縣離垢

不達分者因我即我從行不達於業了

為有情等勤求解脫由七名為恒辭脫

襲劍安其心於六度等行未殊勝但得

歷劍自殺於大悲視心名發心住

薩治地住　三者菩薩從勝理觀起

名治地住

諸聖遠品精中生名生貴住

其且住　六者菩薩而開讚毀心之不動名正心住　五者菩薩從善根

三寶三際有元心堅不轉名不退住　八者菩薩三業清淨悟二世間真　七者菩薩聞說

簡偽靈童表元咎亦由猶温縣嬰元之行名童真住　九者菩薩解真

三賢三際有元心堅不轉名不退住　八者菩薩三業清凈悟二世間義

簡偽靈童素元咎亦由猶溫滕嬰元之行名童真住　九者菩薩辭真

紹諦悟法王法将有所斅名法王子住　十者长位菩薩如王太子堪受王位行

漸隆故名灌頂住　二者十行长位菩薩行长六愛等諸行豚故名之者

行长十行者一此位菩薩及大施主一初能捨三時元悔利央不惜敏生

慕法覩者敬教名歡喜行　二者菩薩常持凈戒不染五欲能令眾爱

一初眾生之元上或得不退地名饒益行　三者菩薩常修忍辱謙里恭

敬和龙愛語不宮自他悟身空孙元對能忍名元恚行　四者菩薩假設

多起愛諸剌苦承法滴生会之不息名元盡行　五者菩薩常住正念

恆元散乱於一切法皆元性相三業未恆元得元者而後不捨心眾生

六者菩薩善入人法皆元住相三業未恆元有癲乱名元癡乱行

心諦能遠頓現主救物名善現行　七者菩薩歷諸叁刹供仏求法傳

燈度志元戲已送次神減觀諸法故而於一初心元所着名元着行

八者菩薩尊重善根勤惠芽法增爱成就而由浮斯諸辱重法

二利之行更增於習名尊重行　九者菩薩得四元导陁羅尼門

八者菩薩尊重善根智慧等法皆悉成就而由浮斯諸尊重法

二利之行更增從習名尊重行 九者菩薩浮四无尋伺羅尼門

諸善惡法能為眾生作清涼池守護正法仏種不絕名菩薩行

十者主位菩薩成就第一誠諦之語學三世仏真无妄之語如

說能行如行能說語行相應心色皆順名真善行

　三者十迴向在斯

位之凡所修行皆为迴向立迴向名其十者河一七住菩薩而行六度四

稱等法悉為救护一切有情令离生死浮樂名救護眾生入平等

观不見怨親眾生等相稱离生相初迴向名回弦而住玉　二者菩薩

於三寶所得不壞仏因持諸善迴向眾生令攞善利名不壞迴向

三者菩薩學三世仏不著生死不離菩提從迴向事名等諸仏迴

向　五者菩薩所修梅迴善根离一切業淨於諸

四者菩薩從習一切諸善根時從彼善根如是迴向令七善根功德之力至

扵一初三寶之切一切世界眾生之所住諸供養利至之重釋如安澄

處不有名至一初豪迴向

如來一切眾生所有菩根皆悉迴向皆悉迴向法嚴一切諸仏淨

同常生仏事善薩方便具诸仏德离諸虛妄而无所著由迴向已浮无盡

如来一切衆生所有善根皆悉迴卷以七善根皆悉迴向恭敬一切諸佛淨

刹常住□事善薩方便具諸功德離諸慮妄而无所着由迴向已得元盡

善根无盡藏功德迴向 ○六者善薩以内外財随衆生意而施諸

善者悲以身代堅固安住自在切德次如是等諸善功德而迴向己令一切衆生

得大智惠深減大苦名道順一切堅固善根迴向 ○七者善薩而能增長

而衆生善根於習究竟安住忍力闲要趣门承離顛倒不着諸行

一切善根皆迴向为一切衆生住切德藏善覆一切枝出生死令得衆善

若无善刹果名等心随順一切衆生迴向 ○八者善薩成就空智安住

不動心无所依附亦不執不逮一切平等正法嚴刹度生而終諸善

皆順於相而为迴向 ○九者善薩而摄善根離憍慢等

而有傳着得身解脱心行普賢行以習諸善不執为己及以他人次元

傳着辭脱之心迴向饒益品物一切故名无著无傳辭脱心迴向

十者七住菩薩離塔缚頂受大法師記法施化生嚴淨世界善

等悲同虚界而无浪量亢有善根於於迴向惠等法界故名法界

光盡迴向 七菩義惠如花嚴陀即繋不具前究心全

等悲同虛空界而无限量凡有善根終於迴向悉等法界故名法界
无盡迴向　此等義廣如花嚴經恐繁不具前卅心全
第卅少分而屬資粮少分屬後加行　問此位初首而有十信謂
信進念定慧施戒護願迴向十心卌何故但云卅心耶　荅即十住中初
住離出次初發心而甚難故之鄰出也設有聖教云卌心當知即攝總
別說也理實卅心也　第二加行位者亦分總別總云加行者加功
用行而趣見道故名加行故唯識云近見道故立加行名即此亦名順決
擇分此決擇者體即智決斷於疑之不決故擇簡於見之不擇故智
異於彼故名決擇分者支分此決擇體即是見道七覺支中是其
一支故名為分順者趣向欣求之義加行位中煖等善根欣求趣向彼決
擇分故煖等善根名順決擇分故唯識云此四總名順決擇分順趣
真實決擇分故　其別名者一者煖此位菩薩初得見道火之
前相故名為煖然見道體能斷煩惱如大焚薪故喻於火煖位菩薩
未得大體而得火相故名煖也　二者頂此位菩薩依尋思觀所趣空

P.3342　大乘入道次第　（80—5）

前相故名為煖然見道體能斷煩惱如大城薪故會於大煖位菩薩

未得大體而得大相故名頂也　二者頂位菩薩依尋思智觀而趣空

忍位功極故名為頂之者極義如山之頂上之極故也　三忍者即可達

悟之義忍位菩薩知妄執識及心外境而體皆空故名為忍

四世第一法忍位菩薩兩得智等一初世間而有法中元先忍者故名

世第一　第三通達位者多多三種一釋題名二通達者證會之義

七位菩薩元漏之智了證真故故名通達即唯識云初行兒間忍智生

時體會真如名通達位即是見道作證等云通達位者謂諸

菩薩住見道者即名元漏智照理名見故唯識云初照理故名

為見道之遊履義行人遊履趣於極果義通運義通運行人至

於極果故名為道　次釋列名二者見道體雖虛妄親能證

理而能斷淨故名為真又釋真者是理見者是智名真見

道　二相見道相者頓似之義真見道後而起於寺行解安摸像真

見而有功能不能證理及斷於淨頓似於真故名相見　第四修習位

者多聞二種一輝偽名七三菩薩而登達以元分别智

見而有功能不能證理及斷於淨頗似於真故名相見

者多用三種一輝趣名七信菩薩而复進從無分別智斷二餘淨 第四從習位

從習唯識等云為斷餘淨證得轉依復敷從習無分別智是之七信

名修習位　二顯別名又合為二初釋趣名地後解十別号之七信從習位

能為依持生長之義故名為地唯識等云與所從行為勝依持令生長

故名地○十別号者一七地菩薩入於聖證二空理能利自地所入大喜具故

七地名極喜地故瑜伽等云得未曾得出世間心令證二空能證自他生大

歡喜　二七地菩薩具清淨戒辛破二破二破二業染汙行人名之為垢

七地菩薩能捨名離垢地故瑜伽等云遠離一初級細犯戒　三七地菩

得勝定及殊妙教四羅趣持汝七地為因能起三惠而能照法顯現名之

為光七地宫菩能起惠光兩汝七地名發光故瑜伽等云能為元

量智光依已　四七地菩薩妙惠殊勝能斷煩惱如大焰故七地名

焰惠地故瑜伽等云燒諸煩惱智如大焰薪是故七地名

令倍諦有分別智而与真諦无分別智同時儉起...達法令不相

焰惠地故瑜伽等云烦諸烦惱智火大焰故喻於大

令俗諦有分別智而與真諦無分別智同時俱起連法令不相

達一時並生故名難勝地而末之難令乃得自在

地也見以去地名難勝地故喻伽等云方便智最極難難方得自在

〇五去地苻能

六去地苻能起膝智顯十三緣不住染淨二處別行有去膝智顯生

起故如次去地名現前地故喻伽等云觀察諸行文故无相多修住息

方現在前 〇七去地苻惟於无相不起功用之行劔絕斷地是以去

地无相之行逾於二乘世間等行見故去地名遠行地故喻伽等云

能去遠證入无缺无間无相住息 〇八去地苻妙无相智不被一切有相功用

及諸烦惱而能擊擊兩以以去地名為不動故喻伽等云不有顯行烦惱不動

說自在獲得无界廣大智身 十去地苻石有膝智能藏泉徳能斷疑

九去地苻得妙智能善說法利食識是故去地名善惠地故喻伽等云峙

淨能遍法身義同於雲能弊於空而舍於水是以去地名法雲地故喻伽

云去苻無重之體廣如虛空法身圓滿譬如大雲智能遍覆是以法名法雲地

正等□重之體廣如虛空法身圓滿譬如大雲皆能遍覆

第五究竟位者功感事畢故稱究竟簡資根等彼之四位功未畢故又

闢二乘□得廿提并非高勝故雖佛獨能而佺皆以有漏加行智為其體

究竟位者即以如來廿提并以

究竟 三玉體者資糧加行之二位雖性皆以有漏加行智為其體

故見道魁性而以根本後得无漏二智為體真相別故其修習位十地智

以有為无為諸功德法次為自體

為其體上略列徑釋名玉體三竿不同趣為勝耶一辨位邊

第三明於斷者復開為三明兩從之行二明兩斷之障初從行中復會內

二初境後行以丁境者謂即三性三无性等多種若列今且略明三性

三境謂遍計所執依他起圓成等怪見智以藏名之為境故據大乘

名所詮亦名壽即是境也

　問此三名體其義云何答遍者周普

計者量度善計一初故名遍計惟周遍量度之心妄執一切五蘊等

法為我為法斗所妄斗我法等顙名有所執二法但有假名无

其每體故瑜伽云謂遍計遍計依假名言建立自性即是我法等性

法为我为法等妄计我法等颜名为所执之法但有假名无
其每体故瑜伽云谓遍计依他建立自性即是我法等性
問何缘蕴等体性不能计妄情見後是有何故論云名遍計性
執無自体耶　答蕴等缘生不离於識非有似有而非我法妄
情不了執為我法而离於識一異等七等兩執离識我法妄
職我法及我有等今說為無名遍計我云初有遍計所執
兩有遍等名無体故唯識云初有遍計所執由此重習力而變
二家從缘生故亦依他起遍計依他斯妄執定妄有無一異俱不俱等
此二方名遍計兩執　●問遍兩執其體兩躰計遍心未知何是
若有遍第七及染第六七之三識妄執我等名能遍計故据論等立義
識名為能遍計故之八識中唯七之二也　●問第六妄執緣一初起可名遍計
第七但緣藏八起執何名得遍計　答第七執心是第六識執之颜
故名遍計依他起者依者非已由仗於他自方得生名依他起
之者生也辯即一初有遍無遍心及心所起等立云從因缘生名依他起故

者生也辨即一切有漏心及心所色等立雲從因緣生名係此起故

瑜伽論云謂從眾緣而起自性

圓成實者圓即滿辨周遍義

處即就作生戒義乃為真實作處深義唯一真如真斷三義名

圓成實故偷伽論云謂諸真如聖智所行境界

又釋無漏有為亦名

處實故雖識云無漏有為離倒究竟藤用周遍豈得此名意說云

無漏有為多其三義同於真如豈名戒實乃離倒者而是戒義煩惱

染法虛妄顛倒不得此名無漏不述

不然故名為究竟實者即是戒義究竟能斷煩惱染法戒就

七辨校名處也猶用周遍者豈其圓義雖普斷戒遍緣諸境故名

圓也由此真如有為無漏至圓成實等也辨中邊論第二云真如帶無

變異故名圓成實有為無漏名圓成實故雖道於境無倒立名圓成實通二種也

大乘論云取無為有為無漏名圓成實故知成實通二種也

問何故瑜伽論但以五法中以二為成實

問一常無常門但是常為名圓成實雖生戒故無常即作處瑜伽據

此二辨圓成實而有二

問何故瑜伽論但次第五法中立之為成者
以一常無常門但是常為名圓成實等離生滅
此故次れ之而為遍立智辨者是生滅法故之不取也　二遍無遍門
但是無漏即名成実離顛倒故有漏即小之以中邊攝論
攝二門豈取之者諸無漏法立圓成実等故不相遠　即是遍計其辨全
又依他圓成実離性是有漏契經云有漏無漏
說之為無有為無依他成実等我及我所是遍計也三性有無門
無漏遍計境我法辨無但以令知不生妄執觀依他染者我業及
以若果可須斷除淨者即是資糧加行見道而行之行可令修習觀
圓成実等而令求證三無性辨所餘之境恣業不説
為二初明發心後修行斷諸我浄證大菩提
必要先發大廾提之心由發志依彼果故可能依行斷諸我浄證大菩提
若不救後无破顛既無誰有於行之若不依何能斷浄之不能斷誑得菩
故發花藏經十住初首名菩薩經論十八注中第一云名發心注性識
故花藏經集固大廾提心見以第一先須菩心故文僧祇數菩心之義准

次依行中之分

P.3342　　大乘入道次第　　（80—12）

發花嚴經十住初首名菩薩心往服若經論十八住中第一心名發心往唯識

色五從發深涤固大菩提心復四弟一先須藏心故入僧禰數藏心之義准

諸経論今者略於十門分列 二明菩提心之義性二藏行相四辨

所縁五明豚刹六謨徳量七援傷為人辨其喻九明退縁十辨辛孫

弟一明辨性者次行精進云念正定向辨技揺論云清淨僧

上刀堅固心果延名菩初藏心先敢三大刦傳上刀為即行等五故

以行等而為自辨 弟二辨心回者按諸経論曰不一余人陳捜

弊發大集経云衆生成就十六種法能藏女程心一常於上心慈

堅諸根二勤依諸善惡臨藏切後三至心持戒不生悔敢四從智大悲於慈衆

生五依仏世尊有大慈悲六為諸衆生麦行諸苦七能壞衆生所有苦惱調

次諸根具足皇正見九心元所畏不求諸有十樂求仏智不樂二乘十一受樂

木楊麦苦悔十二恭敬智惠破壞憍慢十三知恩報恩十四具皇三身力十五

受持正法十六不斷三寶 又喻伽論菩地論菩藏心由四種縁四因四力而能

藏心六四縁者 一見諸仏菩有不思議神麦威力戒従可信聞故是事㭊

一從仏皆說仏菩提二雖木見聞仏及菩神通初

菩心六四緣者一見諸佛菩薩有不思議神變威力或從可任聞如是事院

聞見之於大菩提深生信解因斯菩起大菩提心二雖不見聞佛及菩神通功

德於菩薩聞之深行解為浮如來微妙智故菩起大菩提心三或有一類雖

不見佛及之聽於如是正法而見一切菩薩法將欲滅沒便住持菩薩法為滅界

法久住世間能救免量眾生大苦我應住持菩薩法故菩起心為滅界

生免量大苦為護菩薩藏增上力故於如來智深生信解而得菩心

四者或有一類難不覩見正法欲滅而於末劫見諸濁惡眾生身心

十種煩惱之所惱亂謂多愚癡多無慚愧多諸惱嫉多諸慳悋多

諸慇重多諸煩惱多無愧行多諸放逸多諸懈怠多諸不信

見是事已便作是念大濁惡世於正起諸煩惱之所惱亂能

菩下劣譬聞之心高難可得況於無上正等菩提能菩起者我

當於菩大菩提心令彼大世免量有情隨學於我起菩提頗猶

見惡世菩心難得增上力故菩十提心

其見二賴佛菩善友橋麦　　三於清眾生多起悲心

云何四回謂諸菩種性而得

四於極多時生

見惡世故心難得增上力故發十種心

具足　一賴仏芬善友攝受　三於諸衆生多起悲心　云何四回一謂諸芬種性而得

死大苦難行苦行無有怯衆　云何四力二謂諸芬由自切力能於无　四於極多時生

上云菩難行苦行无有怯衆　二由他切力深生慶樂　三宿習大乘相應善法

令得輕見諸仏芬義輙得聞稱讚歡即能達芬大種心況觀神力聞其

正法　四於現法中觀近善士聽聞正法諦心推尊長時修習種善法由

利生故瑜伽論云芬起心求有種時芬如是心說如是心決定當

證无上正等芬提能住有情一切義利又云最初芬心於諸衆生芬起二

種善薩意樂　一者利益意樂謂於諸不善處離濟衆生安置善處

二者安樂意樂謂无依无怙諸衆生所離諸染濟心願與種饒

益樂具　文眼若經論菩心行注而有曰義　一者廣大心四生三界咸是蘇

熙所度之者　第二第一心咸令有情得无餘依涅槃果　第三常心難度

衆生不見身外有衆生想咨即我身芬解常度一切衆生　四不顛

倒心不起我執有自他有情我芬等諸芬皆次決定希求二利為

衆生不見身外有衆生想皆即我身故名常度一切衆生　四不顛

倒心不起我執之有自他有情我等孝等諸数皆次第求之希求二利為

菩女提心之行相　第四轉二緣者恒以二求所慶而為二緣故自高為證大般

若經菩提白佛言世尊初菩女提心芥何以兩思惟作一切相智

文偷伽云以大菩提及諸有情二利義利為二緣故自高為證緣

衆故菩女提心希冷　菩第五明脈利者大集經頌云若樂喜菩薩

心如見及能斷惡文能為人天開正路能開八難郎徑往諸根具

足不盲聾皆由至心菩女提心　又頌云能見十方諸世尊能聞元言

露味若能至心菩女提是故能破諸憍慢元量智惠得自在能為

衆生說法男　花嚴經云若有餘菩女提心剛為不斷一切佛種剛為

嚴淨一切佛剎剛為成熟一切衆生剛為了達一切法性剛令一切諸

衆生界思得安樂　偷伽芥地云菩心芥而攝善法有二種勝一回

二衆謂二乘況餘一切世間回果又云菩心芥有二勝利一者初菩

故尚勝二乘況餘一切世間回果　又云菩心芥有二勝利一者初菩

三乘謂二乘況餘一切世間回果　又云菩心芥能證元上是芥菜

二乗謂二揨善法皆是無上正等菩提能證回故所證無上是七菓

故尚勝二乗況餘一切世間回菓 又云菩心苦有二勝利 一者福菩

心已即是衆生尊重福田一切衆生皆應供養如佐於初衆生父母

二者菩心已即能揨麦無惚害福由七苦感就如是無惚害福得信輪

王讓兩子讓由是得如是讓兩讓故若寢若迷阿等一切瓶

嗁人作人等不能壞官又女菩轉麦餘生由如是福兩揨持故水三病

者花嚴經頌云菩心功德不可量充滿一切衆生界智共論無能盡

兀病不可長時重庸所鑷常叅衆生無勞兀損

何況其餘諸功行 又云若有於初菩心與求菩提心功德兀邊

菩六諓德量

深不可稱量充与菩 又云并於生死最初發心時一向求大菩提堅固不可動

波一会功法深廣兀邊漈如未丣別諓前劫由不盡 大發心想論云如来

亨如諸苦家初發心下彡一念福德菓報百千万億諓不能盡況復

一日一月一歲乃至百千万智滿心福德菓報盍方諓盍行次故芋兀諓盡

敬会二初衆生皆任兀生忍得兀上菩提 故辨中邊諓云菩故兀諓盡

第二受家務皆大棄至云若有諓發大提心是訊

故今一切眾生皆住無上大菩提得無上大菩提中邊遍滿無有際故辨中邊論云菩薩於菩薩見
故由利他不息故

第七校量功德者大集經云若有能發菩提心見朝
能勝一切眾能淨一切眾生心業乃至平等不可為喻何以故
恒河沙等眾生

畫住聲聞辟支佛乘於此菩薩初發心業乃至平等不可為喻何以故
二乘之人自為解脫顏於煩惱菩不求等為眾生得解脫故觀諸煩惱
天頌云恒河沙世界滿中妙寶持用布施雖有如是無量福德不如發菩提心七草

發菩提心無量德如恒河沙眾佛淨妙花香以洪菜如是福德由不發菩提心七草

一初天人無復如是善菜歸橋初發心菩又云無甘蔗子剛無種之石蜜諸味若
大事多所利益苦乐初發心時乐不可轉又云如餘小王二初卷屬輪略聖王
一切眾生皆住涅槃又云菩勤精進則能破壞諸煩惱如大能

慧辨其喻者大集經云碎末寶亦不可輕何以故如是六寶能辨
烧乾草木十攝心能烧煩惱又發菩提心攝如大海初漸起時當

如為彼下中上涅乃至無涯如是寶珠而作住處若寶皆係大海生故菩發
心是後如是為二乘人禅空智慧一切佛之又如三千大千世界初漸起
持為如是由十方初眾生皆住涅皆荷頁住涅此荷菩乐初漸

心□復如是為二乘人禪定智惠一切功德之所生處 又如三千大千世界初漸起

時當知復有十五有其中兩有一切眾生患皆苟負作依□處 又大法廠

起時善為一切無量眾生於六道四生乃至四性一切苟負作依□處

退菩心二種性不具 二惡友兩橋

論廣有答事恕繁不引

第九 明 退緣者瑜伽論云有四退緣能令

勤守護是十菩提心猶如世人守護一子 三於諸眾生患微薄 四於長時生死大苦難

行苦行法眾驚故怖令心退

道者非守護菩提心者如是十菩提心故得阿耨多羅三藐

第十明守護者大服若經云菩薩行業

三菩提果也

第二大收發頻中一合有二初釋後

者能贊緣美時敬儀成功翻一不可亦由輪翼待而飛御故發菩提心云

芊云餘行發趣十菩提心并業行成甄 十菩提發心芊住乾惠地先當因發於云

敬儀成功翻一不可亦由輪翼待而飛御故發菩提心云

勸橋處一切無量眾生戰末先上十菩提敕護度稅令克有餘皆令克竟

云克餘伹縣見故初始教心大悲有自悲悲心故能敕轉稱十大正歎阿等

為十二者彰我先世及以今身兩種善根施与一切眾苦迴向無上菩提令我

為十二者願我先世及以今身所種善根施与一切眾共迴向无上菩提令我

此身命境界長生之不忘勿堕界尼之而守護　二者願我迴向大乘復之次

此善根於一切生處常得供養一切諸仏恒常不生无仏國中去

三者願我得生諸仏國土常得親近通侍左右如影隨形无剎那位

遠離諸仏　四者願我得近仏已隨我所薤說法即得悟解芽五通

五者願我得五通已即於世諦假名流布方一義得正法智　六者願

我得正法智已究竟心为眾生說法示教利喜皆令開悟解

七者願我開維諸眾生故仏神力遍至十方无餘世界供養諸仏聽

發正法廣轉眾生　八者願我於聞正法之即能隨轉清淨法

輪十方世界一切眾生聞我法者即得捨離一切煩惱發菩薩心

九者願我餘令一切眾生發菩提心已常清浄護诸除无利塵与无量樂捨

身命財橋變眾生荷負正法　十者願我能荷負正法已雖行正法心无

所行如諸芥行於正法而无所行究竟行为化眾生　又瑜伽論有十大願

若諸芥於當來以一切種上妙供具供養无量无邊如來名苐一願

所行如諸苹行於正法而无所行亦不行為化眾生 之喻伽論有十大願

若諸苹能於當來以一切種上妙供養无量无邊如來名第一願

能於當來攝受浮護諸仏正法傳持法眼令无斷壞名第二願

能於當來從覩史多天宮降下入相成道名第三願

種并引名第四願

能於當來普能成就一切有情名第五願

能於當來一切世界皆能示現名第六願

能於當來一切苹皆同一種无樂加行近入大乘名第八願

第七願

能於當來兩有一切无倒加行皆不唐捐名第九願

能於當來普能淨於一切仏玄名

能於當來康一路

元上正等丹樫名第十願

[諸聖教中能行那一切樫不具既發願之次立於]

依嚴論由五義故立六種加五義者

元上正等丹樫名第十願

三能遠教逸

四破五盖

五能勤修六度

能出固其二能制伏煩惱

若我持戒乃至有人來軛之

五何五拉一若有人來軛

若我住忠有他緩害乃至刾裁常生喜心都不

求李我於余時造有施与乃至不生一念慳怯

達五浄心地

若我精進達途寒暑王賊水大師子虎狼无水教慶要必

惠尋

建立淨心起不放悔●若我從惠為他緣究乃至剥截常生喜心趋不

惠尋●若於精進遭寒暑王賊水大師子虎狼无水教衆要业

堅固起不退沒●若我於禪為弟事法不得攝心要繫念境起不動起

那法乱想若於智惠觀一切法如真每性随順愛持於善不善有為无為

生死無不起二見若我心悔惠尋退沒乱想起於二見如弹指須汉施裁思

精進禪智菩净報者我即顛誑十方世界无量无邊阿僧祇現在諸

仏於未来世當必空之不證程并次十大願持立滿川次六大趣調伏救逸

好能精進勤從六度求无上程●

持越艱儉會常樂者无莫由之故搖大乘催誡苳云要善友故成

萩仙芊苐是善友故勝利无邊靠以真ラ且舉用三表其意

一者能為立程近回故弟逕云仏吉諸大衆之一切衆生為河福多羅三藐三竹

想近回緣者莫先善友何以故閣王名不随者婆語者来月七日必宝命終

漬河軍械是故善回美名善友●二者趣向如来智時有十功能故花嚴経

云●善知識者卅是初趣向一初智门令我得入真每道故●善知識

滿阿耨菩提是故善曰美名善友 二者趣向如來智時有十切能拔救花嚴經

云 善知識者則是一切趣向一切智門令我得入真善道故 善知識

者則是趣向一切智乘令我得至十方地故 善知識者則是趣向一切智

船令我得至智寶洲故 善知識者則是趣向一切智炬令我得入辦城故 善知識者則是趣向一切智燈

全我得見夷險道故 善知識者則是趣向一切智橋令我得度涉惡處故

善知識者則是趣向一切智樹令我得主大蔭涼故 善知識者則是趣向

一切智眼令我得見法性門故 善智識者則是趣向一切智海令我得滿已大

善知識者則是趣向一切智 初

漲水故 三者能令越生死海故 大集偈云若得親近善知識

於彼 菩花嚴經云 一於善知識起於佛心而求

觀察內外空三昧即能越度生死海

精勤得一切智照道法故 二於善知識生清淨自業果心令我

三於善知識生出嚴芥行心令我速能莊嚴一切芥行故 四於善知識生成

就一切仏法心諺悔於我令於道故 五於善知識生能生心能生於我無上法故

法國國家圖書館藏敦煌文獻

三於善知識生法嚴莊行心令我速能莊嚴一切莘行故・四於善知識生成

就一切佛法諸海於我令終於道故・五於善知識生能生忞心於我无上法故

六於善知識生无離心令我終以普賢莘所有行能而无離故・七於善知識

生具初福智海心令我積集諸白法故・八於善知識生增上心令我增長

一切智故・九於善知識生具一初善根心令我志願得圓滿故・十於善知識

生能成辦大利益心令我自在安住一切莘法故處初智道故得一切佛法故

後明終行者夫天地別乎川濠者有以納而莫遺地岳殊於堆異者哀

廛積而无弄技求无上正莘山祝一初諸行美不絡習於中耆三勢二別

執者資粮莘五位之中皆具自利之他二以及福智二十彼罷蜜故唯識云十彼罷

蜜五位也具然終習位其相衆影即於六度惠為性者皆名為智惠

為莘並名為福六彼罷蜜通相皆以二利福智為辦二別相終中前五

沈為福徳　茅六智惠之七六度為滿於他而終六度者六皆利他善

看自終六皆自利世　既云十度通五位終天即六度又通福智二故知十度

二利福智通五位也　問十想句法及四攝莘皆是初徳所終之法二利莘

第一一一册　伯三三四二至伯三三五四背

為自從六度自利也 ○既玄十度通五位從天即六度通福智二故知十度

二利福智通五位也 ○問十度分法及四攝等皆是功德所從之法二利等

中是何攝耶 ○荅攝懺相說廿攝分法自利行收四攝事等利也可樁

依海之言皆通二利 ○問十攝分法略為二門一者攝名二略問廿

攝令次明四攝後說六度廿攝分者廿攝含法略為二門一者攝名廿

中又三先總後別卅七廿攝分者廿攝是梵語云輝名覺即如來等畫

智无生智照境窮源故稱為覺含者同也言卅七能為覺因故有含

次別名者種類不同分為七例一四含住二四正斷三四神足四五力六

七覺支七八聖道 ○四含住者謂身受心含等四法是所觀境惠能觀惠

与含俱故惠從念稱為念也住者即是境能觀惠所住之境擬稱含住

別受身者五根四大積聚名身傾洄於境目之而受集起名心執持稱法

二四正斷者辭一精進義用不同含為四已生惡法於令得主壬四功能斷自所餘

法令承不生已生善法於令增長未生善法於令增惠法斷之令滅未生惡

擬息郡故之名四斷 徃儀 斷已 浄讓 修習 三四神足者神謂神通妙用難

法念未生已生善法於令念增長未生善法於令念得生此四切能断自所餘
懈怠斷故之名四断　集儀　斷之　任護　修習　三四神足之者神謂神通如用靡
捆故名神也即惠之用之者彼曰辨即緣定由依膝定能發通故之名神之
之雖一定之回有四其四者何　謂疑勤心觀於境樂觀名欲四思善回
勤定能攝心稱止於境簡擇名觀止四作已之之回也　四者五根者增上之
義是根承也由能生諸善法之故名根其五者何　謂信進念定惠也
於諸三寶四諦等中能深思樂淨清之性名之為信　勇擅進於目之屬
精進於境持捉稱為念專注一所緣名之為定簡得失故得惠名
五之力者不可屈伏故名為力即前五根擾不可屈轉立力名故除伽云
難不能屈答古清淨信若天名寶乃至諸煩惱種皀不能屈故名難伏辨
即是五根更充列名　六七覺支者覺者是督支者分額不同而有七種名也
覺支其七數者何　一念二擇法三精進四喜五輕安六空七捨於境明記名之
為念觀察浮夫故名擇法熾然於善号者精進於善意適悅故得喜名調
暢身心名之輕安專注所緣故名為定遠離沉掉平等弃靜目之為捨
問擇法是惠可名覺支餘非惠攻何得稱覺　若念支覺法所應

暢身心名之輕安專注所縁故名為定遠離沉掉平等神目之為捨

問擇法是惠可名覺支餘非惠云何得稱覺 ○若念支覺法所憑

故擇法自軰而是覺故精進是覺出離支故喜是覺法利益支故

輕安定捨之三是覺非染支故是之自軰及餘非惠諸名覺支

問何故之三名之染支 ○善為重為回能生諸染輕安近能治也為重

名之染回由依定故方能離染定即名為離染而是之

染之自性也故之三種得名染名 ○七八聖道者奧理通神目之為聖

運載趣履稱之為道其八者何 ○謂正見思正惟正語正業正命正精

進正念正定壽量義理名正思推語離四非稱名正語身遠三過名為

正業兔漏身語離五邪命名為正命於善斷思有勝堪能目為精進

明記所縁稱為正念 ○回小乗之人從大權如教有戒文何以得知大乗亦學

者 ○回世七品是聲聞辟支仏道六彼羅蜜是芥道何故於芥道說聲聞

法 ○若芥摩訶衍之學一初道品既云一初故知亦通芥所學 ○問廿想念法

法○若菩摩訶衍學一初道品既云一初故知亦通菩所學　○問菩提名法

通福位者何故瑜伽摄論皆云四地方得菩提分耶　○若彼舉三地得豈

戒菩相同世間四地相同二乘无漏而是出世故云四地得也

○問三乘同於行相何別　○若中邊論云三乘之人以自相續身

於對治菩以自他相續身菩為境而於對治聲聞獨覺於身菩境以

无常菩以相思惟而於對治菩諸菩於身菩境而以无得以相思惟

於於對治聲獨覺於念住菩但為身菩速得離繋若諸菩以以四東摄

住菩不為身菩離不離繋但為證得无住涅槃由此三緣与三乘列

次明四摄略合二門初釋名字後辯二相初中文二先摽後列菩以四東摄

諸有情故四摄或摄施菩法施等有情故之瑜伽云所有摄事

能成就他一初有情能成就者即是盡也　○辯別名者一布施運心普及

釋之為布輕已惠人名之為施　二者愛語音聲曲屈表敦名語詞者

悅樂故名為愛　三者利以見以於二以即是回名利是所得利益

即是果滋故猶加云由此能令於現法中得身輕安於後法中…帶菩

悅樂故名為後　三者利行　見　所於　即是同名利　所得利益

即是果報故　伽云由彼能令於現法中得身輕安後　等

老現輕安後　皆名利行有所歷故　四者同事同者等

業謂與有情等於門業故名同事二門相者若於攝持他有情不過

七四若攝化彼先以於施謂隨於彼而須分別金銀等物及己財手

呈等教導求皆與由隨意與彼諸有情親附若是名施攝既親附已復

以愛語悅豫彼心令其義道故攝伽云已阿若自性愛語等樂宣論

可意語等略有三種一慰喻語對諸有情舍歡先之命進問安隨宜慰

喻　二慶悅語見諸有情有昌盛事而慶悅之三勝益語令所化衆生志起豪業

宣說一切圓滿殊勝教如法教既以如上所有慰語令諸衆生志起豪業

歸依若既歸依之次教於行喻伽論云謂諸若由彼慶語為諸有情示現正理

隨其六應於諸所學道義利行專意即說隨彼諸乘根住差別而教以

彼三乘等以得自乘果　又若若如是以門中必任勸心先愛除心勸導調

以趣利以次與所化同其事業　問但記彼以阿彼身同　答自若不以

彼三乘等門得自乘果 又若苦如是門中必注懸心无愛除心勸尊調

伏起利川之次与所化同其事業 問但化彼川何似身同 荅自若不川

人誰肯學爲令他從故要自川故除如云謂諸苦若於是義於是善根

勤心愛學如是即於此義於此善根自願愛學如是芣与他同事故名同

事由七四事橋諸有情不增不減

德果利 一辨列者施有三種一捨時等名爲財施二次三藏等教施於

永八門差別一辨列二釋名三顯川相四明加川五淨相六不增不減七橋八練

後明六度之義爲有多種 相令喜囍

有情名爲法施 三合他雜怖名无畏施 義如不三種一者能離不善汸

護度持名律儀戒即内門等七種川與戒等是也 二次一切仏法爲釋

名橋善法 三者以此戒善資抱名饒益有情戒 忍与三種二者

忿對雜愛名耐怨害忍 二者貧逼寒熱等程之苦至忍而從道眾

退屈名安受苦忍 三於甚溧法能諦思惟觀察義理名諦察法忍

精進示三者著於諸川發起勇悍於行不退如入陣者被鎧甲故即无怯

退故名被甲精進 二者從諸善品而勤進趣名爲橋善精進 三者能之精勤

精進示三一者著終諸川發起勇悍於行不退如入陣者被鎧甲故即先恢

退故名被甲精進 二者終搖著品而勤進趣 名為搖善精進 三者餘之精勤

利樂含識故名利樂精進 定之有三一者而能安住現法樂故名為安

住靜慮 二者之能發六神通故名為引彼靜慮 三者用之能成利有情

事故名辦事靜慮 惠之有三一為主空之分別惠法空之分別惠俱空之分

別惠此次即是別緣法我及俱緣波根本之智簡異後得之之分別

之釋名者先揔後別名 揔者辭染密經及瑜伽云何緣七名波羅蜜

多由五義故 一之染著不染著波羅蜜多相連事故 二之願意謂於

一初波羅蜜多法何果異熟及報恩中心之繫故 三之罪過謂於如是波羅蜜

多之間雜染法離作方便門故 四之分別謂於如是波羅蜜多不如之之調戢

著自故 五正回向謂於如是波羅蜜多迴求之上之佛果故

又對法論云到彼岸名波羅蜜多之波羅蜜之即是到彼岸

義塞多見到義 釋別名者攝論云能剋衣幗恚寤敵及餘引得善趣等持故名為

黃次對伍福德名施能恩成尸戒惡趣及餘引得善趣等持故名為

義蜜多見到義　釋別名者孫論云能裂惱惱貧窮能引得

廣大野後福德名施能息戒惡趣及能引得善趣寺持故名為

戒能滅盡恚怒嗔雖及能善住自妄漫故名為恚　能遠離一切懈怠

惡不善法及行出盡元盡善清故名為精進行遠離一切

銷除彼一切散動及行引得內心妄住收名靜慮能除造

一切見趣諸邪惡更及行自妄品列知行收名為慧

三辭九者悶但施不即得名者妃羅蜜多為不余邪若多

得不得於作使論為七眾樣之而摄受方可建立波羅蜜多

一安住散脈謂要妄住芽種性　二依正眾樣謂要依正天龍心

三為集眾脈謂要悲與一兩有情　四事業眾樣謂要其行初

事業　五兩邊眾樣謂要元在詣心摄受　六廻向眾脈謂要

向元上花　七清淨眾樣謂要不為二障間離著九此謂摄

修修六度以阿加行方氏進習　答二利為心於修七義天

持修六度以阿加行方氏進習　答二利為心於修七義天

委悉觀了施不但名為施亦不得名為到彼岸也

特能六度以阿耨方能進習　答二利為八行修正法義

彼為羅一至二至一行六度波羅蜜時當化眾

我為不可布施波羅蜜多為眾生負賤家貧而無勢力何由

能於境界化古乃當於淨一而智上　我為不諸淨飛

波羅蜜多為眾生諸惡報而不能淨下賤人身乃至於為

滿而知　我為不修安忍波羅蜜多為眾生諸根殘缺容

色醜陋不具其圓滿色身多得其圓滿色身乃至於為能

者及精進上乘施多為不淨此圓滿色身乃至於為能

淨一而知　我為懈怠不起精進波羅蜜多不修精進芽陳

遠乃至滿得增一四名　戒為心亂不入靜慮波羅蜜多為

起芽陳定乃至觀書修得一而智　我為愚痴不學般若

波羅蜜多為高不能得諸誘便更起二乘地乃至滿得而知

又三百五十五於戒六種波羅蜜多勤於學特但住是念間有橋心

背顛倒侵生死若不能自脫我若不於善滿方便不能解脫徒

又三百五十五於大六種波羅蜜多勤修學持依住是念之間有惱心

時顛倒沒生死苦若不能自拔我若不於善清方便不能解拔彼

生死苦我當為練諸有情勤精勤修學布施持戒精進安思

靜慮般若波羅蜜多善巧方便依是念顛故能墮然於六度行

初波羅蜜多清淨相者當知七種行等為七一并於七諸法不求

五淨相者二種不同初故後別趣者離深蜜經及瑜伽云總二

池知三於七諸法見之不生執著三於如是諸法不生我謂為離

得大菩不四終不自讚毀池有而輕蔑五終不憍憶致逸

六終不方少有而得後主妻已七終不由毛諸法於池發起嫉慳懆行

度情離七七種方得名為六度清淨　次別相者大集經云成就

八法能淨檀波羅蜜謂離我私於施離希望報施離慳嫉施

見施離彼我十種相後雜種之相見施離帝望報施離慳嫉施

其心平等如虛空等施都七八法是謂清淨二成就八法能護

淨戒謂不志十種能護於戒不求聲聞辟支佛地能護於戒不依一初

净戒謂不志丗擢能護於戒不求聲聞辟支仏地能護於戒

界无郭能護於戒不持於戒能護於戒不捨本郭能護於戒不依一切

生憂能護於戒不持於戒能護於戒諸根為戒煩惱故能護於

戒是謂八法之護戒者即減淨相 ○三戒就八法能淨屍羅波羅蜜謂

善淨内淨至終忍謂善淨外不希淨報終忍於上中下究竟完淨尋

從思順法性无两染着終思去離諸見終思斷一切諸覺終忍捨一切

諸卻從思除一切諸川終八法 ○四戒就能屍就毗梨耶波羅

蜜謂淨身故發勤精進知身如影不着於身為淨口故發勤

精進知口聲如響不着於口為淨意故發勤精進知諸意如幻究

回缘兩橋不可戲論為得智提白法故發勤精進知諸法无自性

性故无所导着為淨心故發勤精進知諸仏国去如虚空故不持

兩淨為得一切法海故發勤精進知一切法入一相平等故而不壞法性是

為憶就一切波羅屋故發勤精進知諸法入一相平等故而不作二相

而淨為得一切陀羅尼故發勤精進　知一切法先會无所念故不作二相

應法　○五成就八法能成就禪波羅蜜謂不依後世修禪不依諸惡終

禪不依諸見終禪不依三界終禪不依俗世修禪不依諸惡終

從禪不依果終禪是為八法　○六成就八法能成就般若波羅蜜若

於精勤故斷一切不善法而不著精勤斷見精勤　生一切善法而不著

常見　知一切有為法皆從緣生而不動於无生忍法善分別說一切字句

而常平等无有二說善能辦了一切有為无常苦德於我法界都淨不

動善能分別諸門住業而知一切法无業无報善能分別垢法淨法

知一切法住常淨善能舉量三世諸法无去來今是為八法

能淨般若波羅蜜多若有能依數列淨相所於六度真實而能到

波岸也　○六不增不減如辭染淨徑瑜伽論尊三世尊何迴緣故施設

如是所應學事但有六數　○荅善男子三迴緣故一者饒益諸有情故

菩知而三謂諸芥由有施故彼擴麦資具饒益有情由持戒故不以橫害

者无量由思辱故彼擴害等堪能忍受饒益有情　二者對治

又摅大乘云謂於一初波羅蜜多從加门中皆有一初波羅蜜多乐相

助成 謂從施時禁污惠麦荣勤专心能善了知業果相属如

是施中即有餘轉若從戒時遠離惱悩念志辦志散動邪

見如是戒中即有餘轉從習而餘是如是論如有頌云 施時

无貪无犯戒 无嫉无恚起慈心 諸来求者使施与 无倦无

乱无果見 [八] 稱德果利者如深密經瑜伽論云一初波羅蜜多

各有四種家縣威德故 一正时能捨惱惱念志懆怠散乱見取

所治之法 二正时時為无上卞提资粮 三正时時於現法中餘自橋

受饶益有情 四正时時於未来世能得廣大无盡可豪諸果異熟

二亍果利者由门六度而为縣因能威畜来柱之妙果远剥廿種近人天

等故花嚴經弟五頌云 昔於眾生起慈悲 從八布施波羅蜜

沈是其身眾殊妙 能令見者生歡喜 昔在无邊大劫海

從治淨戒波羅蜜 故护其身遍十方 普救也間諸重苦

住奇终八具普争 亍餘真无分別 是故色相逆清圓滿

第一一一册 伯三三四二至伯三三五四背

○從治淨戒波羅蜜 故攝其身遍十方 普戒世間諸重苦

○往昔從以忍清淨 ○行解真無分別 ○是故色相說圓滿

○普放光明照十方 ○往昔勤從多劫海 ○能轉眾生除重淨

故能分身遍十方 ○悉現廿相樹王下 ○仏久從以無量劫

禪定大海善淨清 ○暫見者深歡喜 ○煩惱郭坼憑深戒

如來往昔從諸以其口之殷若波羅蜜具故舒光普照明魅弥一切處

廣開七相由川六度之回其仏果徒入深察衛伽之世尊如是一切

波羅蜜多何果黑熟善男子當氣老分略釋 二者得大財富 二者往生

善趣 ○三者無怨無壞多諸善果 ○四者為眾生主 ○五者身無損害

六者有大宗業 如其次第配其六度七通回中兩得之果從六度並通

義乃有無量粗示八門餘略不述上來兩明廿提分法將六度並通

相從通相中按諸經論而支廣明四無量等恐繁不述

第二大段別相從者直資糧從此七種廿提分中從四念住四正斷及四神

足何波層證中邊論云由四神足心有堪能從解脫分善根滿已復應

第二大段別相從者且資糧位廿七種廿□分中從四念住四正斷及四神

足何次為證中邊論云由四神足心有堪能順解脫分善根滿已復於

修習五種憎上既云由四種形分滿明知神足在資糧位四念住四正斷在神

足前見故且在資糧位也 問七之三四何在先從 荅先從念住次四正斷

四神足故 問何故不耶 荅元始時業於身於境作諸染淨差別之

邊論云若諸苿於身等境以元得□相思惟而從對治觀身等四境元

相起於愛憎沈沒苦海星以劍觀身受心法七之四種以元相故中

集能對治道於四正斷精勤於習雖能伏郭未能遣意亦欲習成利

相未餘涂淨次從四斷之所治淨故中邊云於今為遠離所治郭法及有從

樂事苿是故次從四神足故中邊云於四神足是滿所欲勝事向故

問神道要空之方能發起七位得通明已有空何故餘論之資糧位而

住外門此是非之橋故 荅餘論但之多住外門不之唯外故亦有空

散多空之故六多住外門轉世 又此地中而正列於十種法門故瑜伽

論云謂諸苿先於藤解門地依十法門擢善於習即之資糧加以二住

散多定步故六多住外門轉也　之此地平而又列於十種法門故瑜伽

論云謂諸菩先於藪解門地依十法門極善終於智即此資粮加門二住

名勝解地未能證解但以行解故名勝解　十法門者謂揚論云

一者書寫於卉藏若多若尊重茶教謂自書寫若使他書寫

二供養若芳若孫諸供養具謂自供養若將已揚令他供養　三者施他

若自施已由於慇他而施於彼　四者諦聽若他闡讀由宗師故

五者目讀發淨勝解供教重心　六者諷誦從師受已而諷誦之

七者受持既諷誦已為令持故以廣妙智而溫習之　八者開演必

隱他故傳受与彼遺其廣略而為開演　九者思惟獨處閑靜

極善研尋　十者於習如所思惟從奢摩他毗鉢舍那等

問七十法門何得須彼　菩能為聞思等三惠住助伴故此中邊頌

云七助伴應知即此十種法門又云回於七而得无邊諸功德故

問於何乗教門斯十門得无量福　若於大乗教所餘二乗故勸揚

論云於卉藏中終十法門中邊而云於七大乗有十法門　問何故勸

問於何乘教以斯十門得无量福

論云於卉藏中終十法門中邊而云於七大乘有十法門　問何故示揚

答中邊擇云一由寂勝故二由无盡故於大乘終福无邊非二乘也　若於大乘教外餘二乘故影揚

問法門一軌遍絕蹊蹺教輒分歧履焉不惑且夫何含全教擯我

法喻般若幽鋻无非若幻花嚴一切心起法性不二無四德无為我

靈照五有无絲礼人法交馳徒乎豹空歸方何路若存乎法我

外道三籍呈依欄頼皆空曰觀之典徒習盡可樞空花為穢路

堰焰水巵花池者我法頼於斯諸阿云勖一初森住十門徒施辨積

斯存槁結邮造　若法辨元果慶威有慈文難不同理豈何

別良以有情无始執我不无初折彼速税我林有二乘由是汁我為

无妄執離心高有迩法凌涂其疾数論為空如來論空之心外法有情不

淨之心内有空痛曰涂說塤外无有疾便邊既殊外道誠堪所慢

悟執一切空之二痛既增理當涂遣故无廠經說三昆怊心淨乃陳元存我

不全空十析須習　問既說皆空明教卧有若内心有何曰皆空故般

不全空十新頂君 ○問既說皆空明教非有若内心有何曰皆空故般

若說見五蘊皆空 ○答密意熱說一切為空豈理但言遍計非有

依他諸意識内非无不說斯二是為非有 ○問何以為明 ○答解深

密瑜伽論等六膝義生芽自仏七世尊我常獨覺在空處心生

如是尋思世尊三无量門曾論諸題所有自相生相減相續遍

知未生令生已堅住不妄從習增長廣大世尊復論一切諸法皆

无自性无生无滅本来寂靜自性涅槃未審世尊依何密意作如

是論世尊告六膝義生當知我係三種无自性之密意說之

初法皆无自性謂相无自性那由自相安立為相无自性謂諸

計執相七名由假名安立為相非由自相之生无自性謂諸无

自性之意云遍計无其辯相者依名假名非由是通計

有辯相故方立為相即以相无自性為初无性故論名生无自性餘二性知謂諸

法依他去相由依他膝力故有非自然有是故論名生无自性之意

云依他起以自然之法而生名生无自性兩題故由无回緣名為膝義无自

云依他不以自然之法而生名生无自性無自

云依他不以自然之法而生名生无性三谓圆成实相立名胜义无自
性之法无我性名为胜义名无自性解即胜义无性由此因缘名为胜
性之意云真如是无我性辨即胜义无性然由此因缘名为胜义无自
彼体显二空为名立名无性　又云我依如是三种无自性密意说言
一切诸法无生灭等何以故若法自性都无所有则无有生若无有生
即无有减若无生减本来寂静自性涅槃何以故其般若故无
中既不依三无性论诸法若明知不论成空寂依他立为性有戚空依他
而辨非是三无性故又一切法若背是无如来往昔论彼为天正书真
理仏令竹故称为蜜意耶凡夫蜜意不尽理故尔论彼依他等
上无遍计故二无一切非依他等妄执无灵明知前会般若等经说两地
宜覆相说也主由渐深堪闻至二空故深蜜等而说诸法非空非有方名
了教也　问何以知邪　若深蜜经云胜义主芽自性二世尊初於一
时在波罗庭斯仙人演处施鹿林中唯为发趣静闻乘者以四谛
相转正法轮虽是甚奇希有一切世间诸天人等先无有能转法

P.3342　　大乘入道次第　　（80—44）

·51·

時在波羅痆斯仙人墮處施鹿林中唯為發趣聲聞乘者以四諦

相轉正法輪雖是甚奇甚為希有一切世間諸天人等先元有能轉

而世尊在昔第二時中唯為發趣脩大乘者依一切法皆元自性元生

元成以隱密相轉正法輪雖更甚奇甚為希有而於彼時所轉法

輪乃至聖諭安立非真了義而此世尊於今第三時中普為發趣一切乘者依

一切法皆元自性元生元成本來寂靜自性涅槃元自性品亦不相轉

法輪弟一甚奇甚為希有于今世尊所轉法輪元上元容是真了

義非法諍論安足之處所令略釋玄波羅痆斯此乃梵語是何之

襍仙人墮者昔有一王持諸綵女在園遊戲有五仙騰空碩處

見已頓落而失神通徒事為名之仙人墮處施鹿之事如常應惠

初為三乘偏陝四諦法非至極名為有上有容當知三集著於

空見但說係他圓成而元不說遍計而錚是元名為末了即四諦

教諭部小乘因七五集名淨安惠

當知前三謂諸苾芻由有施故橋慢資具饒益有情由持戒故不以橫害

苾芻益有情由忍辱故被橫害等堪能忍受饒益有情 二者對治

諸煩惱故著於後三謂諸苾芻由精進故難未來伏一切煩惱等而能

輕蔑諸善品波諸煩惱不能傾動善品加以由靜慮故承伏煩惱由服故

若承當遊眠由斯六種不增不減也 七相橋者大服若經苾三五以元所得

從以布施乃達一初施者處者及所施物皆不可得如是布施能滿布施

及餘五度以元所得從以淨戒及餘五度 以元兩得從以安忍乃達一初犯

滿淨戒及餘五度 以元兩得從以精進乃達一初犯犯相得不可得如

安忍能滿安忍及餘五度 以元兩得從以精進乃達一初動不動相皆不得如

可得如是精進能滿精進及餘五度 以元兩得而從靜慮乃達一初有味

元味皆不可得如是靜慮能滿靜慮及餘五度 以元兩得從以服若乃

達一初諸法若性若相皆不可得如是服若能滿服若及餘五度

又稿大乘云謂於一初波羅蜜多於加以中皆有一初波羅蜜多來相

助成 謂從施悖禁污忍度紫勤專心能善了知業果相屬如

教諸部小乘因此五乘名諍妄處　第二時中為初發趣大乘
許破其有徧說大般若約遍計執明諸法空恐增有徧不說依
他圓成為有名猶未了　第三時中具辯三性之遍計名无依他
圓成稱之為有名真了義更无法過名无上容之二性有當為
發趣二乘之人談遍計空當為初發趣大乘者具辯三性即當為
彼彼學等由此故云普為發趣一切乘者大師既自斷唯空有名
不了義故不可執唯有唯空以為宗極以斷三性通釋諸經說
有談无何要通理若唯之有何用從成要依他若趣說空要依之
遍計所執有空雙舉對三性之空有俱之據絕之義是以進
心不悟一門當不能依遠志通情十法齊修何咎　問有情流浪
本因煩惱此位未伏尚住外門云何而能進修勝門於无上果勤求
不退　若攝論第六唯識第九皆立此位鄣雖未除修勝門時
有三退屈而能三事練磨其心於所證修勇猛不退　一聞无上正等
菩提廣大深遠心便退屈引他已證大菩提者練磨自心勇猛不退

P.3342　大乘入道次第　（80—46）

有三退屈而能三事練磨其心於二證從勇猛不退一聞无上菩提廣大深遠心便退屈引他已證大菩提者練磨自心勇猛不退二聞施等波羅蜜其難可修心便退屈引已意樂能修施等練磨自心勇猛不退三聞諸佛圓滿轉依極難可證心便退屈引他已證大菩提者練磨其心堅固熾然

善況已於因練磨自心勇猛不退由斯三事練磨其心堅固熾然

論練以初二意云彼是大夫而能成佛我亦能以難以有施等我亦丈夫何乃不能於成佛 第三意者如此間者從微少善漸人

天大果我以於以殊勝无邊何故不能成以菩提果又撰論頌云量十

方論有情会已證善哲果彼既丈夫我今末不應自輕而退 問先從何者若先根

後力故中邊云順能從令善根滿已復後習五種增上即五根也

其加以信別從五根力故中邊云決撰分中燈頂二種在五

根伍思世第一在五力位決撰即是加以位也

次於五力即前五根伏於淳不為鄣伏切能轉勝政立力名故中邊

五即前五相信等五根有勝勢用復說信力等能伏减不代滯等

又不為彼所凌雜故 又大集經云五根五力非躰有別故知約用

云即前五相行等五根有除势用復说唯力彦能伏藏不住當等
云不為彼所淩雜故　又大集経云五根五力於轉有別故知約用
分為二也　問屯五何乃有是次苐　荅屯依回果相引而立謂若
決定行有因果為得果故發起精進發已便住正念心則得定
心已能於安知既如竟中知竟事不辦故由止義有是次苐
煩頂三位於五根見世苐一法於其五力引發如前又次煩等四位之中於
唯識觀煩頂二位觀而緣境雜識皆无忍世苐一即所取境觀能取
為意由是苦依住意資賴自蔴之人於唯識觀先依煩
頂觀无所之取之者即名義自住苦別之世四種識外无也
心亦作每有謂自元始寢伏武藏夜見林攢筧竟綱交密迹悟初
皆唯已心妄執六塵識外他造回于溺浪浮流真偏住反投口手
問四種者何　荅擧大乘論云屯中名者謂自住苦別之世四種自釋苦別者即真名
住表問遍廣界等自住者即是名義二種自釋苦別者即真名
義等上謂无常等苦別之義尋思此四唯假作意似外境轉尋
義等上謂无常等苦別之義尋思此四唯假作意似外境轉尋

義等上謂无常等差別之義尋思其四惟假□□无似外境轉變

惟在内證知四種虛妄影現依他起撥无達四種遍計執着不

可得此中意論名義等四撥一切境之依於識眾緣而生似有

等无也名遍計以執荠蔵七識外名義自性差別悉皆是无是名蔵无

依他起撥不可此四依識緣生妄執識外有今自辭其心外法而

所取境也此是觀於不離識境之為无也說不何央若成顛倒過不

離識法緣生似有機有為无故成顛倒故撥伽經云由自心執着心似

外境轉故我論一切唯有識无餘又厚嚴經云如愚所分別外境實習

无習氣擾濁心故似彼而轉又大集經云有為法一切皆以識為種子

故知識外諸法皆无若不離識法許似有　問不離識法雖說非

経故知識往間可見法但以識為主適解取眾相顛倒不覺知惟是等

无何故稱似　若諸法離无之詮不遠夫妄執假相當情不可内心執

為外有令顯内法以彼妄情是故稱似非无者即稱於法之本躰而離

无故對彼妄情故稱似也　問雖機聖首斥境咎心事詳察拘有

乖友至故天意而慶坤與而蔵心盍方須午大千朱葉隆可□奏可

第一一一册　伯三三四二至伯三三五四背

言故對彼妄情故稱似也　問難機聖言后境豈心事詳察拘有

兼友至如天蓋而覆坤與而戴以岳万頹卉木千殊事豈目存何

斷仆有　苔海樓崇賀壅氣虛樓色境絡難心想幻起樓非

越蜃迷者執樓歷異樓境不離心或者計境非行境非悟

隨心可見不同執境是真何乃同觀靚異見以人瞻是水魚橋花

嘗天視踰瑠璃鬼撤奔火其豪一也見四有差諒可由心感否踰別

又言增業玉嚴石中非遊米之轍大士威神豈入排於坦路斯即

凡情目尋玉雄真遁聖智雖實石空何湏玉雖是一通塞雨殊

改轉既自千心雜識明非意有以斯言夫存環昭然何乃臨歧承

懷猶豫至理六笑刀法由心尤有一物而非心也故苑藏經云心如工

畫師能盡諸世間五蘊悉從生尤有一法而不造又云若人知心行普造

諸世間是人別見仏方仏真意性尤即芥居煩頂位觀而取也煩頂

名義如前已辯　問以何等智作斯觀耶　苔以四尋思於川之智

而沱去觀智躰是一對境分四明境即前名義自性差別見也以智推

名義如前已辯　問以何等智作斯觀耶　荅以四尋思所加之智

而後安觀智斯是一對境分四之境即前名義自性差別是也以智推

尋伺之四種假有等之元故能觀智名四尋思故橋論云於加行時推

求以見假有等元論名尋思故知尋思即觀四種加行之智

次依於思即所取元觀能取識勿後不有此第一法雙即能取所

取皆元　問何故尔耶　荅前四思尋觀而取元未重印亏今重

即彼次空是元故名為思又能取心對境而立境既非有心正為無

數乌由回風浪起風息浪流諸境心生境元心藏此思雖乌印能

取空而未雙能即於識故世苐一而能雙即識境俱空

問外境本空諸元未亦云理内識曰起不有乃奚中宗花嚴經

三界唯心大集識為法種准斯聖言有義膠然何得令六同

境非有　荅依他幻識似有非元執有無心遍計非有令觀

元彼遍計執心不待依他識云若執唯識是妄

有者亏遍計執橋由斯聖教並不相違　問依他識有即名

无彼遍计执心不论依他识躰亦有故唯识云若执唯识是实
有者亦如遍计执摄由斯聖教並不相违　问依他识有即名
唯识内境不无应名唯境　若依他识有後亦变境之唯
有不无爱识故亡唯识不名唯境　又境之躰通於内外
无内有识唯是内若境亡唯识滥外境亦是无由境有
滥境不亡唯识无斯過故亡唯识　问何智能观遍计识
芽为无等耶　若四如空智此智是前寻思智果故摄论云
了知假有无无所得达空门猶方便果相名於无无智所了智假有
等无即寻思也故知无无智是寻思果
之此境心终乎无相後何補益　若不了内心妄执外境既执日增
贪芽既减盲无聖眼莫起不達真理未證拒二业猶存
沈溺五趣不息盡登彼果不達内心不执外境便息
贪芽息矣故生聖眼既能達真理既證使途或业回
云五趣便息五趣息之便登仏果有斯勝利故於此觀深密論

貪等息之故生聖眼既生能達真理既證便除戒業回

之五趣便息之便登佛果有斯勝利故於此觀涤密除

伽等而有頌云　若不了知元相涤相法不能斷難涤相法

故壞證教妙淨神通相法不觀諸川眾過失故逸過失害眾

主懈怠住法動法中元有失壞可憐愍

計心境皆空阿不了住即證真理　問此加川住除觀遍

空有相由有七相不能證理要三相云方達真理故唯識理彼相滅之方

有三相未涤帶相觀心有兩得故小等安住真唯識理彼相滅之方

無安住真唯識理　又七住中雙證安立三小安立三諦即四諦等名為

安立三空觀等名小安立三止乃略明加川住中別餘加川相

位別依相有於七覺支故中邊論云由七覺支位在見道故見

道中依其七覺名義之別前論　之見道中真相不同真見

道中義論三心三剎那元間及以餘脫三謂元間解脫勝

進故唯識云斷或證滅斯心別故元間斷或解脫證滅相見

道中義論三心三心刹那三即无間及以解脱三謂无間解脱勝

進故唯識云斷或證滅斯心別故无間斷或解脱證滅相見

有三心相見難集唯識喻伽等云初內遣有情假法緣心生能除

更品見道所斷煩惱無重二內遣諸法假法緣心生能除一切見道所

斷煩惱無重二轉先云計有情心之為有今緣有情但有內心

道煩惱無重　三遍遺一切有情諸法假法緣心生能除中品見

有情現前无其躰名之為假餘途妄執假有情故是故名為遺有

情故生空所見真如之便名之為法緣此智生名緣心起第二觀法

餘同於前第三總觀人法二空餘之同上　次十六心相見道者對法

等云謂於苦諦有四種心一苦法智謂觀三界苦諦真如忍二苦

智謂忍无間觀前真如證无間斷煩惱解脱三苦類智謂智无

間元漏生於法忍若列內證元證之後聖法智是此智四苦類

智謂无漏惠生於法忍審定即可苦報智等忍擇苦者苦諦

法者謂亡无間无漏智者謂於方便道中緣苦諦

法者謂是苦諦所起增上教法智者謂之惠二苦法智胃是无間

法者謂是苦諦而起增上教法智者謂於方便道中緣苦法智

忍者謂於苦諦之中而起現證無間之惠二苦法智謂惠無間

者前次思後而現緣如名無間世餘巧惠失苦諦既尒餘之三諦

之苦有四種苦諦說　次從習位別相於者十提分中於八聖

於教敢惠智而緣於智　天屯十六八觀真如八觀正智法思法智而緣

道中豈論云於道中而遠立故文云一尒別支謂即正見尒難是

世間而是出世間後浮由辯分別見道位中自可所證故尒意論云尒正見

辯是後浮智故名世間小是有漏名為世間既尒世間後論分別覽

道所證故知修道從八聖道　從習位十地不同通而尒之地皆

於十波羅蜜若依別論十地如次各從一度其究竟位眾德明備更

無終習　問設於何過　若許支於不名無學豈不得尒諸佛平等

進趣不息先後異故既云無學復籍平等明果無習義無或之失故

惟識云屯應仏果圓滿善法無增無減故小能重彼若能重便

小圓滿前後仏果不應有勝劣之能重者即於習義仏果既不

惟識云七地以前心果圓滿善法无減故八能重波若能重便
八圓滿前後心果復有勝劣之能重者即終習義心果究不
許有能重故知心果位即无終習上來雖有趣別不同合當第
二大段之中明於門說

次明斷郭分之為二初明二郭後辨斷位

初中復之四二釋二部趣名三通別擇三約識分別四歌俱生當別
言頻惱浮顆者攝也惱者亂也攝亂有情不令出離生死苦海故
名頻惱浮者覆也蔽也即七頻惱覆蔽满不得解脫名頻惱浮
二所知浮有病无漏有為无為一切諸法是應知境由浮之波而知
言境礙能緣心念於境而不絆名所知障攝要二浮俱浮二果
約別而言初障辨後障女程二通別別釋者先明頻惱後別而知頻
惱言中初明根本後戴述或言根本者趣有六種谓貪瞋癡慢
義惡見谓七六種是述頻惱之根本故得根本名而七貪者谓愛著
為性瞋者損害為性癡者於諸理事迷闇為性慢者恃己於他
高舉為性疑者於諸諦理猶豫為性惡見者於諸諦理顛倒推度

高舉為性惡者於諸諦理猶豫為性惡見者於諸諦理顛倒推度

染惠為性是不善或後有覆无記所摄故趣起名惡見之中差别有五

一者薩迦耶見於五取蘊法為我為所故久名為我所見二邊執見謂即於彼

執彼五取蘊法為我為所起執彼我見而執之我為斷為常故

執斷常七善說云我見後颠倒而轉皆名耶見 四見取

耶邊也 三者耶見一初倒見而知事颠倒而轉皆名耶見 四見取

者謂於諸見及所依蘊執為眾勝能得清淨意云云諸見者六十二

等差别不同故名為諸迦自所學之到見及見所依五蘊

之辯而為眾勝能得清淨解脱出離名為見取五戒者謂於諸

順諸見戒禁及所依蘊執為眾勝能得清淨意云諸外道各依自見而

受諸戒之自見起名順見戒妄執七戒及戒所依五蘊之辯而為眾勝

能得无清淨之果故名戒取 隨煩惱者而是根本等流品數後

依彼五故得隨名故瑜伽云如是所說諸隨煩惱當知皆是煩惱品數

隨或不同有十種一忿依對现前不饒益境發為性二根由忿為

逐武不同有廿種一恚依對現前不饒益境境發為性。二恨由恚為
先懷惡不捨結怨為性。三覆於自作罪隱藏為性
四惱念恨為先追觸暴熱很戾為性。六慳耽著財法不能惠捨秘悋為性。五嫉殉自名利不耐他榮
為性。八諂為罔他矯設異儀曲為性
九害於諸有情心無悲憫損惱為性。十憍於自盛事染生染著
醉傲為性。十一無慚不顧自法輕拒賢善為性。十二無愧不顧
世間崇重暴惡為性。十三掉舉令心於境不寂靜為性
十四惛沉令心於境無堪任為性。十五不信於實德能不忍樂欲
心穢為性。十六懈怠於善惡品修斷事中懶墮為性。十七放逸
於染淨品不能防修縱蕩為性。十八失念於諸所緣不能明記為性
十九散亂於諸所緣令心流蕩為性。廿不正知於所觀境謬解為性
次所知郭者根本定天　問逐有十與煩惱同何故如是。答煩惱依於
所知郭立能依所依故數辨也故唯識云所知郭者隨其所

次所知郭若根本立六　問遂有十与煩惱同何故如是　若煩惱依於

所知郭立能依所依故數等也故唯識云所知郭者遂其所

應義多或少如煩惱縂以此七准知數同煩惱更不別立三約識云

分別者　問七等煩惱八識之內何識相應　若但根本十准唯識云

第八藏識全不相應第七末那有四俱起謂貪癡慢及我見

第六意識十法相應眼等五識有三種謂貪瞋二癡　問何所

郭答第八藏識是无記性橋煩惱縂　汙性既不同故不俱也

第七相續恆內執我受而執我故得有愛等小是我迷无我

理故有无明恃所執我念心高舉故得有慢於仆我法妄計為

我故有我見　問何故无餘　若由意我故不得起瞋我見決定

不得起疑故无餘見以此五見皆省是惠不可忘多

惠並起所以第七但四或俱　第六意識遍通三性緣內外境

有少勢力故得具十眼等五識不能稱量故无有慢无分別故不

得有縶不起執故无五見　遂煩惱者此唯染故小第八俱等

有少功力故得具十眼等五識不能稱量故无有慢无分別故不
得有疑不起執故故无五見　隨煩惱者此唯染故非第八俱第
七識中唯有大八謂掉舉惛沈不信懈怠放逸失念散亂不正
知　第六意識容一切俱五識得与无慚无愧并掉舉八十種相
應　問何所以耶　答第八第六義同前釋以掉八遍諸染心第七
是染故得八俱五識有染互得有八无慚无愧遍不善心眼等五識
得有不善故得相應　次所知障者數之多少諸識相應互同煩
惱故唯識云七轉識內隨其所應或少或多如煩惱說論既例同故今
不說　第四顯俱生分別者若是煩惱不同耶教及耶分別耶師等力
自任運起此等之執名曰俱生若要惡友及耶師分別耶教等力方
得生者名為分別　其根本或十種之中貪嗔癡慢身見邊見此之
六種而通俱生及以分別若疑耶見見取戒取此之四種唯分別起而由
惡友或耶教力自審思察方得生故其隨煩惱既依根本煩惱而生若
依根本俱生起者即廿種能依隨或皆名俱生若依根本分別或起

要友或耶教力自審思察方得生故其隨煩惱既依根本煩惱而生若

依根本俱生起者即廿種俱依隨或皆名俱生若依根本分別或起

能依隨或皆名分別故唯識云廿皆通俱生分別適二煩惱勢力起故

其所知障亦有根本及是隨眠俱生分別適二煩惱不別之二來

四段趣是第一辨其違　　後明斷位者然斷煩惱執有二種一斷種

等令永無餘二但折伏令種力裹不生或若斷其種唯元漏

智若令力裹有漏元漏雖有四力伏唯識理然勾未能伏於

未起現川向不能斷其二障雖真如明知未得元漏之智

二郭故唯識云廿位未證唯識理能深信解而

又云此位菩依因善友住意資糧四勝力故於唯識

起二取現川之二取者即是煩惱而知二郭即二郭種名為適眠心住

末能了能所取空故於二取而別適眠猶未有能伏滅切力令彼不

種子適迹有情　　名之為適恆常義在第八識內故為

眠。問若了去位不伏二障略而之直達三教一者唯識自成前義

方得皮俗変云本主七資限位中無相見川雖有伏者二辈達花藏

眠。問若了上位不伏二障略而言之道遠三教一者惟識自成前義

何須彼論復云若住七資粮位中無相見以雖有伏者二障花嚴

能十住位花頌　能滅諸煩惱永盡元有餘十住即資粮位攝三遠

中邊彼論言云今為遠離而治障法及為於集解對治道於四

正斷精勤修習別於四斷在資粮位往七三文皆云斷或伏故四

九乃云未伏。若淨有俱生者分別不同其俱生者七位之中全未能

伏。分別起者有伏不伏者自思惟而所起者七位能伏若回耶協

耶教起者即未能伏武復翻七初六未伏約彼俱生者及耶教

同。二金花嚴経而有二義一依自力等分別起者中邊論義准音

等。而起者說復說後者約自力等分別起者七位能伏名為永

盡三擁仏法功力乃能永滅煩惱小言七位已盡斷說若一初或七位等

除何不七特即成正覺後過十地方得仏耶故對望別諸教元遠

其加口位已經資粮備於福智練磨心之有張切力砍入見道而能伏

除分列二障俱生由未全伏俱生分別二種之子並未全未斷以未證

其加行位之能資糧備於福智練磨心之有藤切力欲入見道而能伏

除分別二障俱生由未全伏俱生分別二種之子並未斷以未證

得真見漏故有漏觀心有而得故有分別故未全伏除全未能

滅之二位垂之加行有漏之智而能伏或 問之有漏煩惱

等力而能伏耶 若瑜伽云此後三種對治力故能伏煩惱乃可證

相學觀二空而見真如 三四緣善品滋心相續從六度等資糧心當知

枝自住過惠知能發若能招頓後三世苦惱 二惠對治而錄墮

此是永斷正見前川之道 次通達位者真相不同其真見道而能斷

波三界分別煩惱而知三種畫得入初地 斷門相者對法論云問

從何而得斷耶 若不從過去之滅故不從未來末垂故不從現在道

不俱故然從諸煩惱為重而得名斷為秘 是不品為重起如頌對治若

忘忘對生即忘品為重惑平等 猶世間明生闇滅由忘品離繫故未來

煩惱住不生法中是名斷令遂難擇以斷無重及能

治道而習水重去如是能治正生所治正滅時是一平等殘同生

時復一平等是以重云更末捨像永忘斷三上品 之論加云為知

治道而皆爾重云如是能治正生所治正滅特是一平等滅同生

時復一平等亦以重亡卒等換意不滅斷三世也　又瑜伽論云初約

應门不斷三世同於對法後約在亡客斷三世即彼論云見相應

眠心在未來世亦元隨眠從老已後於已轉依已斷隨眠身相續中所

有後得世間所橋善元記心去來今位皆離隨眠是故三世皆得論斷生

意論云說於一身前後相續於聖道刀今本滅等三時皆得離隨眠

故名斷三世 ○ 問其真見道但惟一心何故對法於能治道重云如是

查攝彼三心見道者論或可見於治道含之故瑜伽云諸於门者斷煩

悩等明道一初斷煩悩論不惟見道二相見道亦分為二初三心相見道所斷

之或謂更品等所有無重名於上列 ○ 問何品煩悩名更品等釋上品煩

悩名為更品上品法淨名為中品三淨下品趣名苐三 ○ 問初之三淨是上

品者何乃更中 ○ 荅以能斷道是下中故淨從其智名更中等

問准上三淨但分上下何乃不云苐二中品 ○ 荅中品不定或屬上下故

不別開上下不示故不相橋即如経中而但論有根上下刂不論中刂

問准此二障但分上下何乃不立第二中品　答中品不定惑麤上下故
不別開上下不爾故不相攝即如經中而但說有根上下力不說中力
斯意亦爾　後十六心所斷惑者此亦二種謂能所取及上下諦二種
不同然所斷惑數同無異今者但依能所取觀對法等云謂苦諦下有
四種心一苦法智忍謂觀三界苦諦真如正斷三界見苦所斷廿八種分
別隨眠釋欲界苦諦具十隨煩惱謂根本惑上二界苦諦各九上界無
嗔故所以三界但廿八三界苦諦既爾集道滅三三界合之一一皆有廿八也都
計四諦百一十二分別煩惱是相除見　問真見道中斷分別盡更何有分別
煩惱亦相斷耶　答理寧相見不斷煩惱擬宜於真假說斷也
問何故上界而無嗔耶　答嗔唯不善上二界由定力故無有不善
次修習位初地後別且惣斷者俱生煩惱七地已前諸識中者猶(淨)現起
八地已上而能折伏畢竟不生十地滿已金剛喻定現在前時一剎能
中三界所有俱生煩惱一時斷盡得成正覺其所知障十地已中地地
漸斷至金剛定而方斷盡前六識中所知之障八地已來盡永不現
問曰第六識先已無漏故前五識雖不無漏由第六識畢無漏故

P.3342　大乘入道次第　（80—65）

漸斷至金剛心而方斷盡荷六識中而如之障八地之來去永不頊

門由第六識從無漏故前之五識雖小無漏由能引識起是無漏故亦

漏勢乃伏故眼等識多無漏其障得起之浮容起以芽六識

若入生空觀時其第七識即是漏故障得起之入法空觀其弟七識

即羊等智故不俱起 ●問十地頊惱芽行不斷彼煩惱之浮種而斷伏

但耶之七等地前故伏不起有是能不 ●答以煩惱浮不障十地故以不除

由尋辨金剛承捨之芽力初地即能竺破濟生故擔不去毛地猶起故

唯識云其煩惱浮初地已上能頊伏盡今永不引如何羅漢由故惑

力前七地中雖斷項起而不為失之摽論云菩或至無盡證佛一切智

雖七等多但故意習扑不能伏 ●問七等芽既許起或應為漏失

答雖起煩惱不染無失 ●問何以為明 ●答瑜伽七十八染密芽云是諸芽

於初地中宅於一切諸法之界之善通達由七因緣芽要知方起煩惱

亦為不知是故说名无染污相之云於自身中不能生善故无芽

生起如是煩惱於有情界能斷苦回是故彼有无量功德之云令诸芽

生起煩惱尚滕一切有情聲聞獨覺善根芽准七等教雖起煩惱无

生起如是煩惱於有情界能斷若曰是故彼有无量功德之云令諸菩

生起煩惱尚勝一切有情憍閑獨覺善根等准屯等教雖起煩惱无

染无失也　次别斷者煩惱障斷於十地不斷更无若異其所知淨准

瑜伽論染密経等有十重鄣十地之中地、别斷能證十如今略言之

一異生性鄣由屯能導三乘聖性故立鄣名得入初地方斷斯障

問異生性障係於分别煩惱所知三障種既是見道即除

明異生性多随彼斷何故令之初地方除　若異生性淨雖見道除

然此見道除而是初地心所摄令明十地斷於十淨陵見不

論言初地斷故乌无失　問七淨多係煩惱鄣立斷異生性煩惱乌除如

何但論十淨皆係所知淨三十地不斷煩惱鄣耶　若此異生性雖係

二淨初地並除然大乘意敢所知淨名異生性之三乘人亦斷煩惱淨

今敢異彼但論所知餘之九鄣寧唯係彼所知鄣立　問俱生所知

初地斷不　若亦能斷彼俱生鄣且說家初斷者之三斷異生性種妄

初地住出忘莘多能斷彼俱生鄣也　二鄣门鄣而门有爵三業達

恥故名鄣门此能導彼清静葉戒名之為淨是所知淨俱生二史

初地住去心等之能断彼俱生障也

乳故名耶以此能導彼清静禁戒名之為障是以所知障中俱生二

二地時即能永断下諸地中所断之障皆是所知障中俱生一

三闇鈍障能令三惠所習之法而有忘失故名闇鈍障復能導彼起　四微細

睞定趣持及隨定等所發三惠名之為鄣入三地時而便能捨

煩惱現川障寂下品故不住意緣遠隨現川故名微細能導彼起

令法故立障名是第六識所知障中身見等也由七身見時多

煩惱身見住運而生故令七見立煩惱名寶外煩惱入四地時即能除

七於下乘般涅障二乘名下乘同彼果带樂歌生死苦故名

下乘般涅也由七能導生死涅槃无差別道故名為障入五地時

方能除七　六无相現川障軌道二款之為淨菩集為涤執

此二心焉於後地而起未息名无現川由七能導无相遍涤淨道乃名為

障入六地時即能除也　七細相現川障顴十二因緣而尚見有微

細生咸相而未能息名細現川由七能導第七地中妙无相違

名為障入七地時乃為得除矣　先相中住加川障生咸等相皆不當情

細生威相初未能息名細視。由屯能導第七地中妙究相道故

名為障。入七地時乃浮塗矣。先相中住加行浮生威等相皆不當情

尋於此地究竟用道故得浮名入八地之即能威。九於利他中不欣浮

能濟有情離苦得樂名為利他。令求已利他不樂導人名利他中不欣

心世由且能導九地之中四無導解故名為浮。入九地之方得塗也。十於

諸法中未得自在浮。諸定總持神通事業諸功德等並名為浮

法川故名為諸。於此法中未能專擅窺窬未自在由斷能導十地之中

大法智等故稱為浮。入十地之方能究塗矣。上雖有多門不同總當

第一辨心位訖。第二大門明四浮果。初明其心浮。後顯得果第十地中

諸功德雖得自在而有餘浮。未名家揚謂有俱生微細所知障

及有任運煩惱浮種在於佛地故七十地不名為佛。金剛喻定現在前時

彼皆頓斷入如來地。後顯得果。問三祇時滿方川德備嘉曰畢竟具勝

果如何。若彼大十根圓滿二法是何得果故難集論云頓斷煩惱

所知障等可兒其及錢浮集大十道是其果也本入種集矣

法國國家圖書館藏敦煌文獻

果如何○若彼大十相圓滿二法是所得果故難集論云頻斷煩惱發

所知障戶阿羅漢及咸如來證大無及大十相是其果也如來羅漢依

菩薩等義別說非別有躰○今辨等之為二先明辨後辨其躰○

義之頻甚多今者但依仏所得者分之為二依唯識辨其四種

二種辨明其三事○言四種者二本來自住清淨無謂一切法相真

如理雖有客染而本性淨清且無數量微妙功德元生元滅湛

若虛空一切有情平等共有与一切法不一不異離一切相離本

思路絕名言道斷唯真聖者自內所證其性本寂故名無釋自辨本

來而非離染雖与客塵煩惱為依而不被染故名本淨七辨即是三

澄是諸法真如為性故不得名黑之隨那是諸法性也如色黑體起

非聲性其本寂故無名圓滿寂靜是無之有餘依無謂即真

如生煩惱淨雖有教苦而依未設而淨永寂故名無釋云二所依身在名

有餘依之中煩惱皆盡所設真理名有餘依而○雖有教苦

依在未超有漏苦果之身名微苦也七辨二乘有餘無不約仏

有餘依之中煩惱皆盡而影真理名有餘依而二障有敢苦

依在果頭有漏苦果之身名後苦也　七攝二乘有餘依不約佛

說如來有漏悲皆趣盡何得有苦　三元餘依皆謂即真盡

生死苦煩惱既盡餘依亦減眾苦永寂故名無也　四元住慮無謂

即真如出所知障淨大悲若常而輔翼由斯不住生死無利樂

有情窮未來際用而常寂故名無　釋言所知淨得大般若不同

二乘樂住無不同凡夫樂於生死二皆不住故名無住然其四種辯一

真如約義名也今者佛果四義皆具　問如來有漏苦依身盡如何

浮說具有真四即　答或苦依盡論元餘依非苦依在論有餘依是故

世尊可二真四元漏五蘊名小苦依　次明三車入無者唯無經秘

密之藏猶如伊字三點若其即不成伊縱亦不成如摩首羅面

上三目為得戍伊三點若別亦不得竪利亦如是解脫之法亦小無如

來之身亦小無摩訶般若亦小無三法各異亦小無我今安住

如是三法為眾生故名入滿如此伊字釋能生滄法所謂　理離諸淨染不屬隨縛若

若而證生法二空真如名如來身由智證理離諸淨染不屬隨縛若

如是三陀為眾生故名入滿如卅伊字釋能生證彼三空之義名為般

若亦證生法三空真灯名如來身由智證理離諸浮涤不為涤縛若

為解脫言伊字者據西方說彼國伊字兩點在上一點在下二點喻理

是所依故上二喻於般若解脫依理起故　何故判三不成耶

答言滿者是圓斋義若唯般若真如未證郎未解脫何名圓

斋若唯真理能證智無煩惱不斷亦何名寂若唯解脫躰假

理智俱元何名圓斋是故三別不名滿也七之熟意要外即具三法

俱時方得名為入大滿也智是有為理即元為能證解脫

是假故卅即有為元為假亨黑故智為能證理是所證解脫離得

故不得黑若別異者智證於誰名為能證理等准七故知三事不得

係從而列異也如是二方便名入大滿其事安之更繁不述

次辨十樓合之為二初明十樓後身相撮十樓種子有自元始但為二浮

三四覆蔽令不得起三祖伏斷十地從習至金剛位二浮都盡智從

種生名潤十種郎毛種相應心品故有四種故仏地論等云大圓

鏡智相應心品謂此品離諸分別所緣心相微細難知不忘不愚一切

種生名淨十種郎七立種相應心品趣有四種故佛地論等立立大圓
鏡智相應心品謂七心品離諸分別所緣行相微細難知不忘不愚一切
境相離諸雜染純淨圓德無間無斷窮未來際如大圓鏡現眾色
像釋曰智與時心一揽名一品我法等執及能取所取七等皆無名離
分別能緣所緣俱不可測故名之微細而於其境不迷不暗故名不愚
一切現前而不忘失名為不忘有漏永盡名離雜染純淨離
過名淨之德備美故得圓名於一切處能現身云名為無間長時
相續現而不息故如大明鏡眾像況起令依七智身土影
生法待喻明故稱圓鏡 二平等性智相應心品謂七心品觀一切法
自他有悉皆平等大慈悲恒共相續窮未來際
真如理性名為平等平等智緣此理名平等智之苦凡俗宙執有我自
他不平令我執二觀自他等故名平等以無轉易稱之一味起無
間斷故云相續 三妙觀察智相應心品謂七心品善觀諸法自
相共相無得而轉揚觀無量總持定門及所發生功德珍寶實於大
眾會能現無邊作用差別皆得自在雨大法雨斷一切疑令諸有情

相其相元尋而轉橋觀元量惣持定門及所發生功德珠寶於大

眾會能見元邊作用差別皆得自在雨大法雨斷一切疑令諸有情

皆獲利樂釋神用莫方稱之為妙處緣諸境名為觀察六度等

法名為珍寶目定為而起故稱發生〇四座所作智相應心品謂此

心品為欲利樂諸有情故普於十方示現種々變化三業成本

船力所攝作事釋化等是所依事智能感彼名成所作

智〇問此三四智為幹即識為不不那〇答然後与彼茅八七六及前五

識而相應故小幹即識王目黑故識為其王智是臣故〇問何故

仏地法嚴橋論等中亶云轉彼八識得應四智耶〇答唯識論中亶

有兩釋一智雖仏識而依識轉識為主故説轉識得二若有漏

位智為識故識无漏位中智強識为劣故有漏有情依智立

轉八識而得四智理應中智以八識為智也〇問元漏智強識後何道

識久以何明仏果有識〇答凡夫心王心所必依心王若元其識智依何

立又准如来功德庄嚴經云如来元垢元坭識是淨元漏界解脱一切

郭圓鏡智相應准七經云又畫仏元識〇問此三四智我通同

立文雀如来功德莊嚴経云如来无垢識是淨无漏界解脱一切

鄣圓鏡智相應雀七経文云佛无垢識○問此二四智幾通因

果及唯果耶○荅圓鏡虚率盡仏方得妙觀平等初地菩薩需

即令得仏果圓滿○問品類頒四智之異教幾何○荅一々各

空是有廿二者謂遍り五別境○五善有十一并廿二心王廿二○問義

云何○荅遍り五辨遍三界三住諸識故名遍り其五者何○一念

两而觸於境故名為觸○二能起覺受應起心種列念趣境故名作意

三能領納順違中容境故名為受○能於境安立自創取其境像故

為想五能令心造善惡等故名為思○六別境者七々伏境而亦是一緣別

之境故名別境其五者何○一於两樂境希望名敬○二於決定境即持名勝

解三於曾習境明記名念○四於两觀境專注名定○五於两觀境簡擇

名惠亨善等者能於七世順益蓋故名為善十一者一能於七世順益蓋故名

為善十一者一能於三寶四諦真淨德中深忍樂欲心淨名信

二棄重賢善故名為无貪○三輕迉果惡名之為愧○四於三寶善不躭

著故名為无貪○五於菩事等不起於惡名為无嗔○六理事明解名

◯二崇重賢善故名為慙　三輕誑暴惡名之為愧　◯四於三惡等不躭

著故名為无貪　◯五於苦事等不起於恚名為无瞋　◯六理事明緣名

為无癡　◯七勤於善事勤斷惡法而能勇決故名精進　◯八者遠離

麁重身心調適故名輕安　◯九防於外於善名不放逸　◯十令心平直无功用

住名為り捨　◯十一不損有情故名不害　◯問遍り等法凡夫等有理即

无染佛果云何云具七也　◯若遍与一切心恒相應名為遍り故佛嶺有

若佛无者何名遍り行等十一善心必有佛惟是善故有八等如果

常樂證二觀境故得有砅於二觀境恒即持故得勝解於曾受

境恒明記故る浔有念世尊无有未空心故皀浔有定於一切法常決

撢故浔有其惠　◯問如汝来身具无邊德何故但說廿二耶　◯若七廿二

橋仏一初有為功德莫不偏盡依七廿二法上之而建意種名水離

七外別有幹也　┃二身相攝者初辨於身後明相橋仏身有三

種二者法身謂諸如来真淨法界具无邊際真常功德是一初逵平

菩之性即七妄性是大切德法所依心名為法身依心之義是身

義故有七法身惟有真安常樂我淨離諸離殊衆善而依元

義故有此法身唯有真實常樂我淨離諸雜染眾善所依无
為功德无心色等差別相用又正自利寂靜安樂无動作故亦兼利
他為增上緣令諸有情得利樂故居法性土雖此身土躰无差別
而屬仏法相性異故攝性名土是所依止故約相名仏是能依止故又此身
土俱非是色雖不可言形量大小然隨事相其量无邊譬如虛空
遍一切故以所遍法而无量故其能遍法亦名无量 ○二受用身此有
二種一自受用身謂諸如來三无數劫所集无邊真實功德及淨色
身相續湛然盡未來際恒自受用廣大法樂以自受樂名自
受用又唯自利不為利他說法等故居自用土由昔所修自利功德
因緣成故從初成仏盡未來際相續變純淨仏土周圓无際眾
寶莊嚴自受用身常依而住如淨土量身量亦尒眼等五根及
諸相好一一无邊由无限善所引生故 又功德智惠既非色法雖不
可說形量大小依所智證理及所依身亦可說言遍一切處 ○二他受
用身謂諸如來依示現妙身而為十地諸菩薩眾現通說法決諸疑網令
彼受用大乘法樂名他受用又且其无邊似色心等利樂他用化相

用身謂諸如來依示現妙身而為十地諸苾芻眾現通說法決諸疑網等

彼受用大乘法樂名他受用又具足無邊似色心等利樂他用他相

即德文准利他為他現故居於自受去由昔所發利他無漏純淨仏去

同緣成就隨緣應往十地苾芻而復為淨去武小或大或聽聞

勞前後發轉他受用身依之而住能係身量去元定限令合恐自他

二受用身揔名受用也三重化身謂諸如來重現元量隨頻化

身為末登地諸苾芻眾三乘異稱彼機宜現通說法令各獲得諸

利樂事令他受用他相切德准利他橋為利他故居重現化為佢

而復利他元漏淨稱仏去同緣成就隨末登地有情而現化為佢

或淨武稱武小或大前後發轉仏重化身依之而住能係身量

去元定限也　　二明相橋者　　問曰三三身而与五法相橋云何　答真

如一種橋於法身無為者何准仏論能緣密任瑜伽論天親假若

論等橋省云法身無為故又仏地對法橋論

等三法身諸仏共有唯真如理諸仏共有餘即不示　問若示

何故帚論中云轉去藏藏得法身耶　若第八識中金二郭種謂

等三位法身諸仏共有唯真如理諸仏共有餘即不尒。問若尒
何故攝論中云轉去藏識得法身耶。若苐八識中含三種種謂
由能減七三種種方既法身橋七故論轉藏識得名不以識是
法身也。二以圓鏡等四智之中真是功德顙智不起常遍色身
稱自受用何以知者華嚴論說大圓鏡智是是受用身橋論云
轉諸轉識得受用身故知物此四惡品豈有色心為受用耶
三以平等智所現仏身橋他受用成以住智所現道顙種身相
橋受化身七三身两有色心豈似非身何所以然自為化地方
便示現故不可論無色智為幹 夫一乗位理幽事廣若此
圓德餘何可我是以大智等覺繫月猶述不忘聲聞未珠
尚醫彼智猶若況平聲便以彼回海起光盡曰權物既
若斯徒何不有故化聖言遍為暗次貽諸同好翼終有數斯
者末極故重頌云 以於衆聖之 辨大乗位之 福異諸有
誌常住戈等覺

P.3342 大乘入道次第 （80—79）

·86·

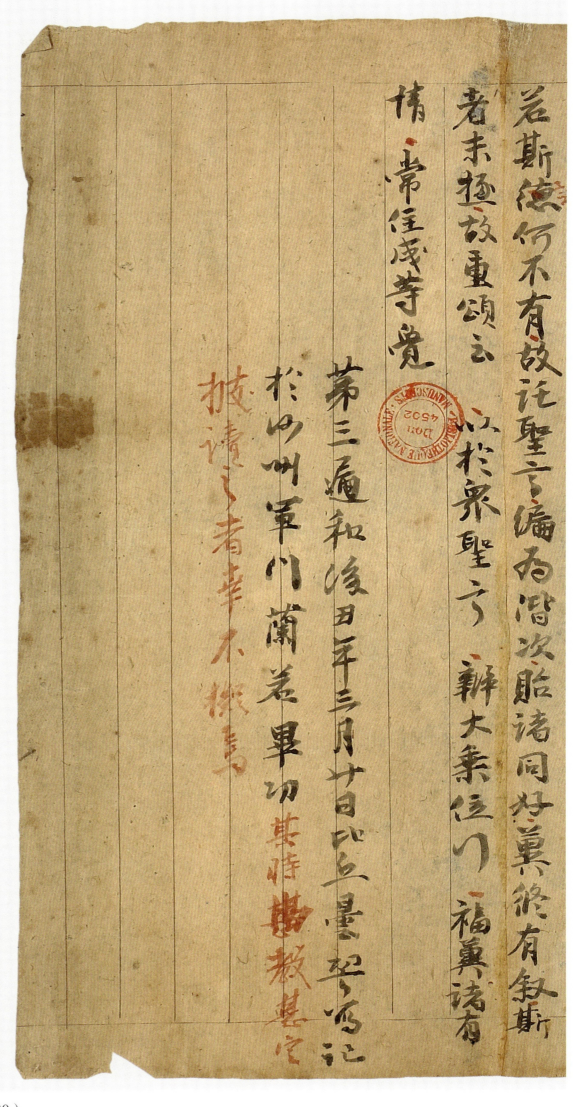

若斯德何不有故記聖言徧兩楷次貽諸同好冀終有緝斯

者未極故重頌云　以於眾聖旨　辯大乘位门　福冀諸有

情　常住成等覺

第三遍和後日年三月廿日以上量契為記

於四州軍门蘭若單切其時教基它

披讀之者幸不憾焉

P.3342　大乘入道次第　（80—80）

Bibliothèque nationale de France

Pelliot chinois 3343

P.3343　　　律部疏釋（總圖）

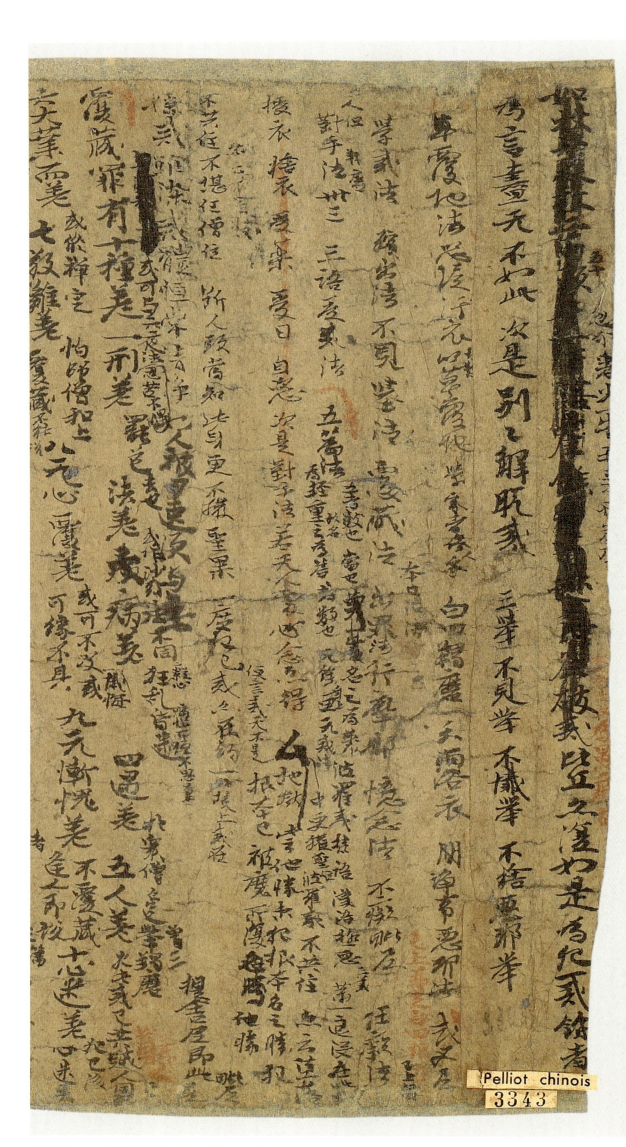

僧殘下偽蘭。若天兩搜比丘持食還行菜人處食處下...

把食上淨莫來犯　冨籧種[種]甘菜竹筍是...之數是。若留。柳番菜...

縛菜食者　希豨。苦薺。蒸麪汝是　七日菜皆四。餘殘菜轉施餘比丘或比丘住...

或与淨人以淨不爲犯　夏中從房爲通三世故昔有比丘遠房又入房欲上著印...

容比丘見次是其比丘某人住過去无安置壽公每夏比丘須於房。梵行者積天之行...

之三清淨　大僧房日法十三四一日一夏三中乃至七度受日許爲志省要殺不破樓於故　前安居者有本種利...

廣六利蓋故　匠古巨上不許爲志省要殺不破樓於故　及界者明相未出家遠近...

不許加縛水衣長衣不說律如是但有利養麦村坊於行許　安居者長汲在...

內稱不淨遊行坊不許　作折華人執華人及安居許　及界者明相未出...

夏滿自恣有難事不得直至自恣淨　四祿法　一董掃不爲居圖乱時七飢...

有外法自出家偽僧眄眄衣食後次僧衣食盡次外之即罷老志自含...

後若与出家共沈眾外之其无能得一衣二衲是四依不得於志悲故夫...

受或後說最比丘醫世人董土三兄不用者比丘愛用　二上食偽帝使...

噢者　母惱故比丘上畜乞食　三樹下坐或在朽樹間両之懷...

已方。三所以樹下坐　四腐爛菜爲在風夾是孤患之身食如程...

律部疏釋 （6—4）

第一一一册　伯三三四二至伯三三五四背

昭擖者謂昭撤四方故名昭擖

行多用

僧之後於凡人盡

乃至三乘聖人皆依此食若食儳但

釱婆羅有兩毛驟牛馬……牛屋

……

P.3343v　　　律部疏釋補記　　　（2—2）

Pelliot chinois 3344

至心敬礼中和大惠天尊

至心敬礼大乘虚極天尊

至心敬礼玄宗誕應天尊

至心敬礼无量威福天尊

至心敬礼玄暉妙覺天尊

至心敬礼宾神洞晏天尊

高上老子曰此天尊荨並各身作真金妙色

項員飛艷負光頭戴自然芙蓉花冠建虚牙

雲色彩替佩三光五文山雲納披著黃雲飛

光流彩長幕躍五色六領師子方屬各與天

龍驍將揮劍神王延頸瓊鳳啓道金鸞共

首九鬼同體千摩秉鉞五帝擢摩百狼各為十

余時髙上老子又吉南方普度真人及諸仙

衆曰鄉蓍若能勸化南方无極世界之中一切

善男子善女人悉令送心敬礼稱揚南方三炁

无極世界三十天尊霊像名号者即得滅除

存三二代従来所犯非謗真経用為邪說之

罪次滅忘師傳授不憶教誨之罪滅占催圖

讟妄說吉凶之罪次滅誘良人墜為奴婢

之罪次滅婬犯情色浪行非法之罪次滅剥

賊行人取其衣服之罪次滅偷竊三寶常住

法具之罪次滅發掘冢墓刼剥死人之罪次

滅秘惜経書不肯傳授之罪次滅妬人家富

顧令裏耗之罪有此南方十惡之罪无量无邊

不可剠悉之罪令□單首藏每戌余此卜□□

P.3344　　老子十方像名經　　（7—1）

顗令襄耗之罪有此南方十惡之罪无量无邊
不可測憶之罪今能彈栢懺悔滅除此十罪者
則不為南方十直之神太一八神使者錄其
罪目上奏天曹壽終命過之後不墮南方三
炁无極世界鑪炭地獄之中長免灼爛苦痛
之憂五體究全六府清淨則放浪閑豫娛樂
无為若還生人中則通靈聽達才智清遠此
則上賴南方三炁无極世界三十天尊之恩
下副此等男女送心投欵歸命之誠於是普
度真人及諸仙眾獼栢頂礼敬奉教言
尒時高上老子又告西方慈悲真人及諸仙
眾曰西方七炁无極世界之中有七十天尊
靈像名号礼之者滅罪无量得福无量

至心敬礼西極顯真天尊
至心敬礼真九老天尊
至心敬礼十聖十華天尊
至心敬礼四虛四照天尊
至心敬礼三元七暎天尊
至心敬礼三素晧靈天尊
至心敬礼晧暎普光天尊
至心敬礼太華太極天尊
至心敬礼洞空虛撩天尊
至心敬礼明光玄度天尊
至心敬礼九空六素天尊
至心敬礼九光八景天尊
至心敬礼九華七覺天尊

至心敬礼九華七覺天尊

至心敬礼太素光明天尊

至心敬礼太洞華景天尊

至心敬礼太一洞真天尊

至心敬礼太和真洞天尊

至心敬礼定元命籙天尊

至心敬礼晧華素德天尊

至心敬礼妙寶淨元天尊

至心敬礼真明虚検天尊

至心敬礼太虚霊應天尊

至心敬礼太玄高上天尊

至心敬礼虚極妙霊天尊

至心敬礼妙寶元和天尊

至心敬礼玄素惣德天尊
至心敬礼太華惣謂天尊
至心敬礼高皇玉帝天尊
至心敬礼光華寶曜天尊
至心敬礼高聖玄景天尊
至心敬礼中皇真際天尊
至心敬礼真洞玉晨天尊
至心敬礼元和高上天尊
至心敬礼至極太空天尊
至心敬礼玉虚流景天尊
至心敬礼惣真元洞天尊
至心敬礼流光應見天尊
至心敬礼玄鑑洞虚天尊

P.3344　　老子十方像名經　　（7—3）

至心敬礼玄鑒洞虚天尊
至心敬礼通鑒洞渊天尊
至心敬礼精曜金容天尊
至心敬礼玄丹散景天尊
至心敬礼流光八朗天尊
至心敬礼洞元積感天尊
至心敬礼高玄揔泉天尊
至心敬礼浩明梵寶天尊
至心敬礼金光素老天尊
至心敬礼玉皇真極天尊
至心敬礼玄極太微天尊
至心敬礼洞惠虚玄天尊
至心敬礼明機流鑒天尊

至心敬礼宣真玄一天尊

至心敬礼保光玄耀天尊

至心敬礼流光景德天尊

至心敬礼耀明高上天尊

至心敬礼華景光羅天尊

至心敬礼瓊華玉潤天尊

至心敬礼玉華元一天尊

至心敬礼六空洞府天尊

至心敬礼七夒元和天尊

至心敬礼光華景秀天尊

至心敬礼含光秘景天尊

至心敬礼靈都虛機天尊

至心敬礼靈化洞空天尊

至心敬礼靈化洞空天尊

至心敬礼洞虛安漠天尊

高上老子曰此天尊等並各身作真金妙色

項負飛艷負光頭載明光七耀蓮冠建飛電

警空華簪佩丹霞素霓耀日羽披著七色

流光長幗躍金虎鳳文華馬坐六領師子寶

座乃與毒龍猛卒威劒神王臣天力士風水將

軍嚇怒摩王塵憧卒吏執戟威將揮戈健士各

為十部前導後役顯晦周流按行西方七无

无極世界之中廣度一切有罪眾生令入樂

道各使得安

尒時高上老子又告西方慈悲真人及諸仙眾

日卿等若能勸化西方七无无極世界之中

名号即得滅除存三代徔来所犯言无

信實詭誑之罪次滅嫉妒他人有才勝己之

罪次滅恃其勢力欺陵貧賤之罪次滅口善心

惡面喜意瞋之罪次滅巧文曲判枉人直道

之罪次滅吡呰尊甲軺欺老病之罪次滅傳

人過溢惡語之罪次滅五形不隱露状三光

之罪次滅无故嬈恨責罰之罪次滅言語調

弄過分之罪有此西方十惡之罪无量无邊

不可測憶之罪今能彈柏懺悔滅除此十罪

者刖不為西方十直之神下太一録其罪目上

奏天曹壽終命過之後不堕西方七炁无極

世界金槌鐵杖地獄之中長免鞭捷之患五

體完全六府清浄憑真受樂藉福安和若夏

世界金槌鐵杖地獄之中長免鞭撻之患五
體完全六府清净憑真受樂藉福安和若夏
生人中則子孫隆盛歷代冠纓上賴西方七
炁无極世界七十天尊之恩下副此等男女
送心投款歸命之誠於是慈悲真人及諸仙
衆禪栢頂礼敬奉教言
尒時高上老子又告北方救苦真人及諸仙
衆曰北方五炁无極世界之中有五十天尊
靈像名号礼之者滅罪无量得福无量
至心敬礼北方延壽保命天尊
至心敬礼北極明耀天尊
至心敬礼玄虛太極天尊
至心敬礼紫度虛皇天尊

至心敬礼玄微紫耀天尊

至心敬礼紫真太宝天尊

至心敬礼玄和大度天尊

至心敬礼紫晨九福天尊

至心敬礼元和真宝天尊

至心敬礼福堂幽寂天尊

至心敬礼玄景光德天尊

至心敬礼玄淳抱素天尊

至心敬礼宝真寂照天尊

至心敬礼紫焕元君天尊

至心敬礼玄素妙宝天尊

至心敬礼四照九极天尊

至心敬礼六合玄虚天尊

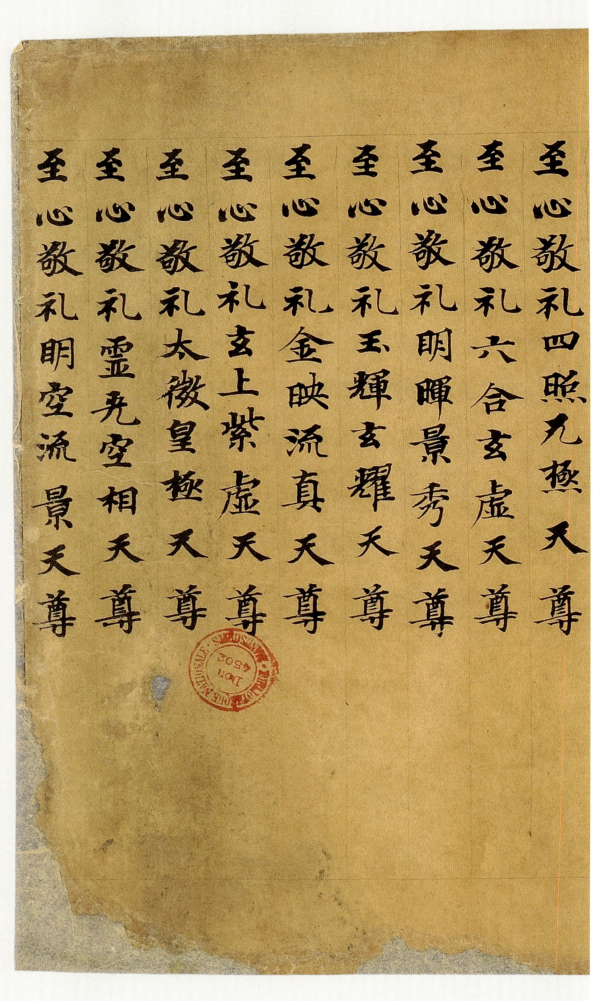

至心敬礼四照元极天尊
至心敬礼六合玄虚天尊
至心敬礼明晖景秀天尊
至心敬礼玉辉玄耀天尊
至心敬礼金映流真天尊
至心敬礼玄上紫虚天尊
至心敬礼太微皇极天尊
至心敬礼灵光空相天尊
至心敬礼明空流景天尊

P.3344　　老子十方像名經　　（7 — 7）

Bibliothèque nationale de France

Pelliot chinois 3345

日太祖之威風折亦仁公之翼

佐可謂德刑詳祝義信戰之器也以靜難之

功進爵為侯薑稷尚書令中軍將軍給班

嗣廿人功戌亦有國秉攜拘改稷侍中乙書監

護軍如故又以君母艱去官雖事緣義感而

情均天屬丁顏之合礼二連之善喪亦曷以諭

天厭宗德水運告謝嗣主荒急於天徑強臣

憑淩於荊楚慶唇繼絕之功合寵乱寧民之

德公實仰贊宓規衆聞神竿雖無受脈出車

君義在資教情同布衣出陪臺躅入奉惟

民簡八刑而罕用故能騁績康衢延茲哲

與異隆帝嘉茂庸董申前冊執五礼以匹

隆於百辟暫遂沖旨改樞朝端延無異言遠

今之尚書令古之冢宰雖袟輕於皂可而任

戎大啟南康爰登中鉉時膺玉寓圍辭邦教

公永鑒崇替軌能光輔五居資亮二代者

軒之臣虞夏苟裴之奉魏晉自非坦懷至

乞正徽猷弘遠樹之風聲著之話言亦猶褸

高禪深達先天之運匡贊奉時之業弼諧

民簡八刑而罕用故能駈績康衢延兹哲

右義在資敬情同布衣出陪臺躅入奉帷

殿仰南風之高詠淪東野之祕寶雅議於

聽政之晨被文於宴私之夕發以酒德閒以琴

心曠有餘暉遙然留想君垂答曰之溫臣盡

秋霜之戎蕭々焉穩々焉於是見君親之

同致在三之如一太祖外迴調䌷遺寄以侍中曰

佐錄尚書事稟玉几之頋舉蹶衣之礼樺

皇廙之令典致聲化於雍熙內平外武寶眤

舊職增給班劍卅人物有其容徽章斯先位

車連重遷言⋯⋯去之而片政者以

領驃騎大將軍侍中錄尚書如故景命不永

大漸弥留元四年八月廿一日薨于第春秋卅

有八普柳莊疾棨衛君當祭而輟祀昆娶既往商俁

趍車而行哭公之云曰聖朝震悼於上群后恇慟

於下豈唯纍罼一國痛深一主而已教追贈大軍

侍中錄尚書公如故給斯羽葆鼓吹增班劍為六

十人諡曰文簡礼也夫乘德而豪萬物不能昌其

貞虛已以遊當世不能橈其度均貴賤於儔風応

榮辱於彼我然後可兼善天下斯以平歲経始

圖終式免祇悔誰云充備公實有焉是以義結

善于龜烏象頌言象所未於主詠所不盡故史公

辭厚梲彼我然後可兼善天下聊以平歲輕始

圖終式免祇悔誰云克偹公實有焉是以羲結

居子惠洽廢類言象所未形述詠所不盡斂夫公

甲苐咸逝川之與舍辰清暉之眇黙滾興謙柊

伍里睼雅詠於京國思衛鼎之垂文想晉鍾之遺

則方高山而仰止刊玄石以表德其麟曰

辰精感運昇靈發祥元首帷明股肱惟良天鑒

璿曜踵武甫王欽若元輔體微知章永言必孝回

惢則友仁洽燕濟濊深善誇觀海齋量登岳均厚

五臣茲六八九斯九內諫帷慄外曜台階遠無不屆

迹與不懷如風之偃如樂之諧光我帝典絹彼民

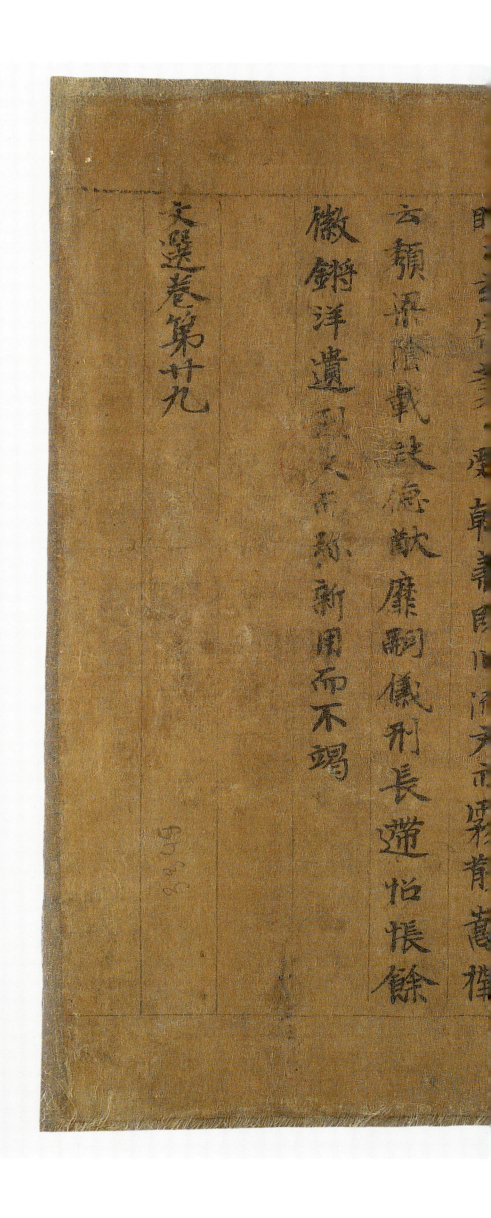

徽鏘洋遺則文所稱新用而不竭

云頵縴隆軼跡德歔靡嗣儀刑長遜怡悵餘

文選卷第廿九

Pelliot chinois 3346

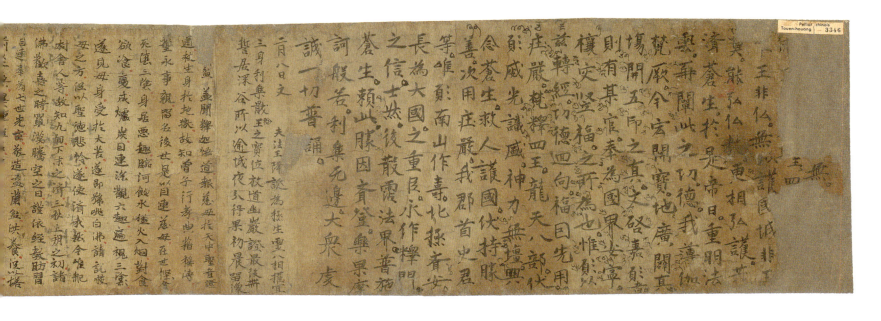

王非仲。無以讃臣□非王
奥。能弘仏□而南相弘護苦
濟蒼生。於是帝曰重開法
輿。弟闡此之初德。我蓮伽
覺願。令宏開寶。地廣開真
場開五眼。□□之真之啓嘉吉
莊嚴。梵釋四王龍天八部伏
藏轉經初德迴向福曰先用
則有其冝奉為國界人寧
權史堅福之所爲也惟有斯
念蒼生救用庄嚴我郡首山君
彰藏光識盛神力無壃興
之信。士然後散霑法界普施
蒼生頼此脒因育登樂果摩
長爲大國之重艮永作禪門
等惟彰南山作壽北孫者女
訶般苦利集无邊大衆虔
誠一切普誦。

二月八日文

夫法王降誔爲拯生類相攝取
三身利集敢王之寶位於道幽嚴諍最後冊
誓居深谷所以途誠夜勿得果初晨智像

死漢三侯身居惡趣臨河餞水德火入煙對食
董永事親窮名後世是以目連逢毋在世悭
欲冷憂成燼炭自連涂灘六趣逼視三塗
逐見毋身受北大苦遂即獱姚自佛請說被
毋之方區以座他悲怜遂使清氶救令唯
肉舍人等故知九惆不未之前王秋止朔之初諸
佛歡喜之時羅獿騰空曰聲依經教助冒
目連華爲七世光宕粲造盂蘭盆供養涅槃
□□□□□□□□

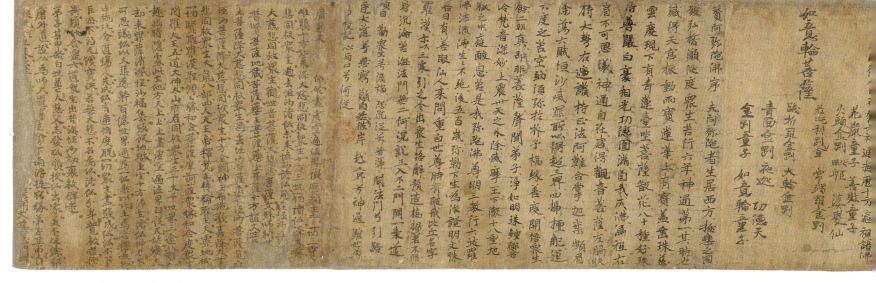

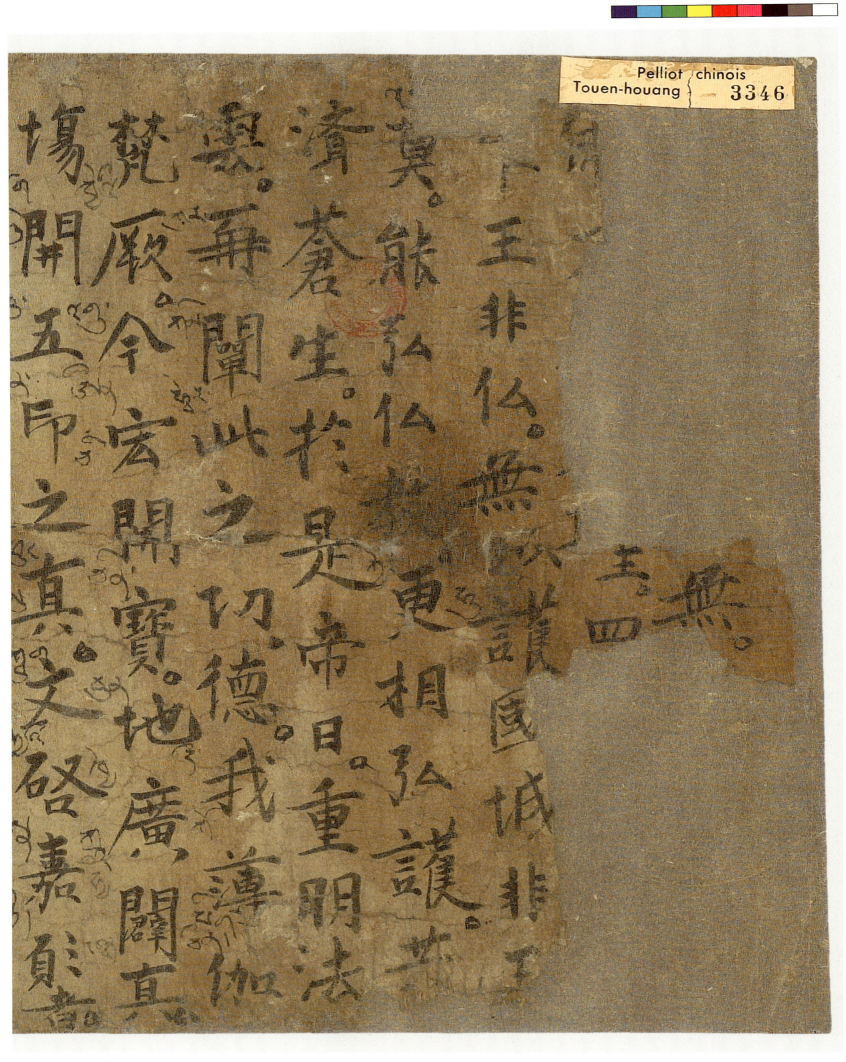

P.3346　雜齋文　（9—1）

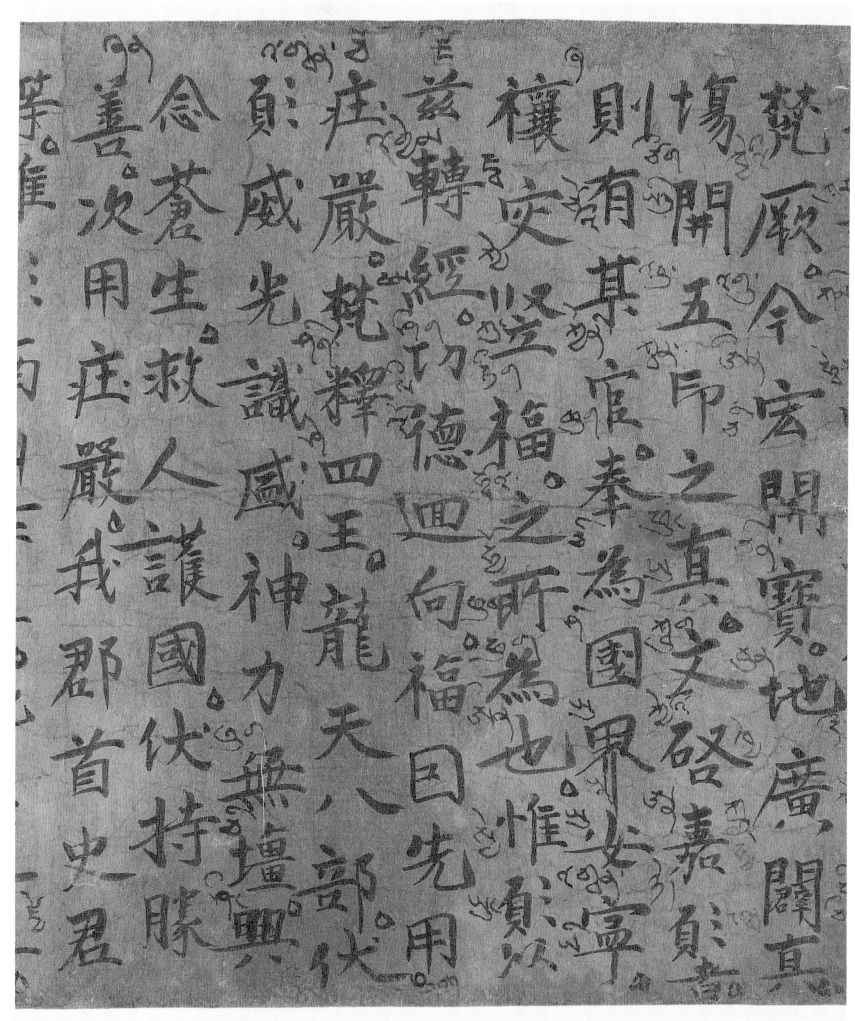

梵願令宏開寶地廣關真
則塌開五印之真文啓嘉彰
禳災消其宧奉為國界女壇
兹轉經切德迴向福之所為也惟貞以
莊嚴光識感神力無壇興伏
彰威嚴梵釋四王龍天八部伏
念蒼生救人護國伏持朕
善次用莊嚴我郡首史君

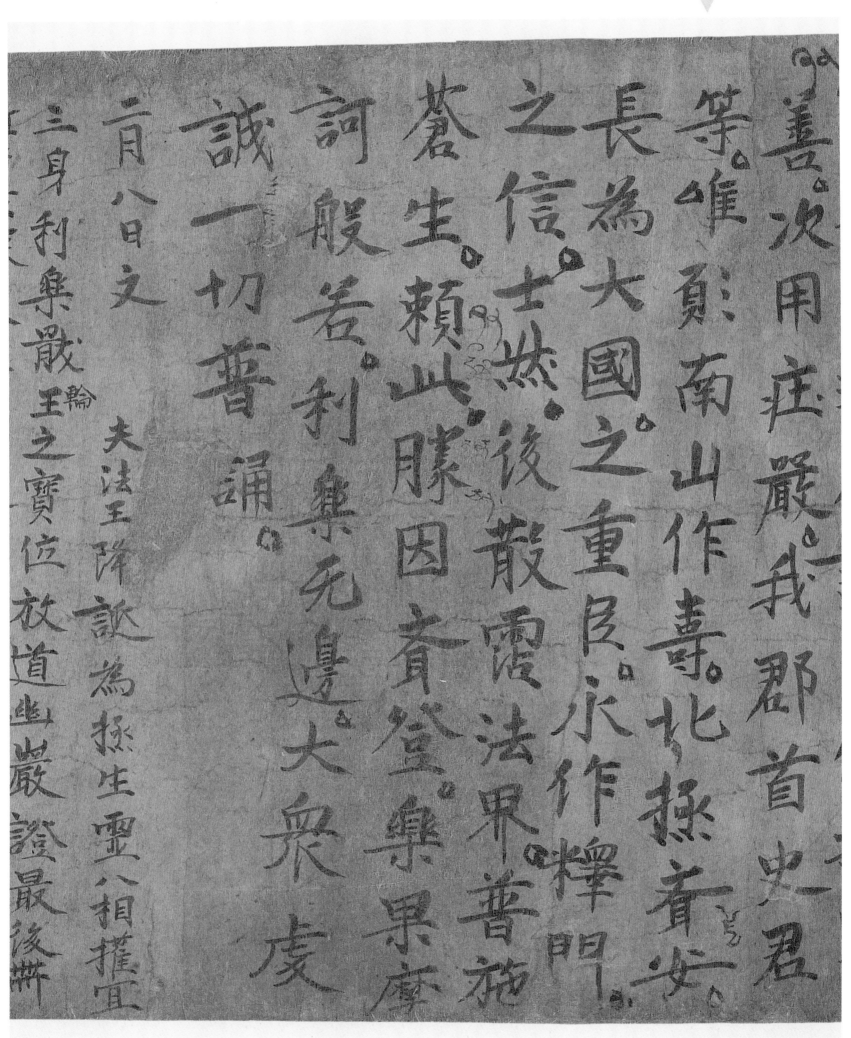

善。次用庄嚴我郡首史君

等。唯熒南山作壽北捹青峩

長為大國之重臣。永作樺門。

之信士然。後散霞法界普施

蒼生。賴此膝因育登樂果摩

訶般若利樂无邊大衆虔

誠一切普誦。

三月八日之　　夫法王降誕為捹生靈八相摧宣

三身利樂嚴王之寶位故道出嚴證最後辦

法國國家圖書館藏敦煌文獻

二月八日文　夫法王降誕為拯生靈八相攞頁

三身利樂嚴王之寶位放道幽巖證最後無〔輪〕

誓居深谷所以逾城夜乃得果初晨留像

盖聞輝迦悟道報慈毋扵天中聖者證

遍救生身扵地獄故知曾千汀考典籍稱傳

董永事親留名後世是以目連慈毋在世慳貪

死墮三塗身居惡趣臨河飲水搥火入烟對食

欲飡憂成爐炭目連逃觀六趣遍視三塗

遂見毋身受扵大苦遂即稱吼白佛請記拔

毋之方但以聖德悲怜遂使濟我慈毋配

村舍人等故知凡囘不朱之旨

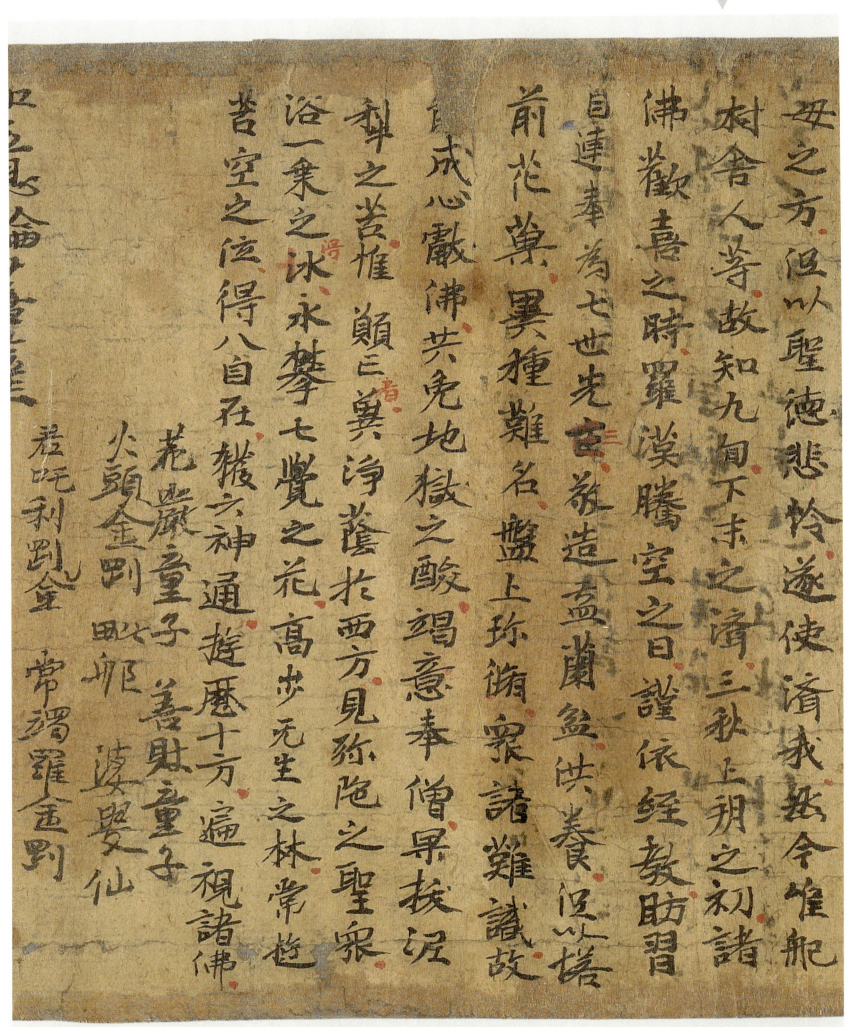

毋之方但以聖德悲怜遂使濟求甚令惟舩
村舍人等故知九㪍下未之濟三秋上朔之初諸
佛歡喜之時羅漢騰空之日謹依經教助習
自連奉為七世先亡敬造盂蘭盆供養汜以塔
前花藥異種難名盤上珎餚眾諸難議故
能戒心懴佛共免地獄之酸竭意奉僧早拔沉
科之苦惟顋三𡧛淨蕩於西方見弥陁之聖眾
浴一㸔之冰永攀七覽之花高步元生之林常遊
菩空之位得八自在轉六神通遊歷十方遍視諸佛
花嚴童子善財童子
火頭金剛毗邪婆嬰仙
君吒利踢金常㩲羅金剛

如意輪菩薩

火頭金剛

毗那夜

婆嘶仙

常囉羅金剛

蹴斫羅金剛　大輪金剛

青面金剛　夜迦　功德天

金剛童子　如意輪童子

贊阿弥陀佛序　夫阿弥陀者生居西方極乐之國

發弘誓願化度衆生苦行六年神通弟一其時也

感得天宮振動而寶蓮峯上有寶盖金珠慈

雲慶現下有青蓮臺座菩薩散花八十種好殊

奇妙嚴白豪相光功德圓滿自我成佛傷祖右

高導嚴白毫相光功德圓滿自我成佛爲祖右

眉不可思議神通自在感得觀音菩薩左賜眉

將大勢右邊護持正法阿難合掌加葉頻眉

除萬六賊恒沙晛罪即以得超三界四攝種舵運

六度之苦空釖頂弥於於子福緣善慶開悟衆生

餘二非真即非菩薩聲聞弟子淨如明珠鐘響音

泠梵音深妙上震卅天之外除惑摩王下徹十八重地

獄之中庭釀息苦是我弥跎佛尊明三教行六波羅

佛法流傳生ゝ不絕後五百歲弥勒下生爲你證明文殊

昔日有善眼仙人來問重白世尊肺有破戒此立名字

羅漢亦以三乘引之令出衆生悟解預造橋梁若不修

羅漢示以三乘引之令出眾生悟解預造橋梁若不修

身沉淪苦海法門無二何況說三入不二門開一乘道

貝曰勸眾生苦修福恐沉沒兮無津開法門兮引路

遵大道兮無窮顛自然彼岸越三界兮神通雖世尊

校記心与口兮阿從

廬顛大　　仰皓盡虛空遍法界微塵剎土一切三寶

維顛十方如來降大慈悲同救眾生十方三世一切諸仏等大慈

悲同救眾生過去恒沙諸仏未來恒沙諸仏見住恒沙諸

大慈悲同救眾生觀世音菩薩大勢至菩薩文殊師利世

普賢菩薩地藏菩薩藥王菩薩正菩薩十方諸大菩

大菩薩降大慈悲同救眾生過去恒沙菩薩未來恒沙菩薩見

恒沙菩薩降大慈悲同救眾生十方金剛神王布施歡喜降大慈

悲同救眾生天龍八部四大天王帝釋梵王轉輪羅王天靈地祇

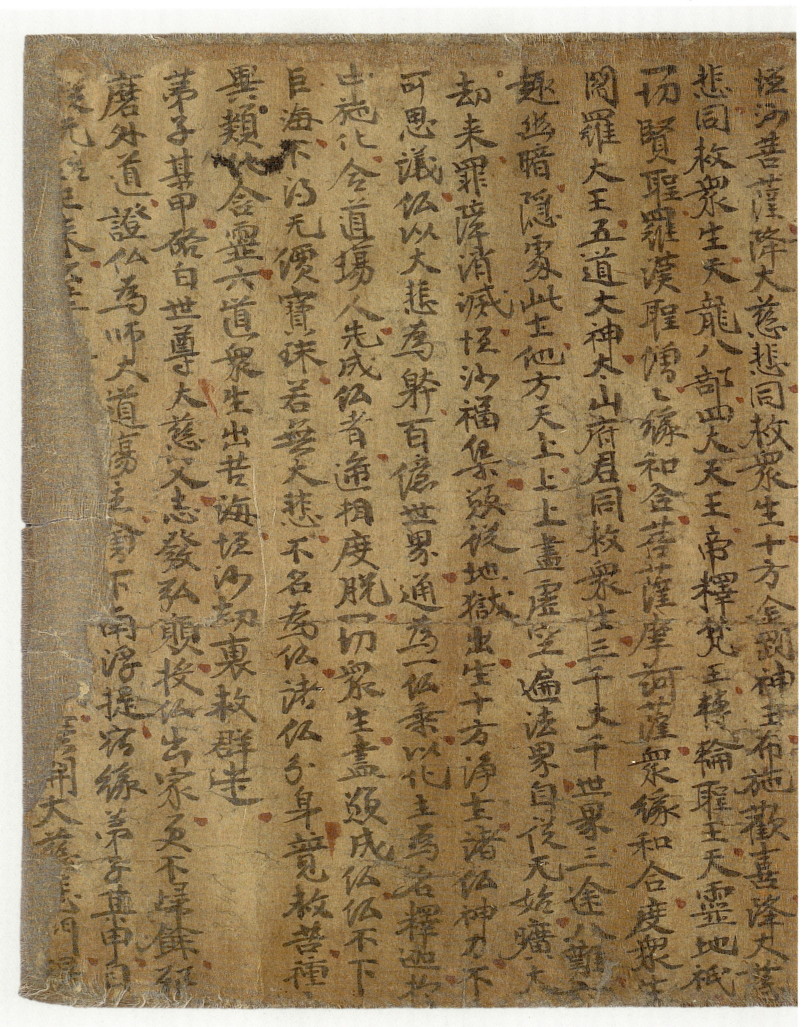

煙沙菩薩降大慈悲同救眾生十方金剛神王布施歡喜降大悲
悲同救眾生天龍八部四大天王帝釋梵王轉輪聖王天靈地祇
揚賢聖羅漢偶人緣和合菩薩眾緣和合麼訶薩眾
閻羅大王五道大神太山府君同救眾生三千大千世界三金八難
趣幽暗隱冥此土他方天上上盡虛空遍法界自從无始曠大
却來罪障消滅恒沙福集頻從地獄盡生十方淨土諸佛神力下
可思議佛以大悲爲躬百億世界通爲一佛乘以化主爲諸法釋迦於
出施化念道場人先成佛者遍相度脫一切眾生盡頻成佛佛不下
臣海不爲无價寶珠若夢大悲不名爲佛諸佛分身覺敎菩薩
異類心含靈六道眾生出苦海恒沙却東救群迷
弟子某甲 稽白世尊大慈父志發弘願授佛出家五下埠饒狸
磨外道證佛爲師大道高主對下南浮提病緣菩弟子東申日
　　　　　　　　　　　　　　　　　　金剛大道王志門日

P.3346　雜齋文　（9—9）

·136·

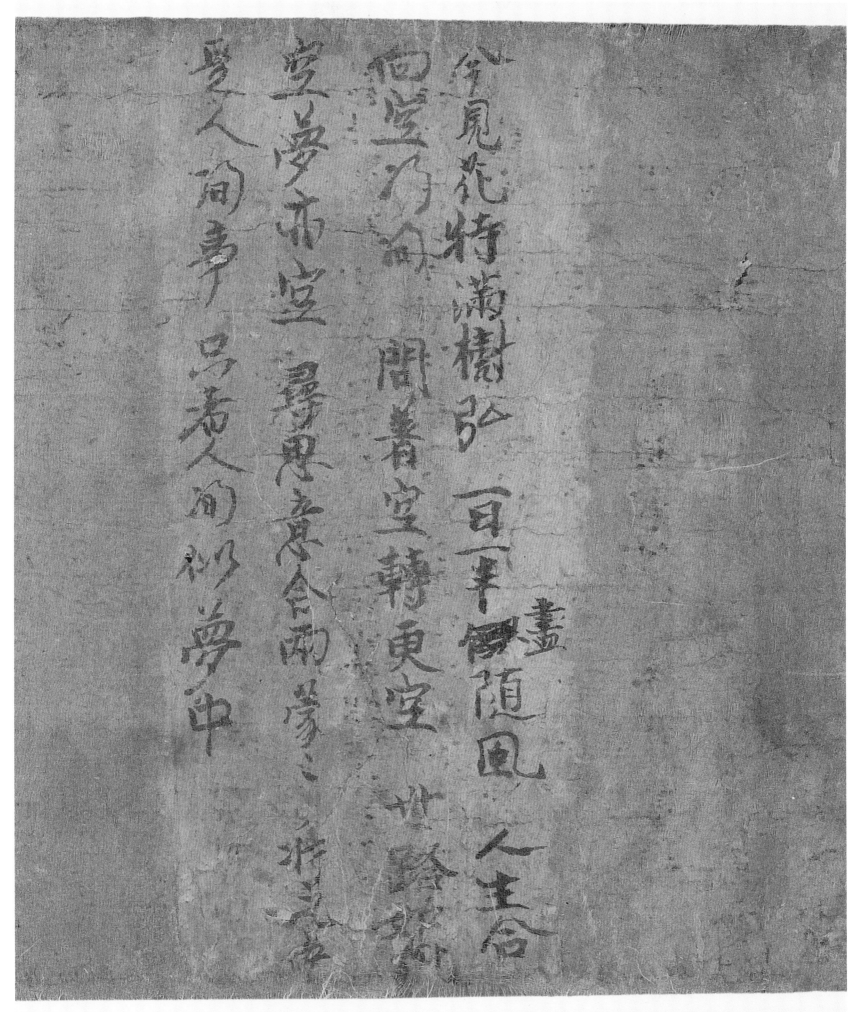

P.3346v　　七言闕題詩（今見花時滿樹紅）　　（2—1）

Bibliothèque nationale de France

Pelliot chinois 3347

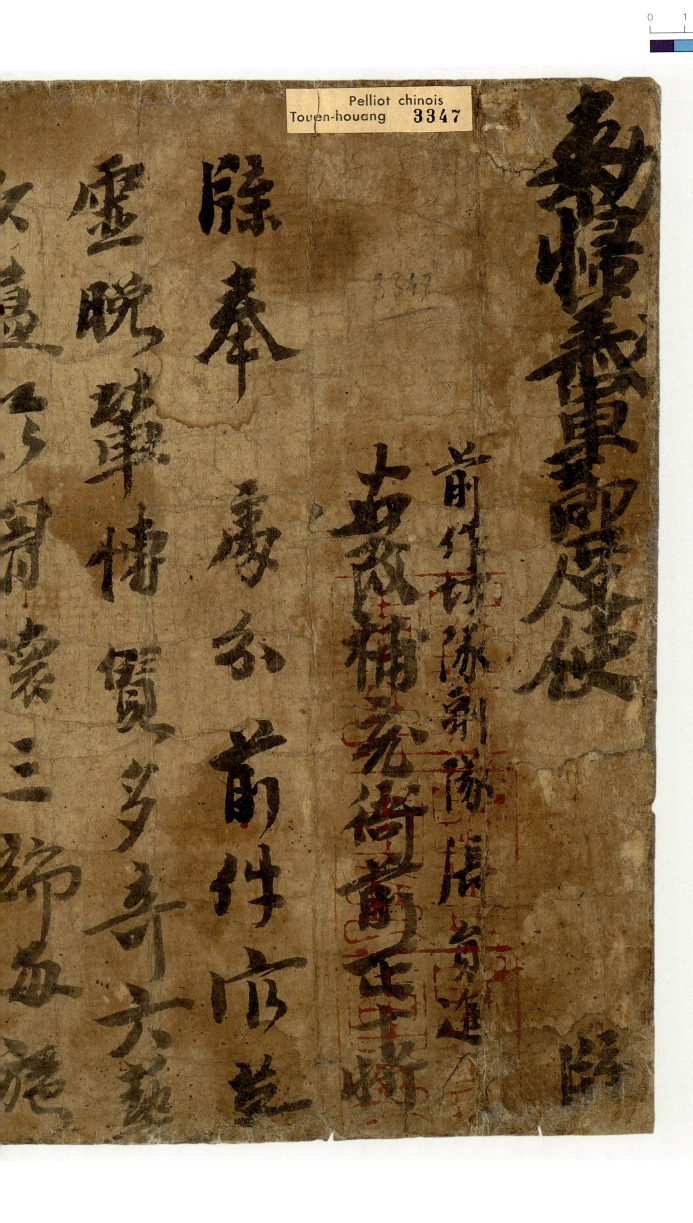

敕歸義軍節度使

靈脱䓁愽 賣多少六麥
除奉 零 前件伍䓁
前件沵剝陥張身進

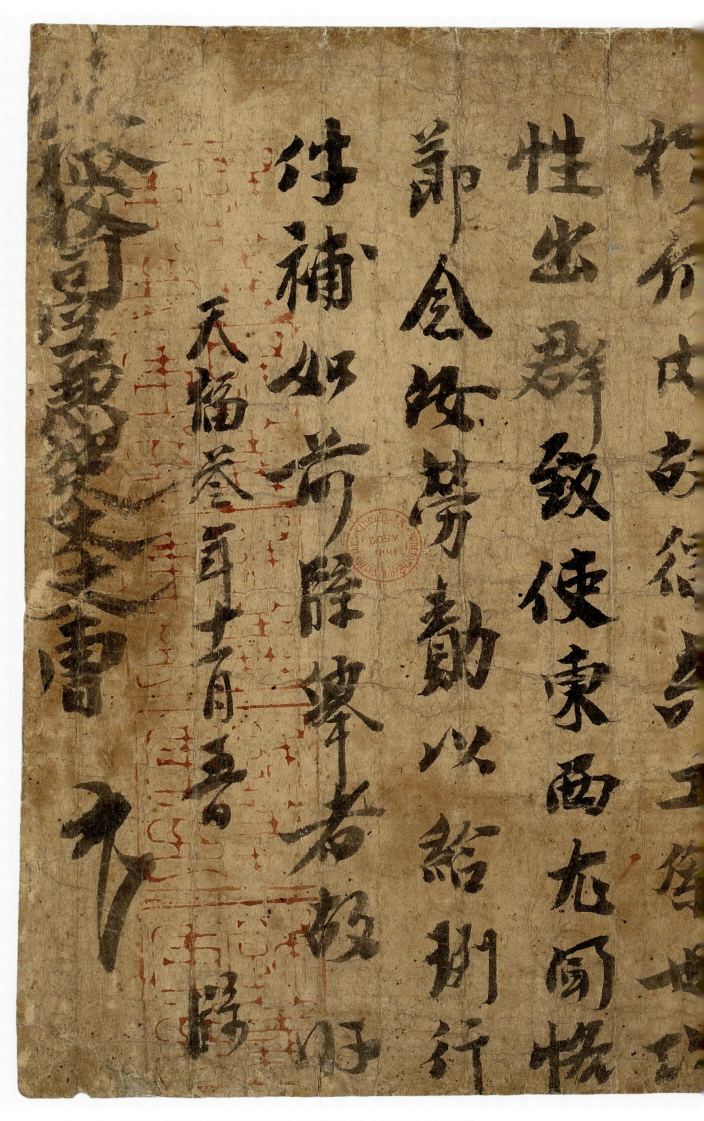

P.3347　　後晉天福三年（938）十一月五日歸義軍前作坊隊副隊張員進改補充衙前正十將牒

Pelliot chinois 3348

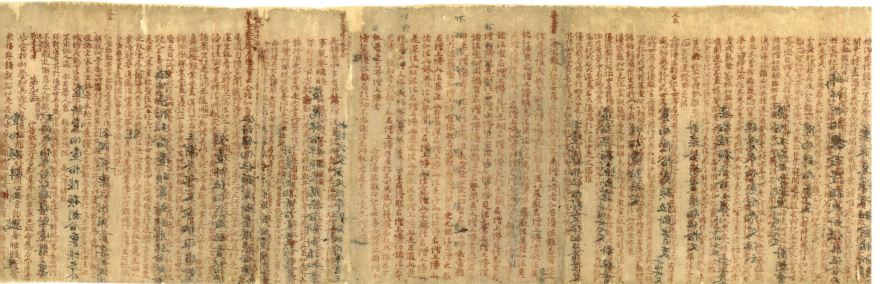

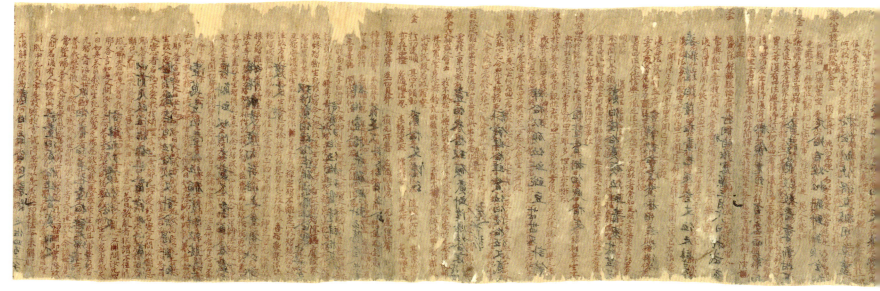

P.3348　　　大寶積經卷八二至卷一一三抄（總圖）　　　（一）

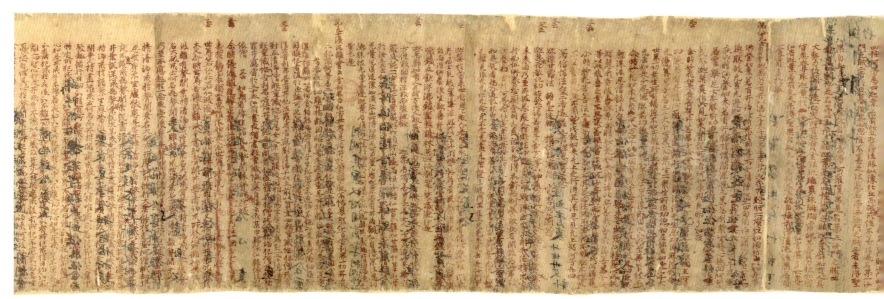

P.3348　　　大寶積經卷八二至卷一一三抄（總圖）　　　（二）

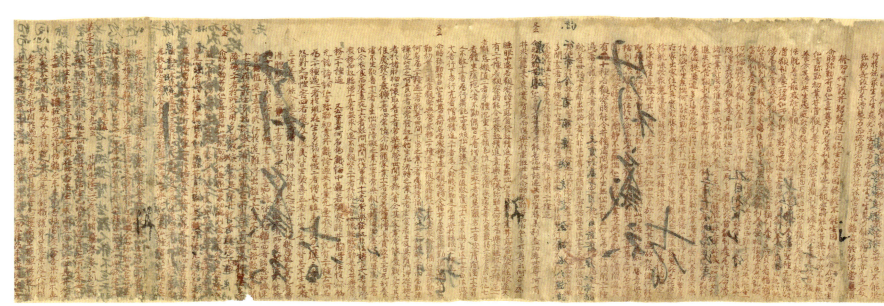

P.3348　　　大寶積經卷八二至卷一一三抄（總圖）　　　（三）

法國國家圖書館藏敦煌文獻

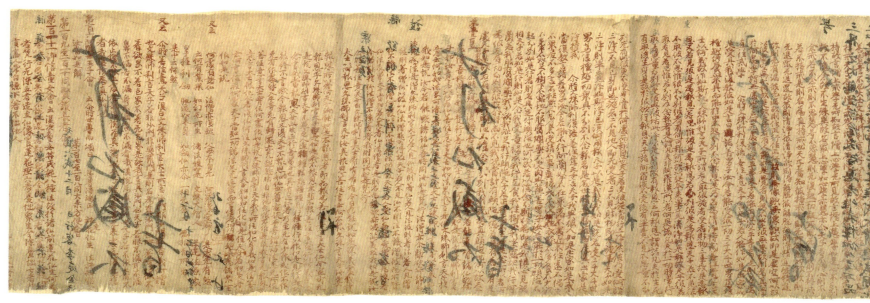

P.3348　　大寶積經卷八二至卷一一三抄（總圖）　　（四）

P.3348　　大寶積經卷八二至卷一一三抄（總圖）　　（五）

法
國
國
家
圖
書
館
藏
敦
煌
文
獻

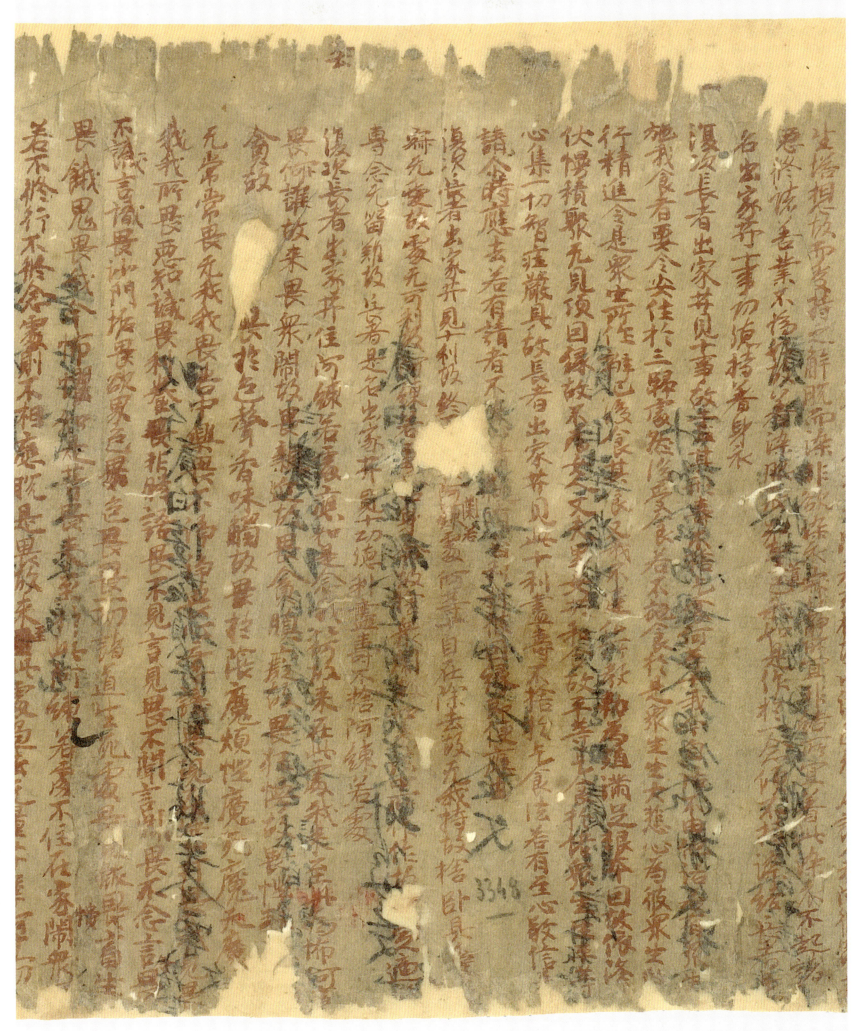

P.3348　　大寶積經卷八二至卷一一三抄　　（40—2）

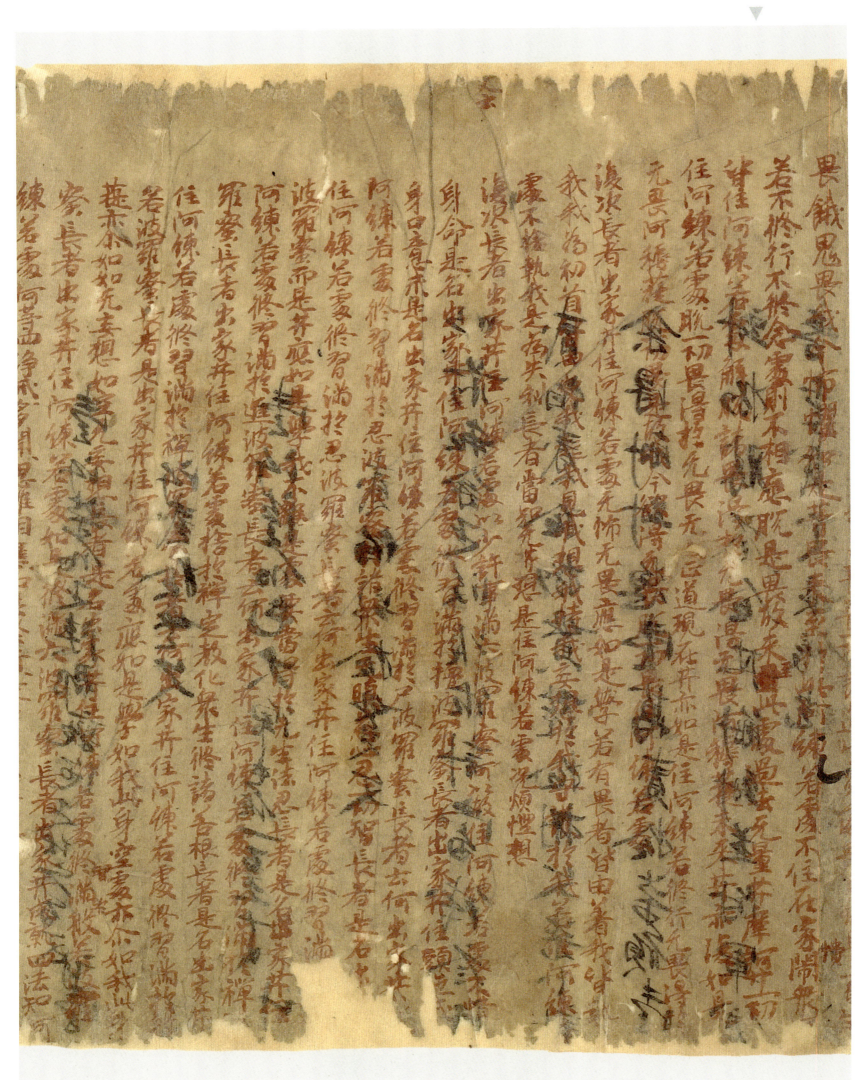

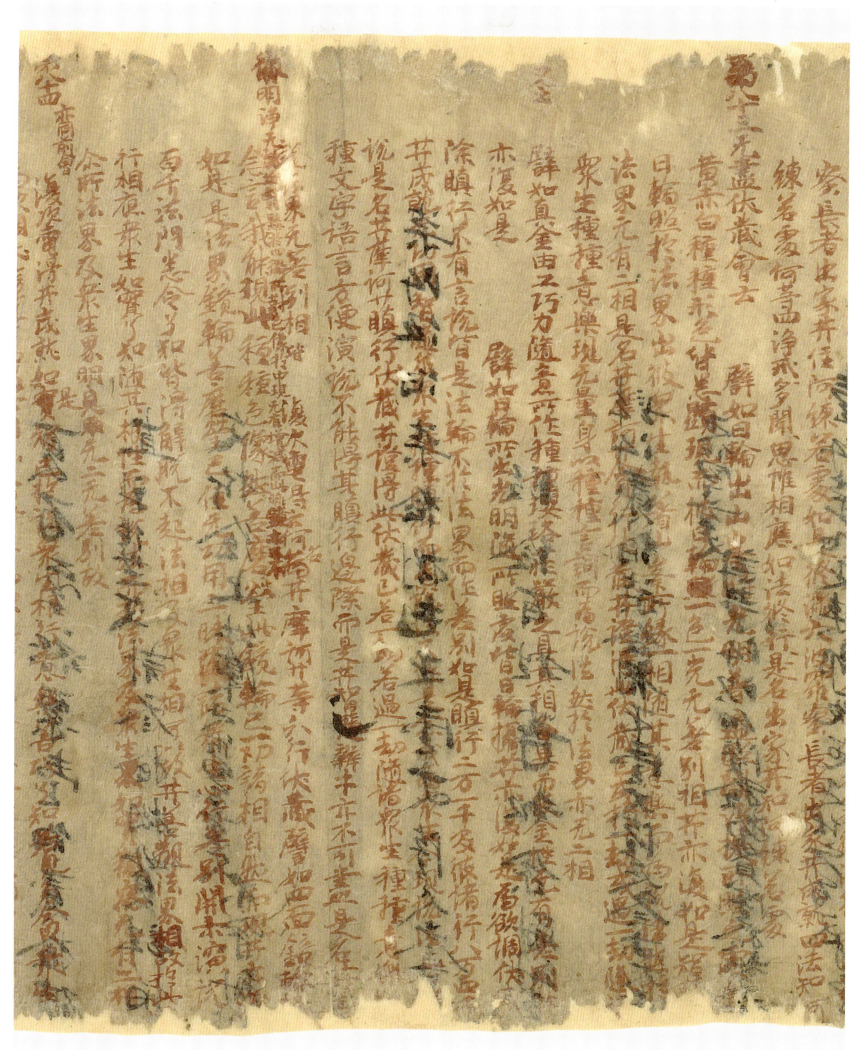

P.3348　　大寶積經卷八二至卷一一三抄　　（40－4）

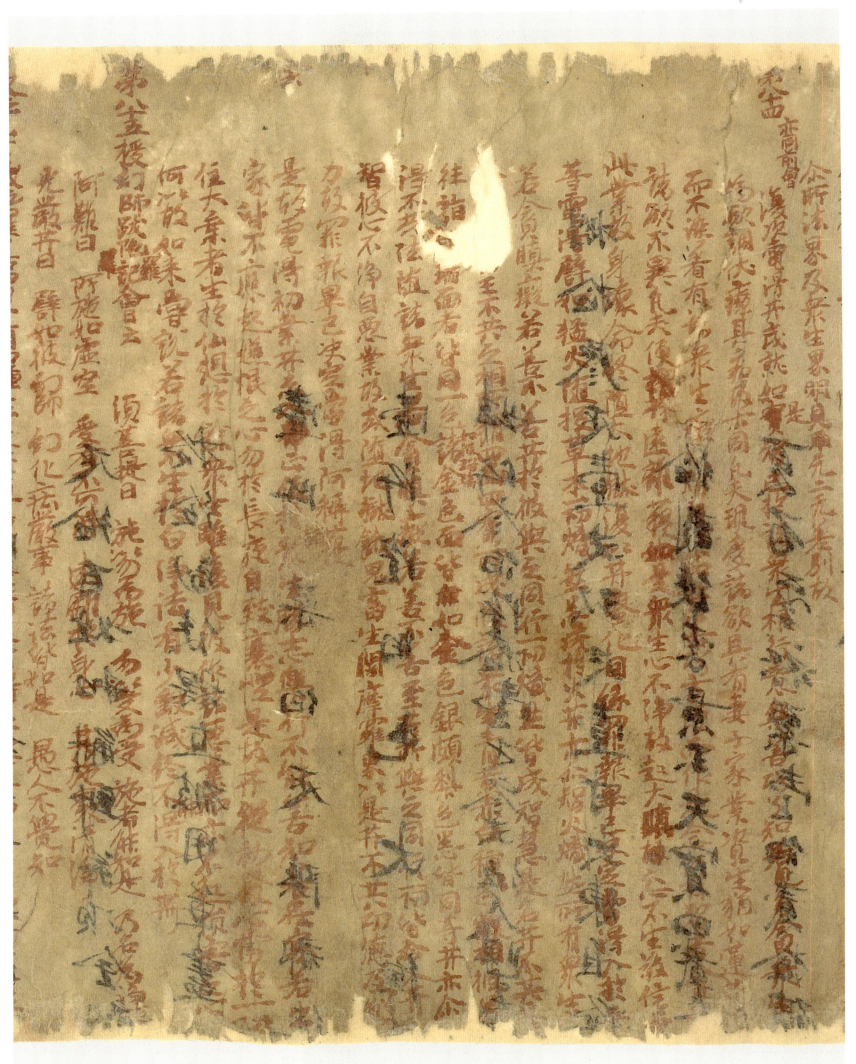

P.3348　　大寶積經卷八二至卷一一三抄　　（40—5）

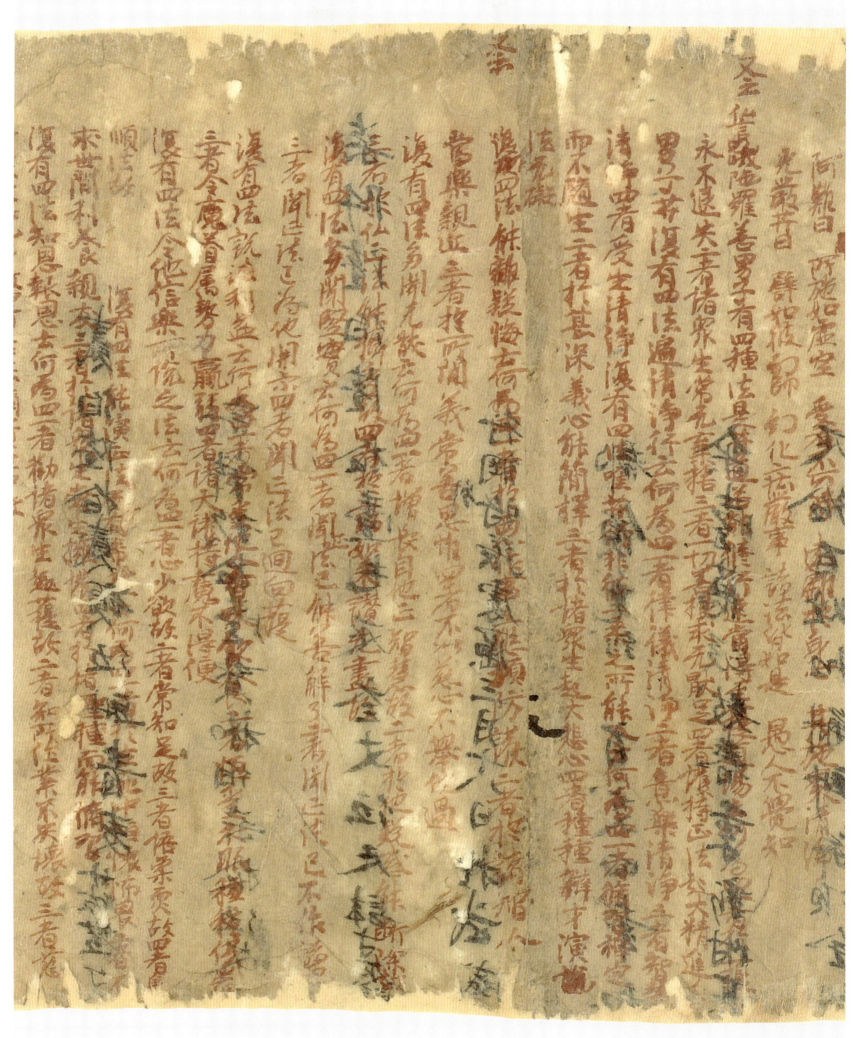

P.3348　　大寶積經卷八二至卷一一三抄　　（40—6）

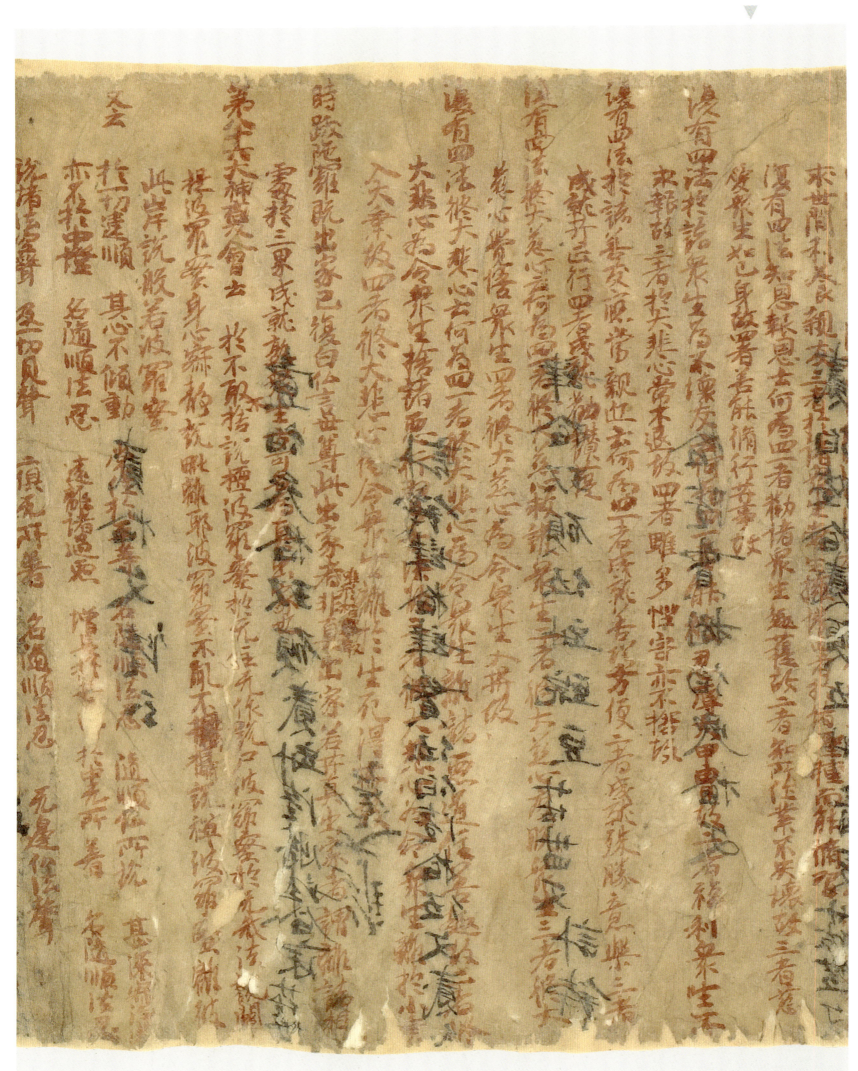

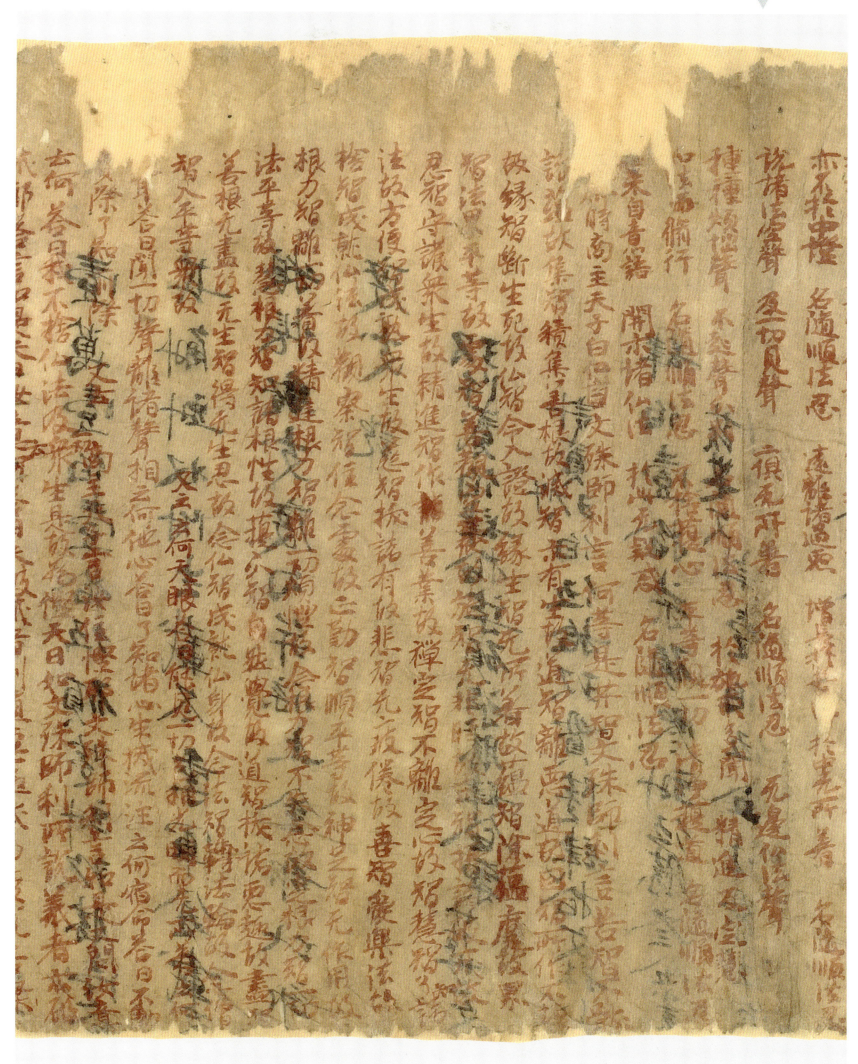

P.3348　　　大寶積經卷八二至卷一一三抄　　　（40—8）

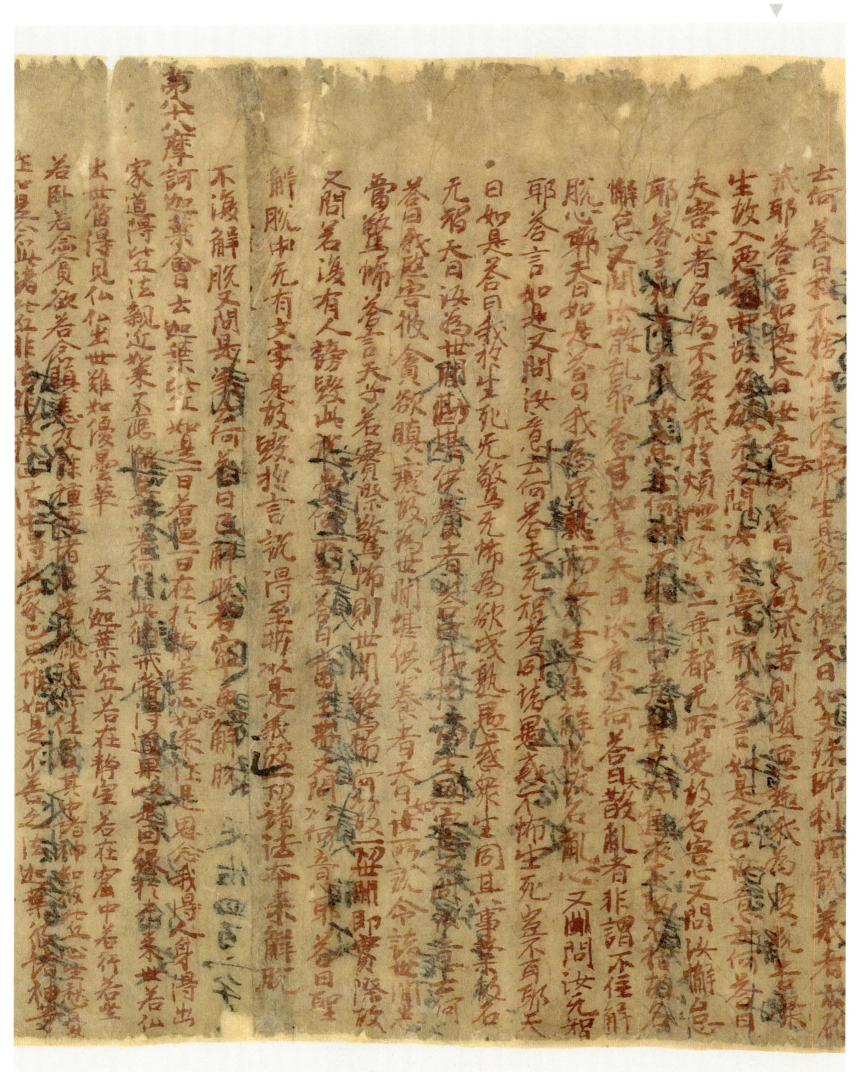

P.3348　　大寶積經卷八二至卷一一三抄　　　（40─9）

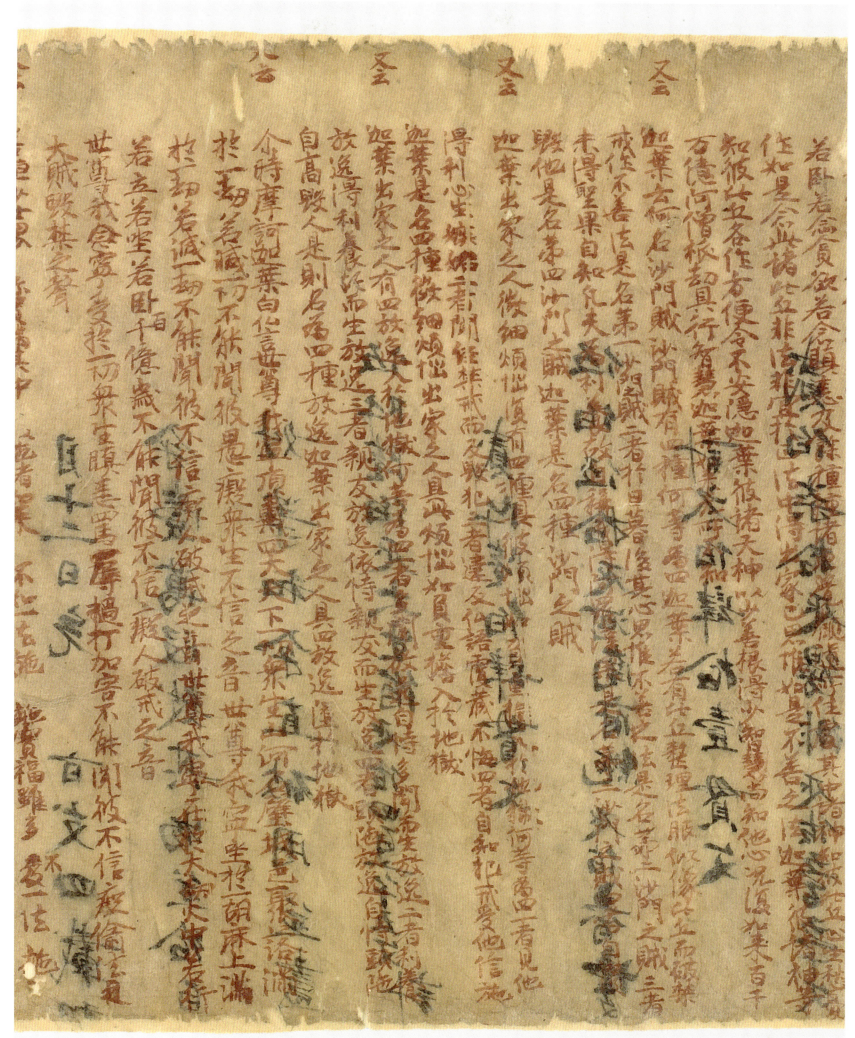

P.3348　　大寶積經卷八二至卷一一三抄　　（40—10）

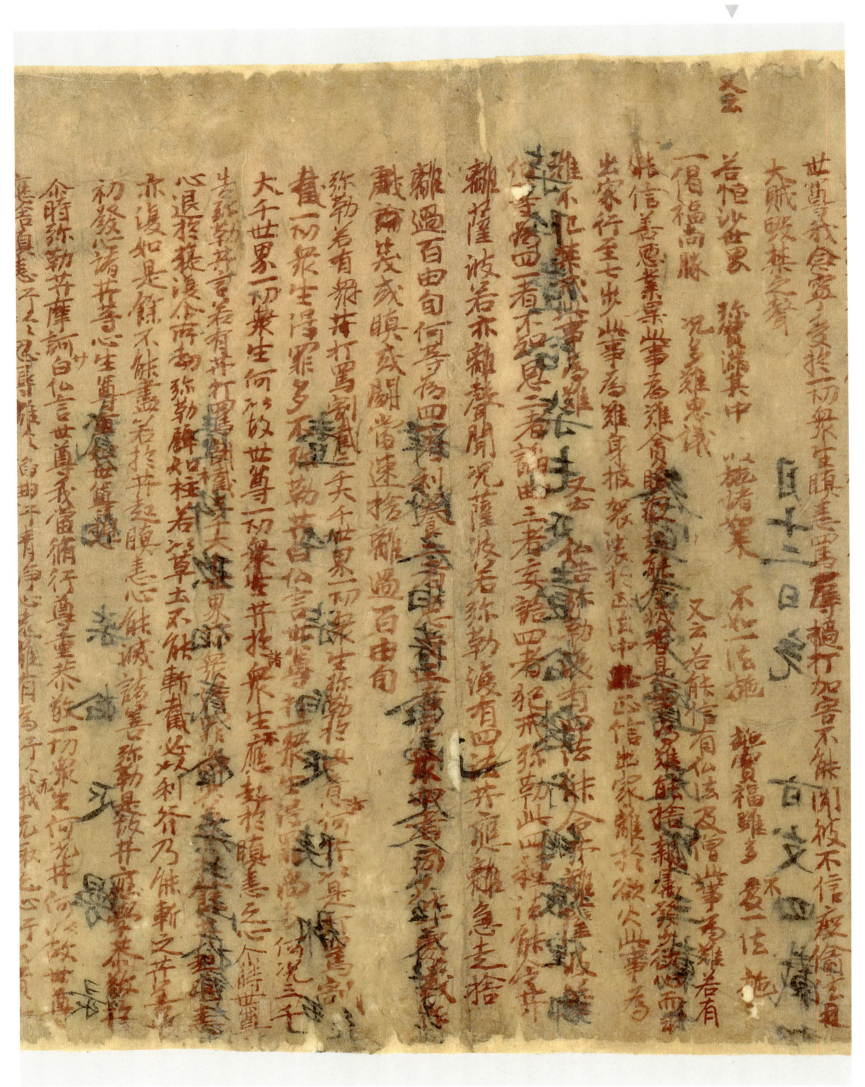

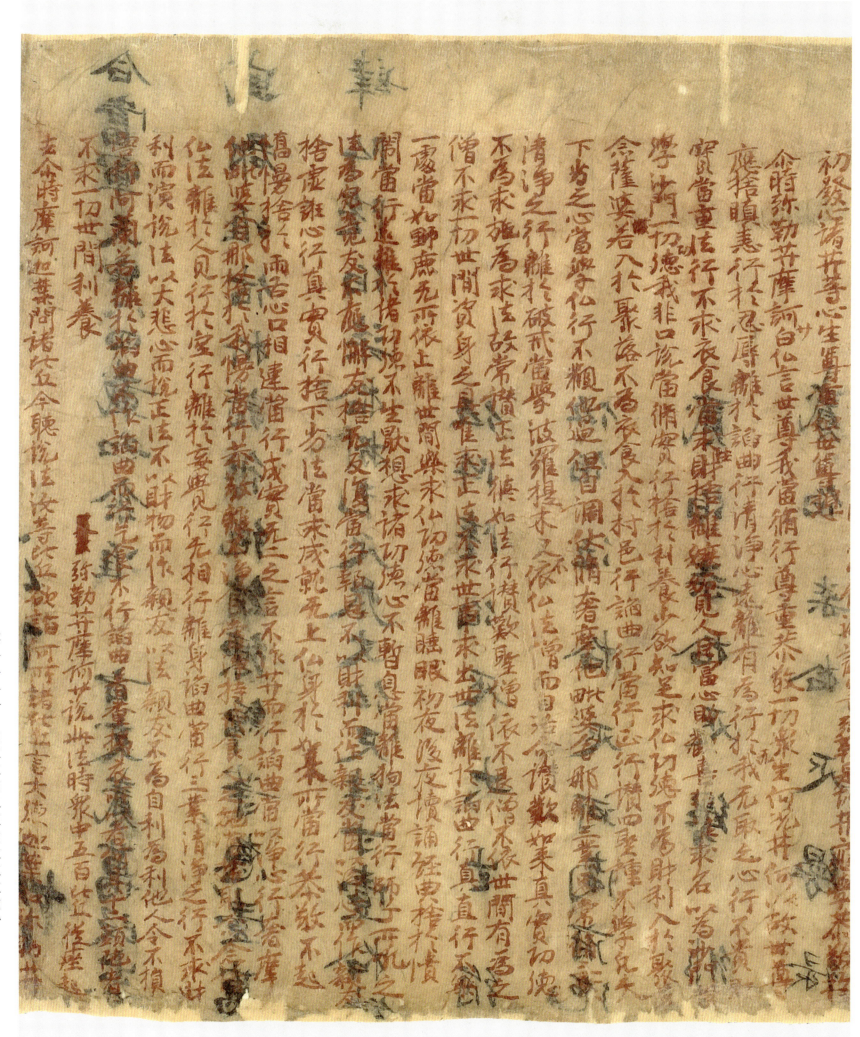

P.3348　　　大寶積經卷八二至卷一一三抄　　　（40—12）

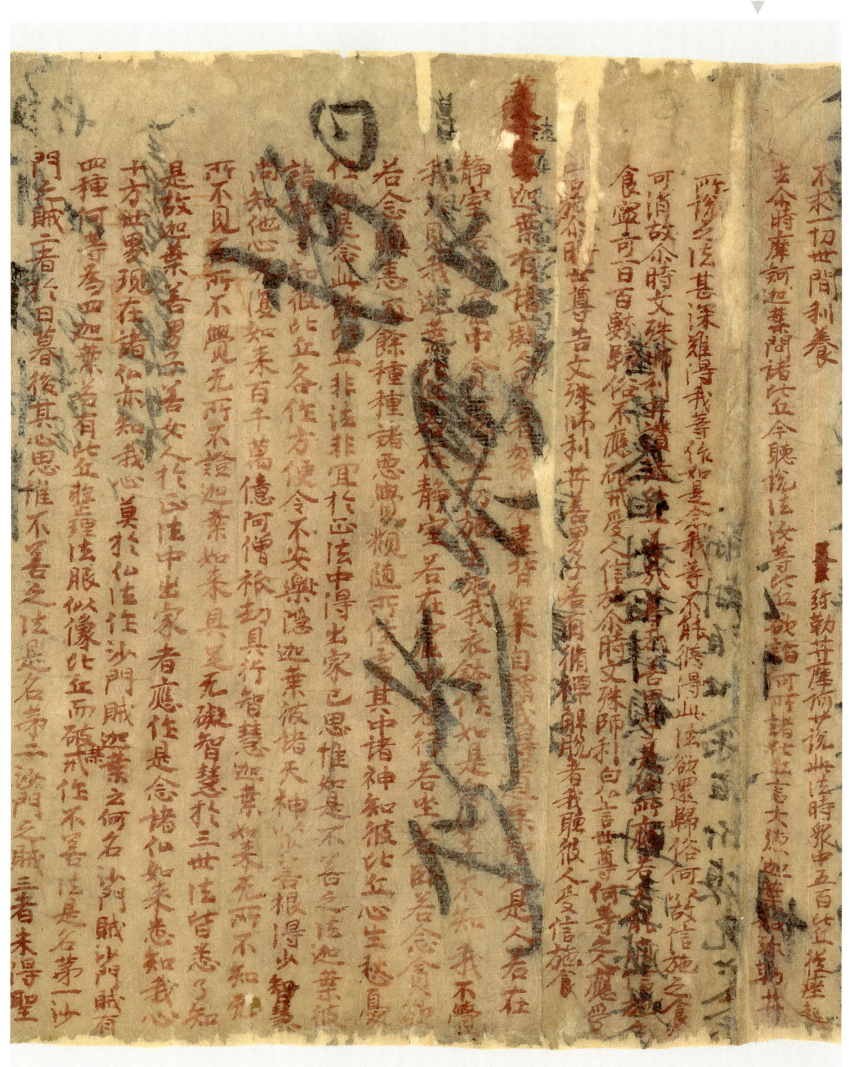

不求一切世間利養

法今時庫藏迦葉問諸比丘今聽說法汝等此比丘敬諦 彌勒苾蒭於此法時眾中五百比丘從座起

所修之法甚深難得我等作如是念我等不能修得此法微還歸俗何故施之食 孫勒苾蒭

可消故小時文殊師利菩薩時文殊師利菩 河鞞錯此座言大德如是迦葉共

食寧可日百數噉俗不應於時世尊告文殊師利菩薩男子汝何愛人信方小時文殊師利白比丘言世尊何等之食應食

是諸本是世尊告文殊師利菩薩男子菩薩修習於是時世尊說此偈已解脫者我明彼人受信施食

靜室若念或有中食 我見彼菩薩等彼菩薩自說我衣缽住如是 是人若在若念或非惡惡及餘種種諸惡與類隨所住多其中諸神知彼此比心生疑亂我不實

若在作念此非法非宜於正法中得出家已思惟如是不苦之後迦葉彼 我不實

住是念此比立各作方便令不安樂隱迦葉彼諸天神知彼善根得少智慧

彼此此彼如朱百千萬億阿僧祇劫具行智慧迦葉彼善業無所不知彼

彼不見亡所不證迦葉如朱具足無礙智慧於三世法皆悉知我心

是故迦葉善男子善女人於正法中出家者應作是念諸比如朱悉知我心

十方世界現在諸仙朱知我心 莫於仙住作沙門賊迦葉立何名沙門賊沙門賊有

四種何等為四迦葉若有此比整理法服似像比丘而破戒作不善法是名第二沙門之賊 三者未得聖

門之賊二者於日暮後其心思惟不善之法是名第二沙門之賊

P.3348　　大寶積經卷八二至卷一一三抄　　（40 — 13）

法國國家圖書館藏敦煌文獻

·160·

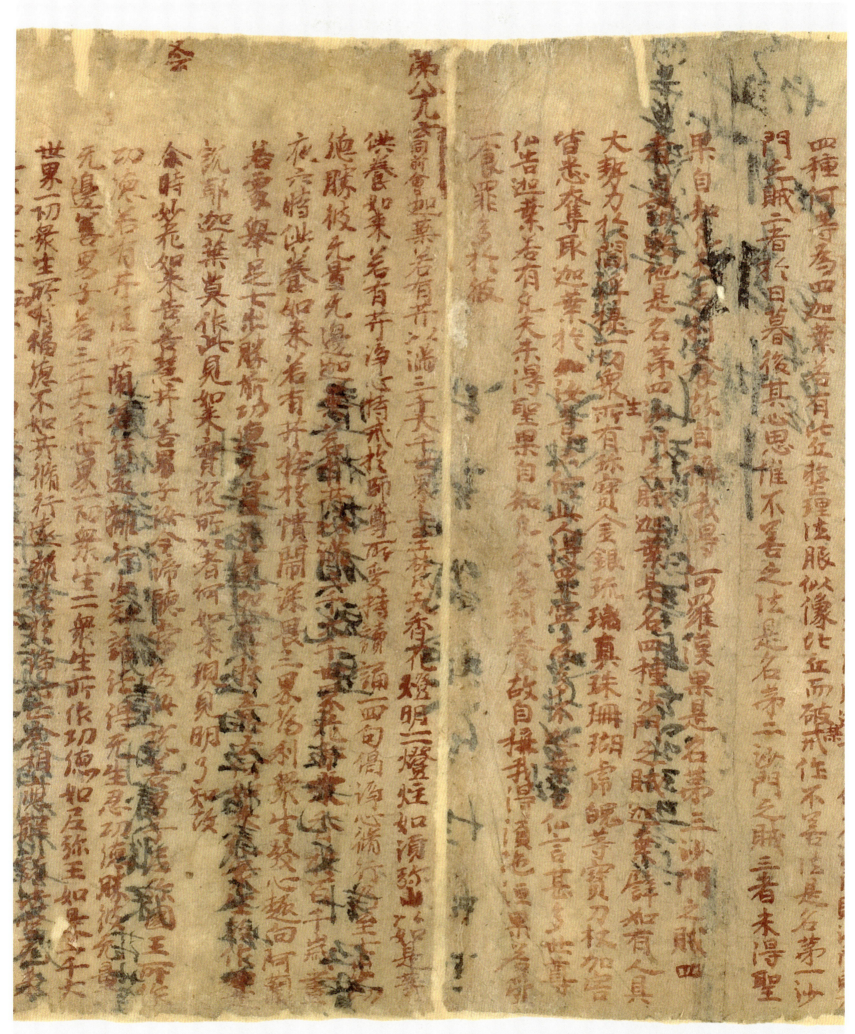

P.3348　　　大寶積經卷八二至卷一一三抄　　　（40—14）

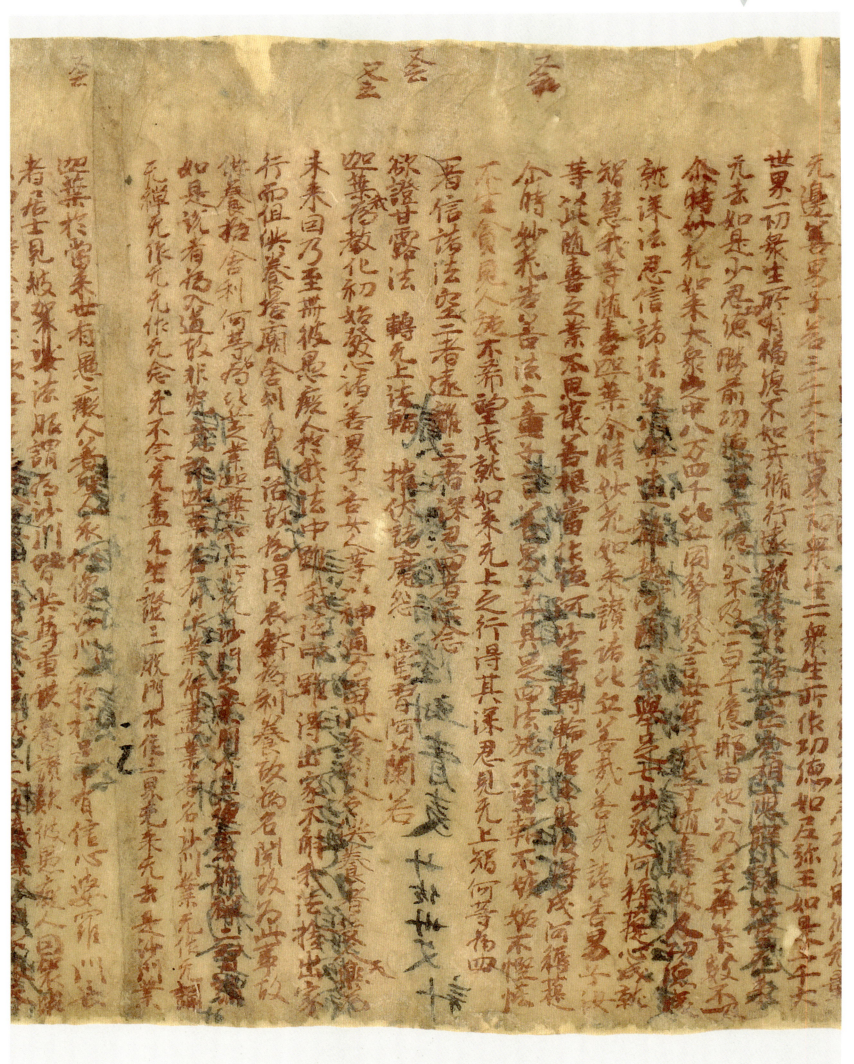

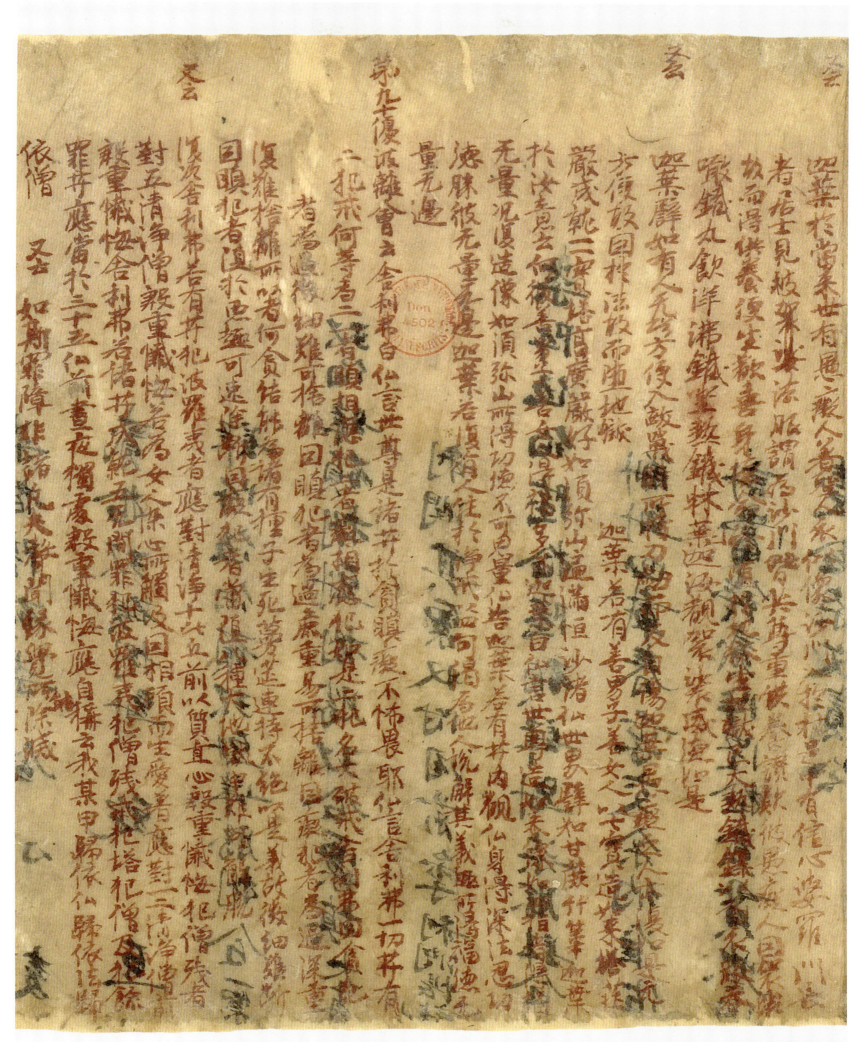

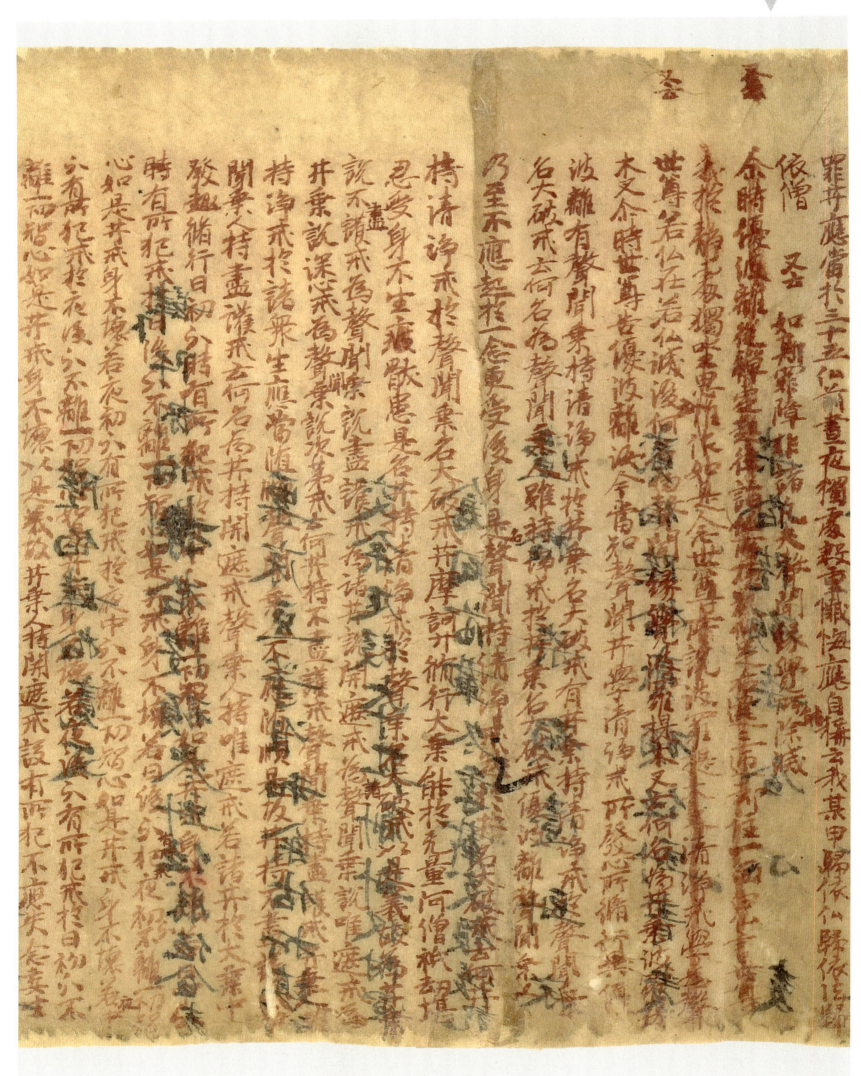

P.3348　　　大寶積經卷八二至卷一一三抄　　　（40—17）

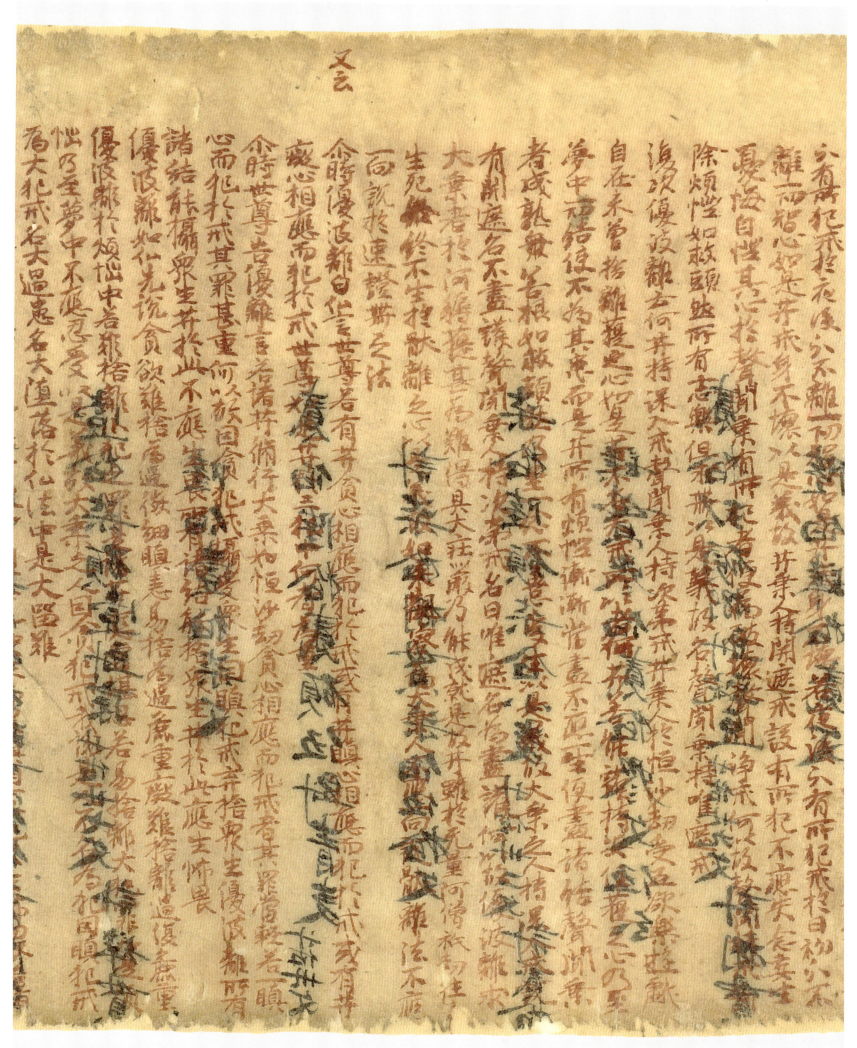

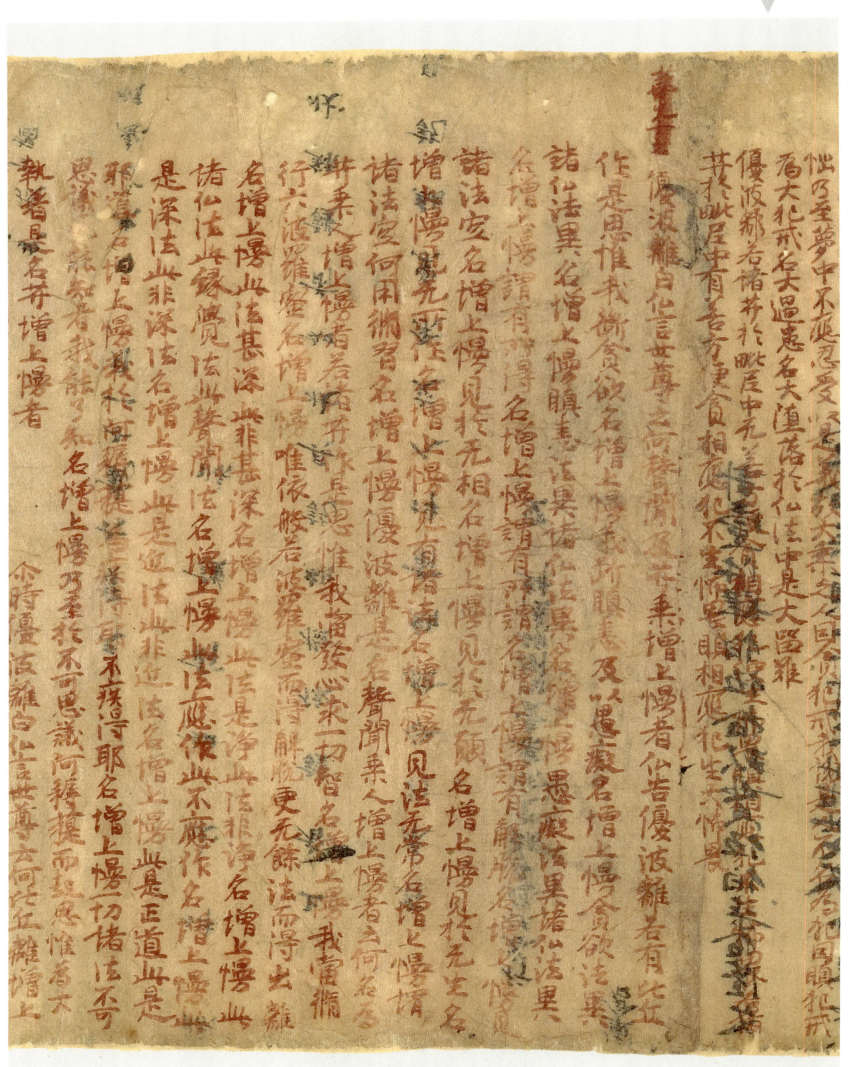

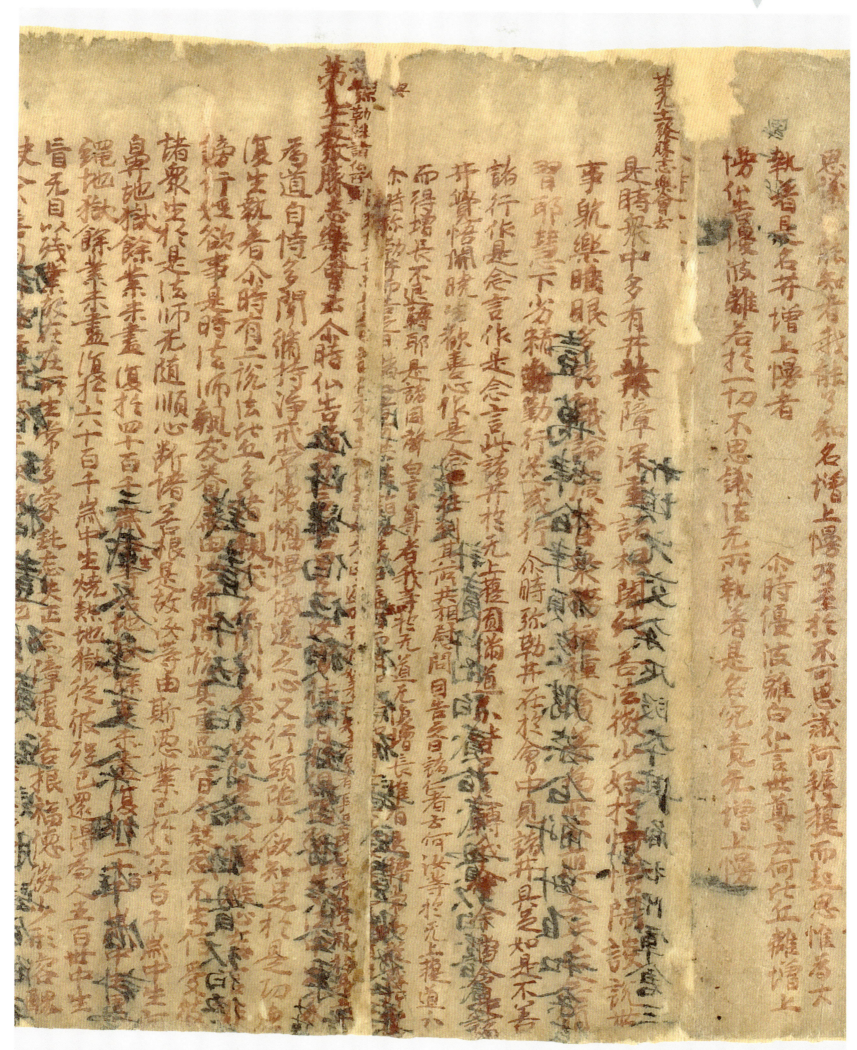

P.3348　　大寶積經卷八二至卷一一三抄　　（40—20）

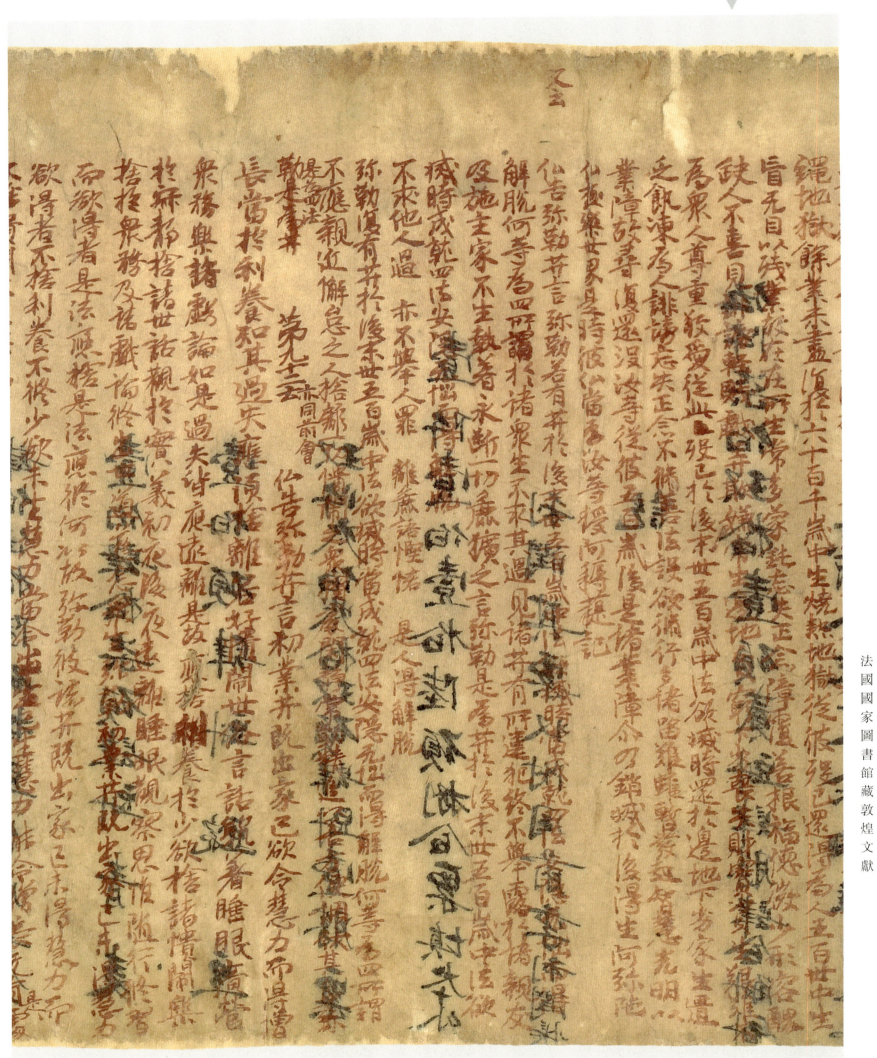

P.3348　　大寶積經卷八二至卷一一三抄　　（40—21）

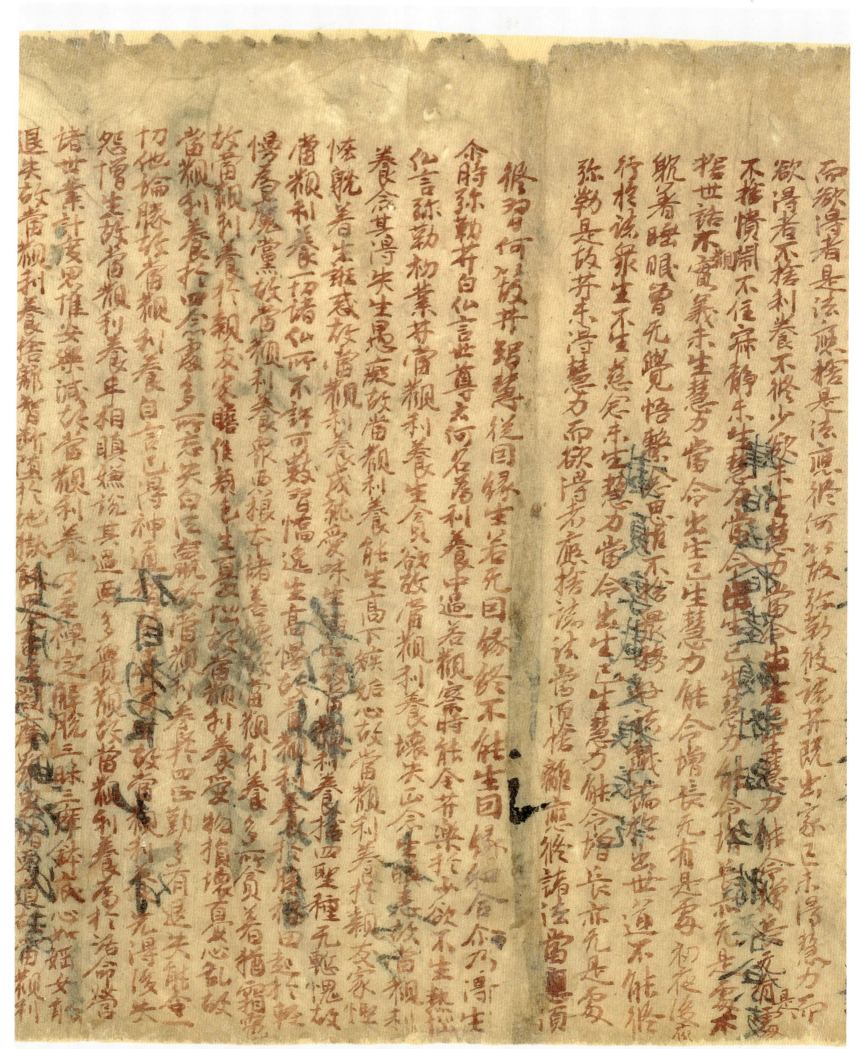

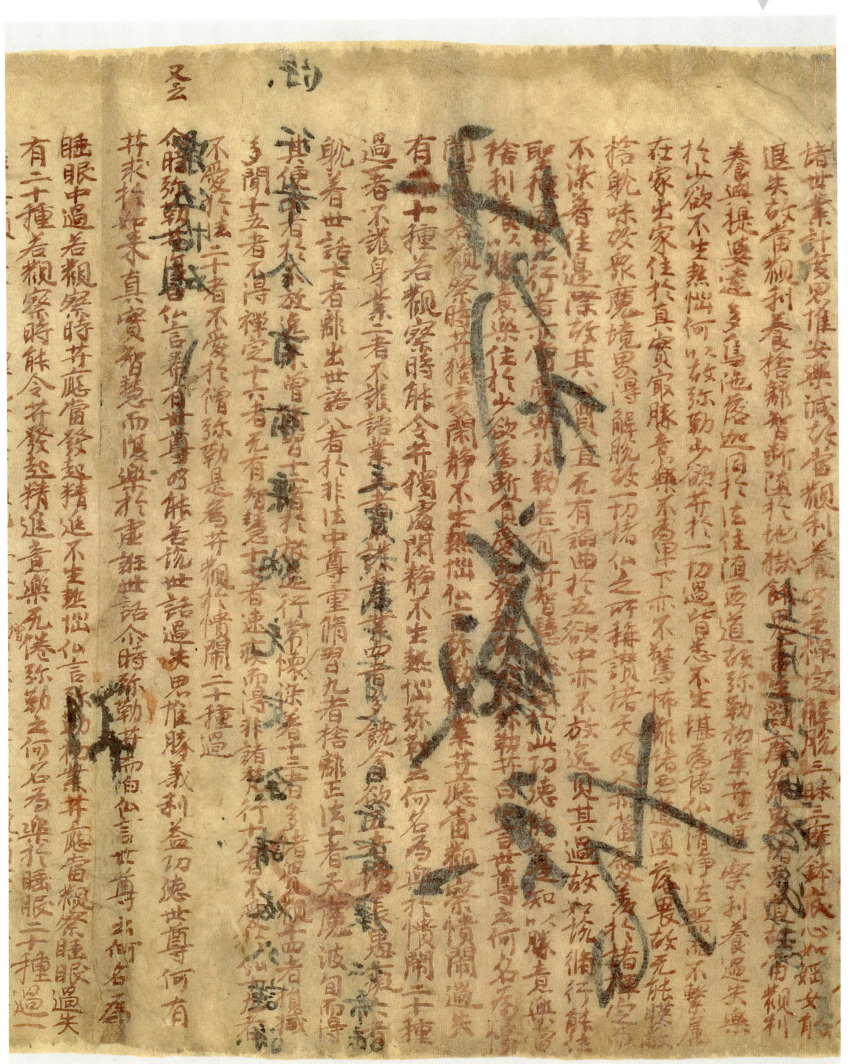

P.3348　　大寶積經卷八二至卷一一三抄　　（40—23）

又三

睡眠中過若觀察時莫生疲懈當發起精進不生懈怠佛言彌勒業亦應當觀察眼眼過失
有二十種若觀察時能令并發起精進者僧怠懶墮二者身體沉重三者顏色憔悴四者增疾病五者於飲食不消化
者體生瘡疱八者不勤修習九者增長愚癡十者智慧羸劣十一者皮膚闇濁十二者非
人不敬十三者為人輕賤十四者煩惱纏縛十五者隨眠覆心十六者不樂善法十七者白法減損
大者行下劣行九者憎嫌精進二十者為人輕賤彌勒是為二十種過
余時彌勒菩薩白佛言世尊云何名為眾務中過若觀察時能令菩薩勤修
何名二十種過一者耽著世間下劣之業二者為諸債誦纏逼之所逼迫
勒初業菩薩當觀察樂營眾務二十種過若觀察時能令彌勒勤修
禪定此五之阿責四者心常發起无始生死流轉之業五者虛食居士及婆羅門淨信施六
者於諸財物心懷取著七者常樂廣營世間事務八者念其家業常懷憂惱九者其性
很庚發言麁擴十者心常憶念勤修家業十一者愛著資味增長十二者无利養
慮不生歡喜十三者多生惱害障礙之業十四者常樂親近諸在家長養眾歲十五者
但念衣食而虔晝夜十六者數問世間而作事業十七者常樂發起非法語言大者憎嫌
眾務而起瞋慢十九者求人過不自觀察二十者於修行者心懷輕賤彌勒是為
务二十種過

又余世尊云何名為戲論中過若觀察時當得住於諸教
无諍諍論佛言彌勒初業菩薩戲論過失无量无邊我今略說有二十種云何名
為二十種過一者於現在生多諸若惱二者增長瞋恚善五者睡眠美道失令諸說
怨對之所惱害四者魔及魔民皆生歡覺之心善觀察之業亦不生六者
己生之善根徐合速失

P.3348　大寶積經卷八二至卷一一三抄　　（40—24）

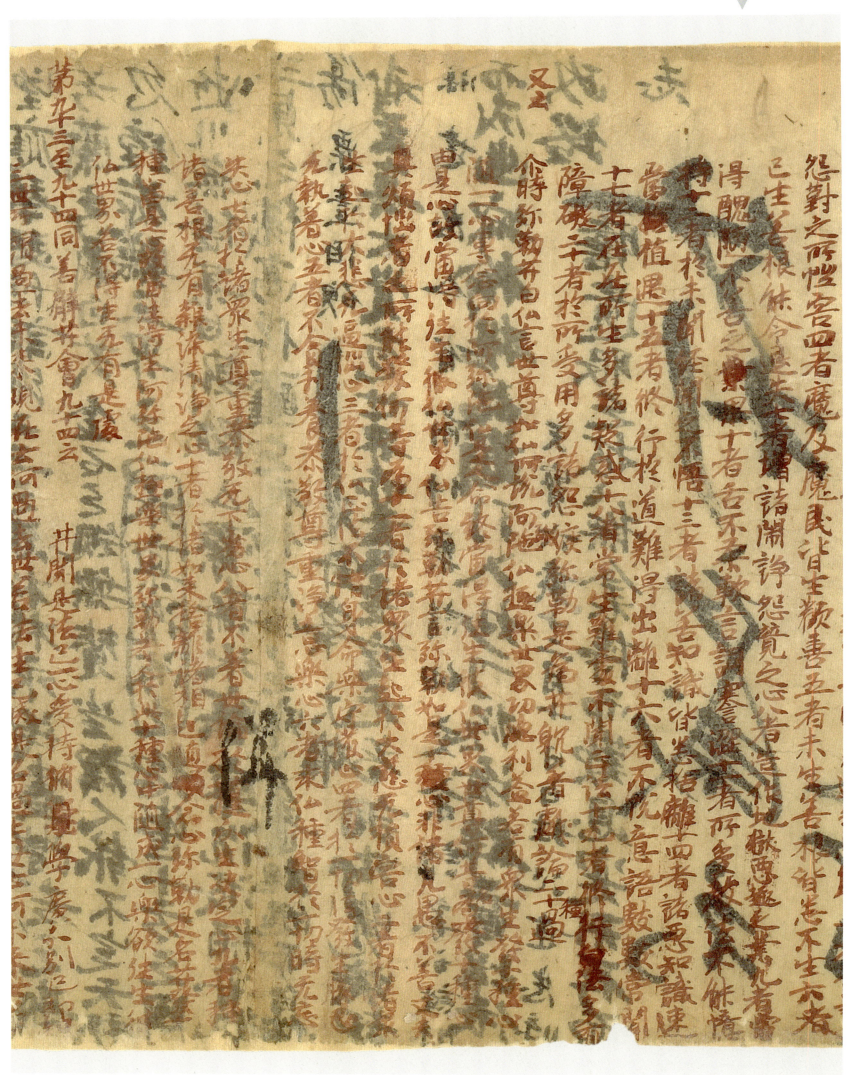

P.3348　　大寶積經卷八二至卷一一三抄　　（40 — 25）

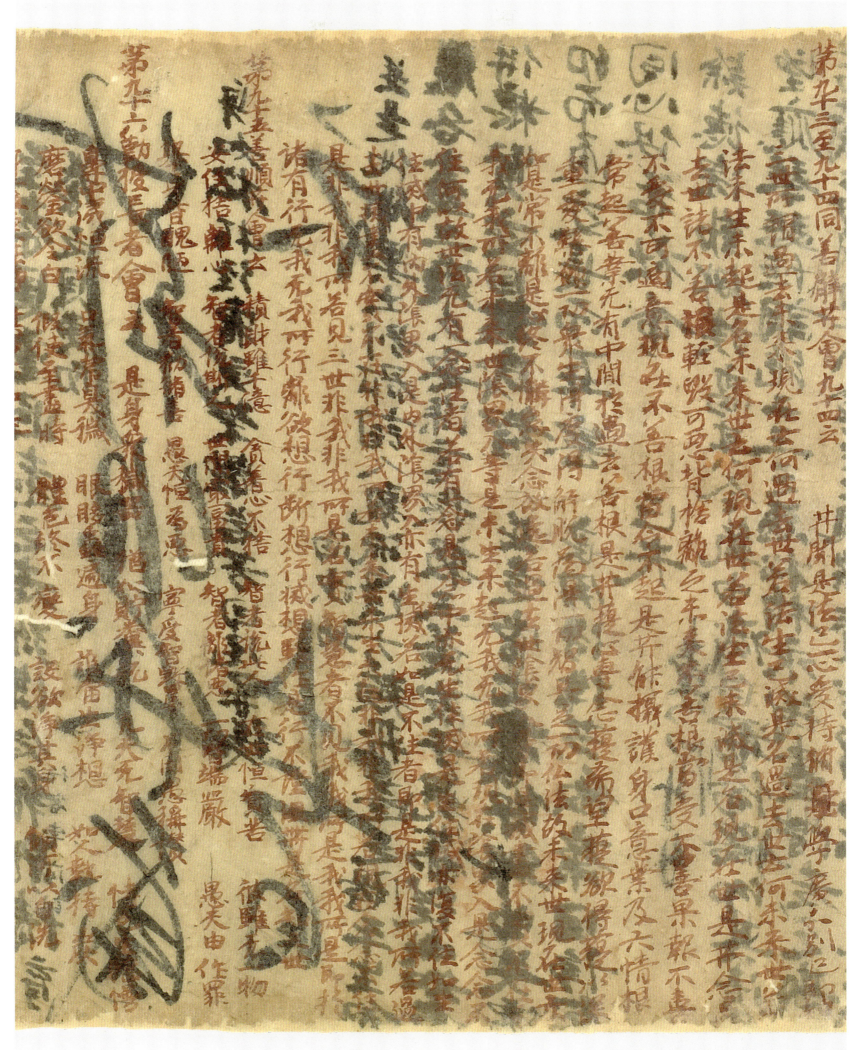

P.3348　　大寶積經卷八二至卷一一三抄　　（40 — 26）

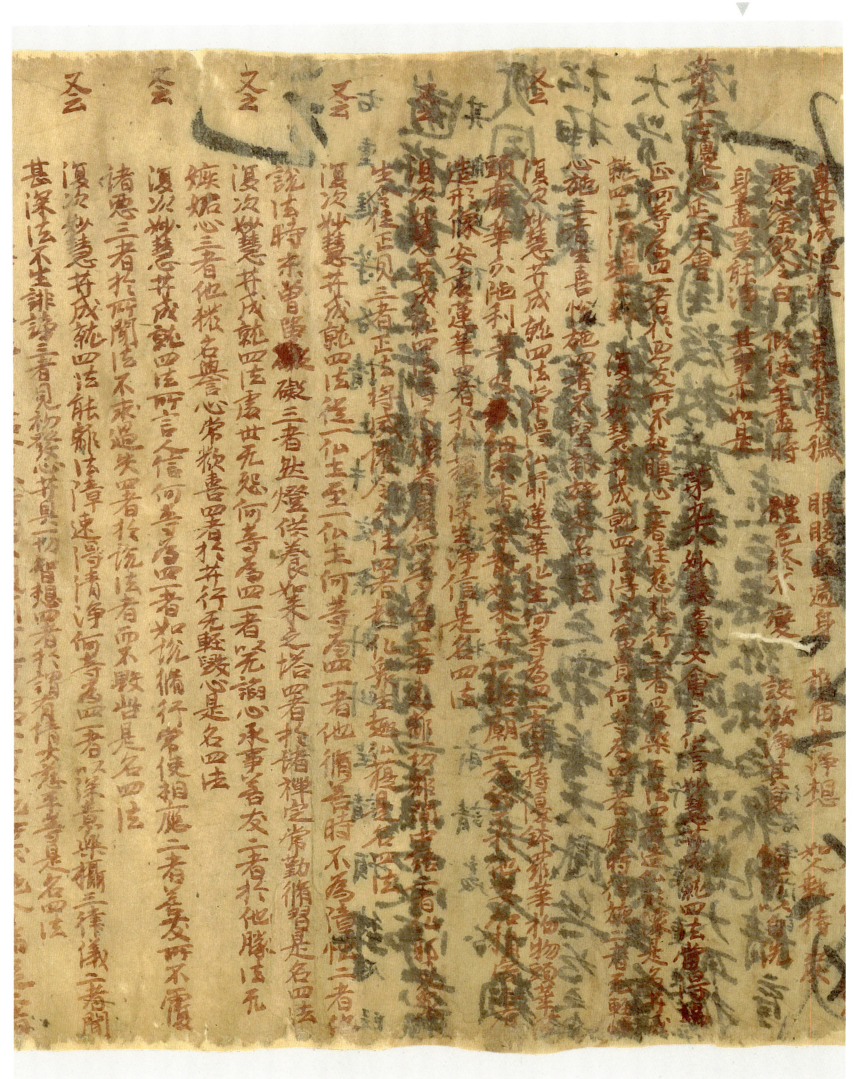

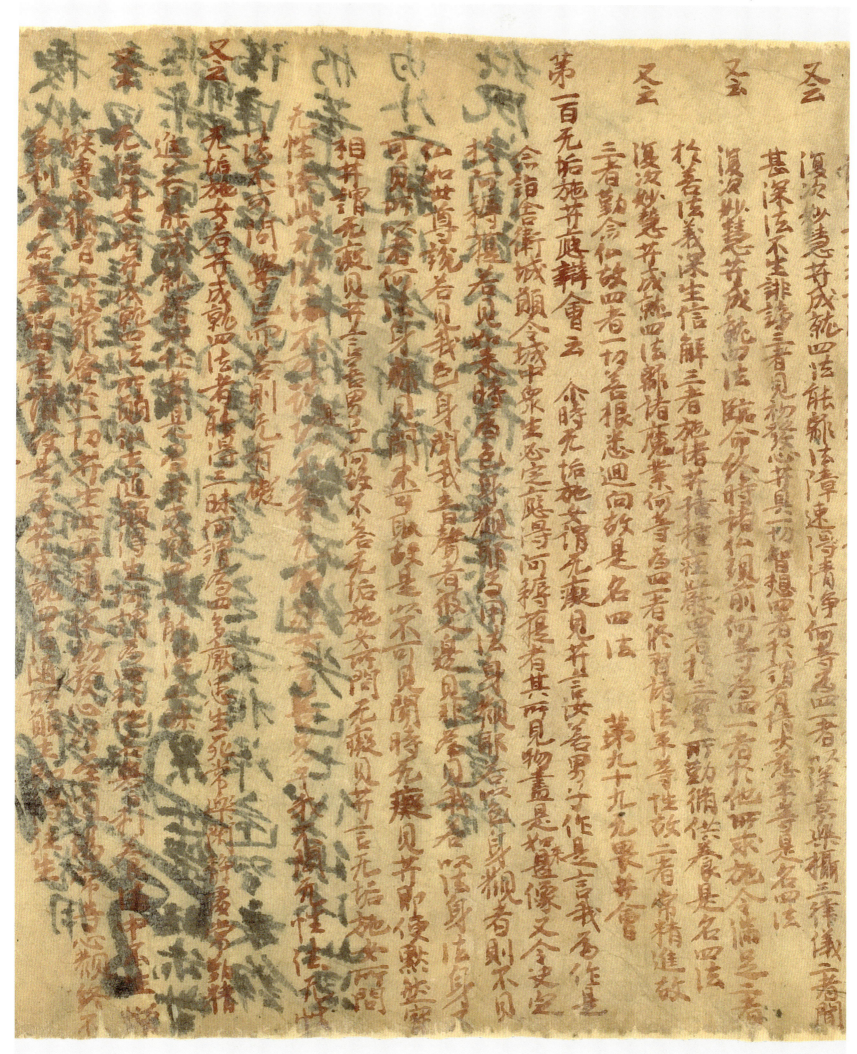

P.3348　　大寶積經卷八二至卷一一三抄　　（40—28）

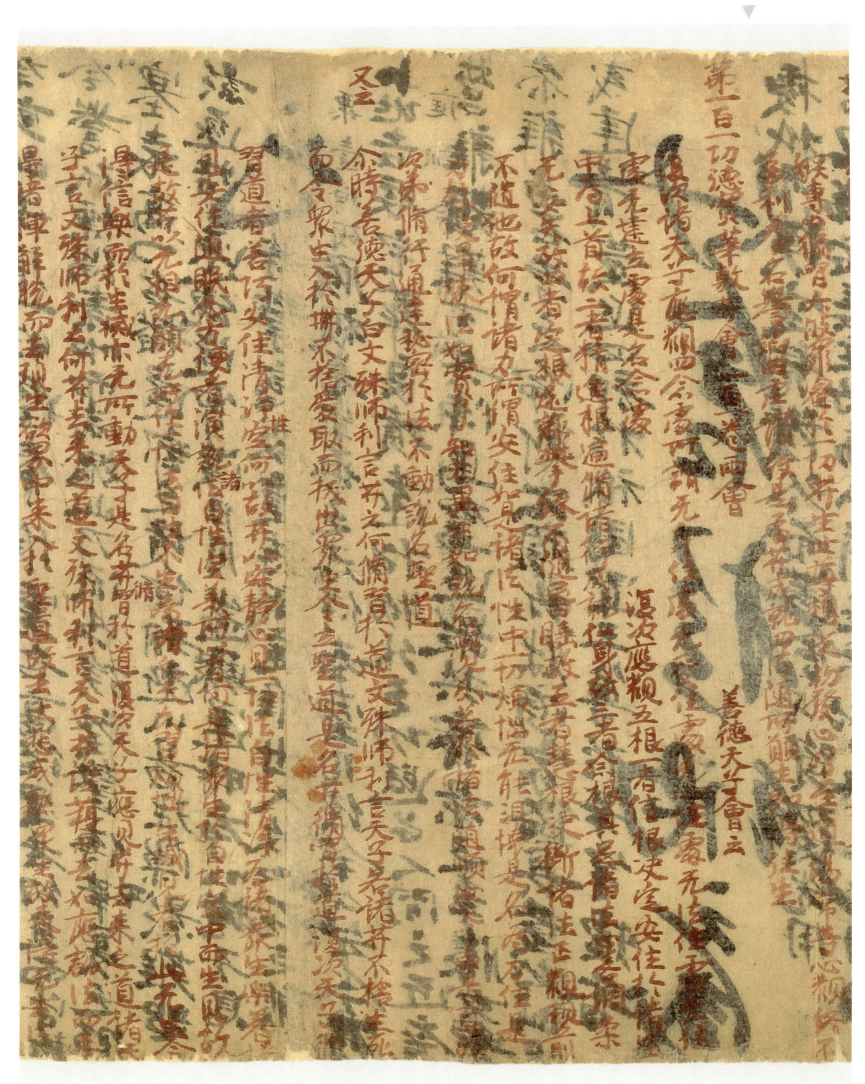

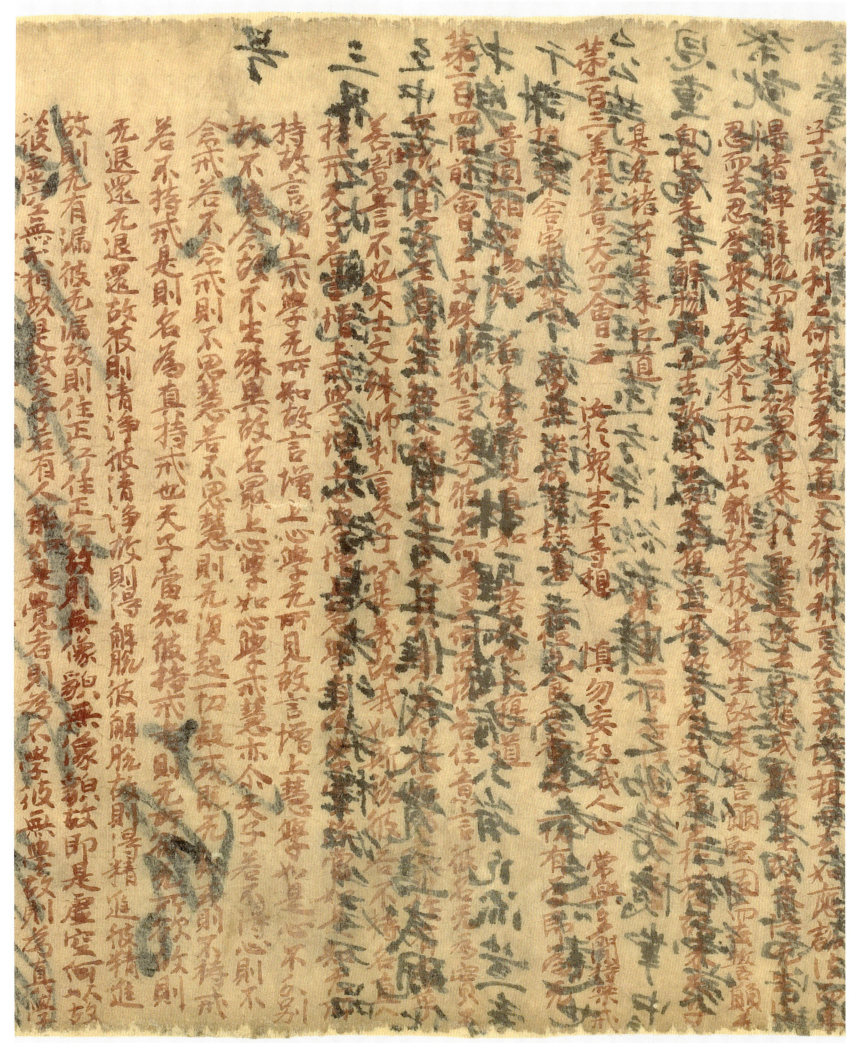

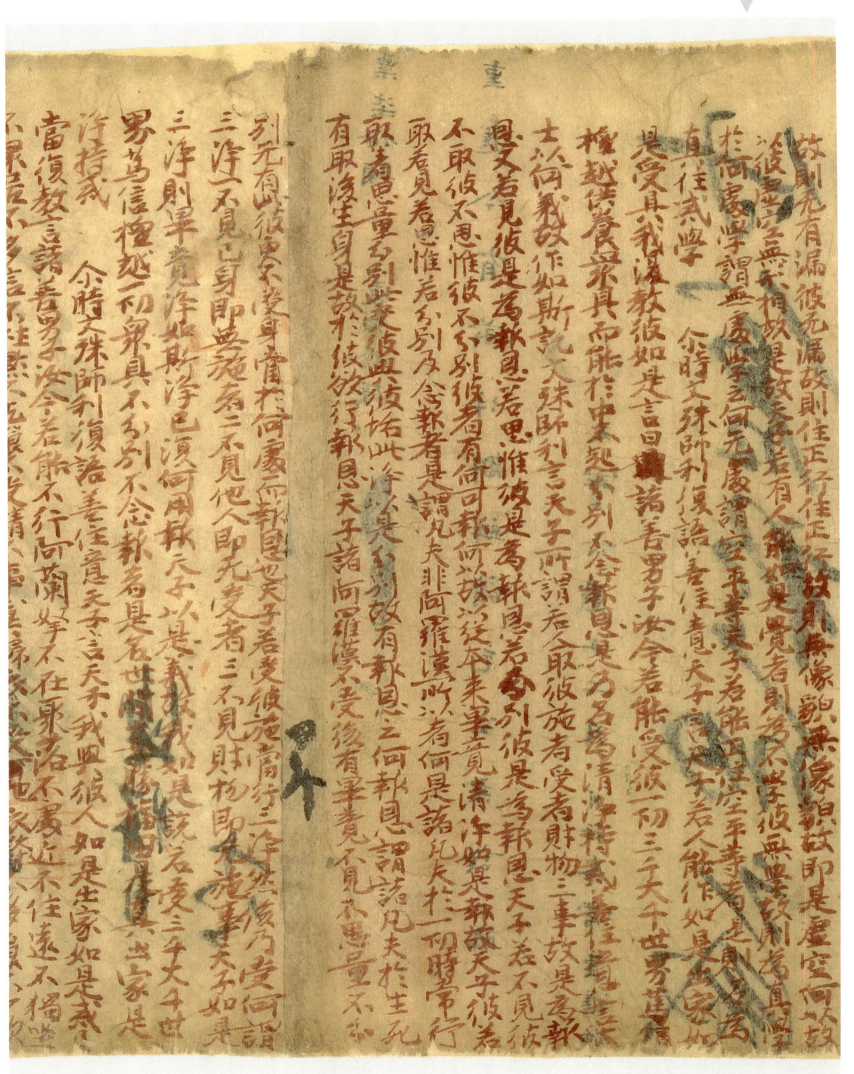

P.3348　　　大寶積經卷八二至卷一一三抄　　　（40—31）

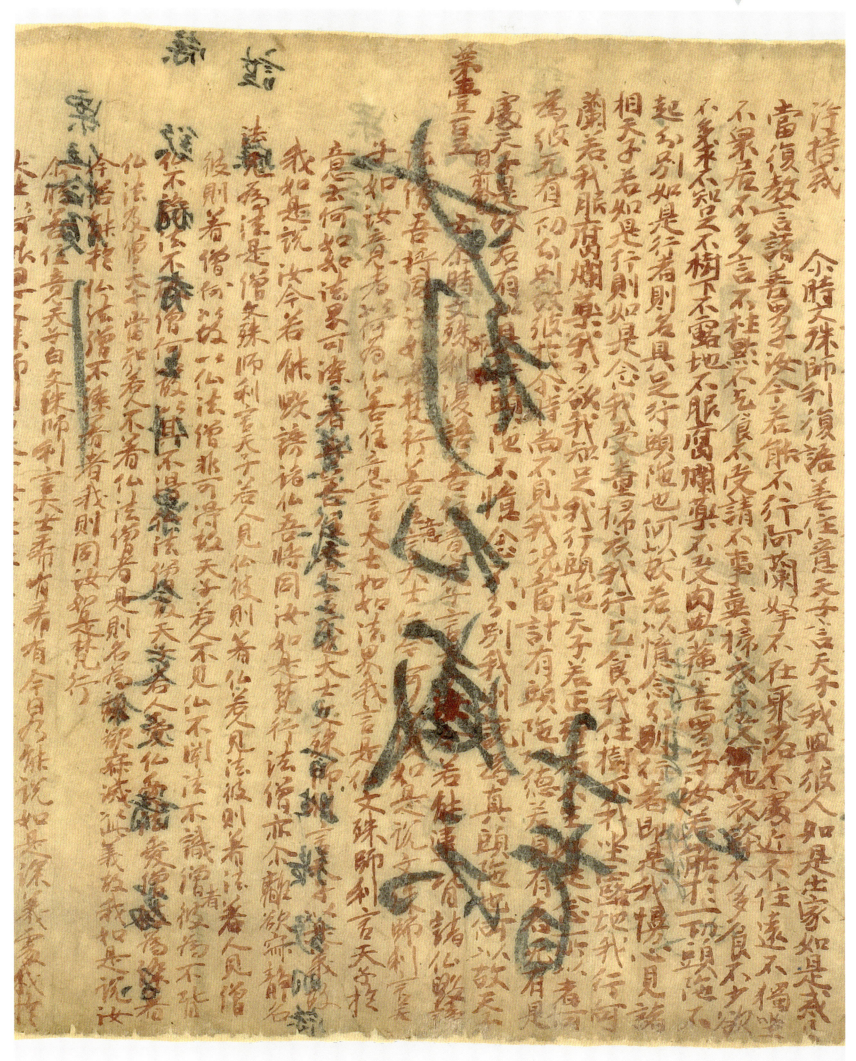

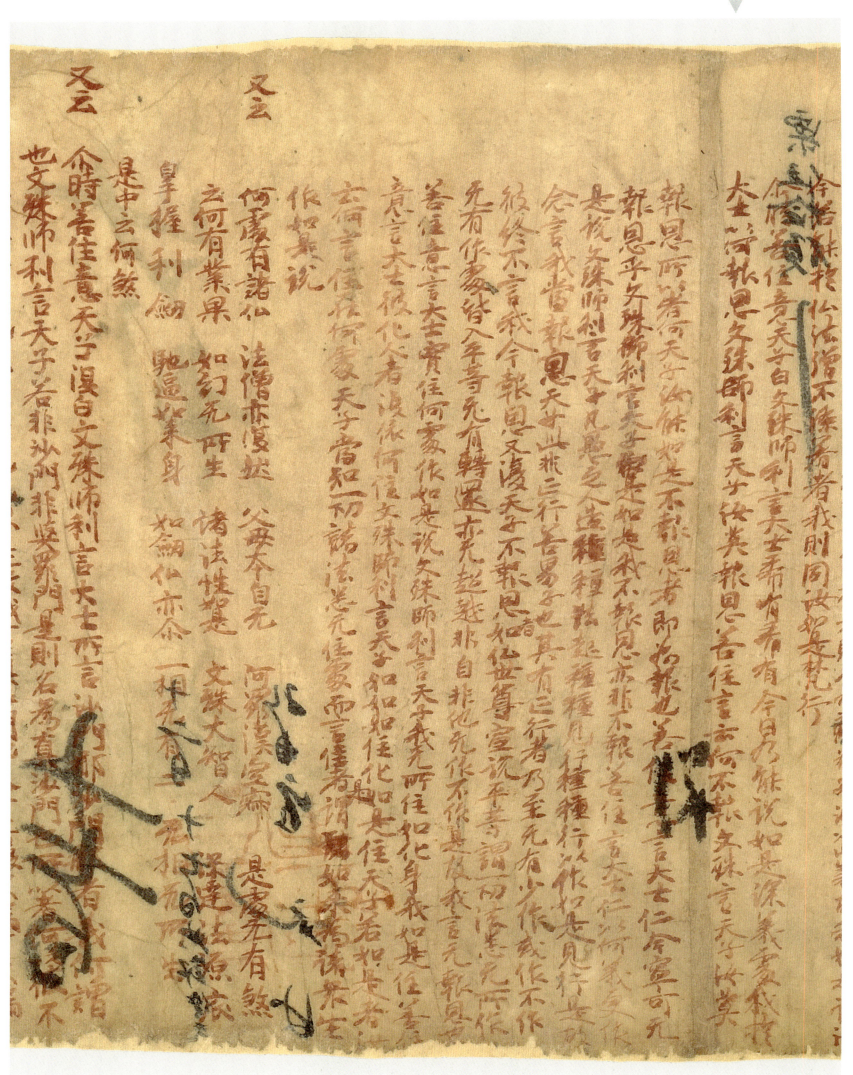

P.3348　　大寶積經卷八二至卷一一三抄　　（40—33）

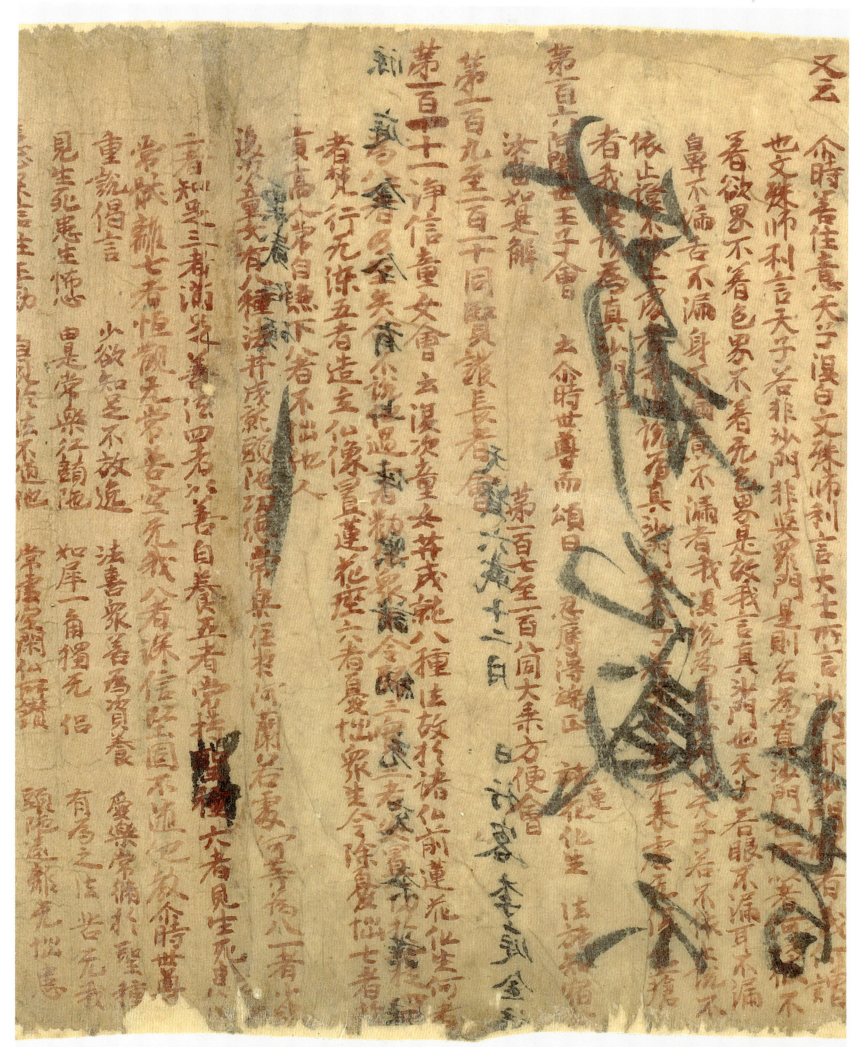

又云

尒時善住意天子復白文殊師利言大士所言

也文殊師利言天子若非沙門非婆羅門是則名為真沙門

若欲界不著色界不著无色界是故我言真沙門也天子

眼不滿苦不著身又鼻不滿苦不著身又鼻不滿苦不漏

者我復次我眼不滿苦不著眼不滿苦不漏不

依上檀不上蹟真沙門

第一百...王子會

沈世賀是解

第一百九至二百十同寶長者會 天...第二百六至二百十二日

第一百十二淨信童女會 立復次童女苦戒八種法故於諸仙前蓮花化生何

制寶八會 全此百諸物樂器令除三...者夏怖眾生令除憂惱七者

者親行无涤五者造立仙像冒蓮花座六者...

貞高...常自惡下者不出他人

第...童天师八種法并...

善知无三者滿苦...法四者以善自養五者常樂...六者見生死怖

常狀離七者悝觀无常若定无我八者深信空圓不流...

重說偈言

少欲知足不放逸

見生死患生怖

法喜衆著為資養

是常樂行頭陁

如犀一角獨无侶

愛樂常備於聖檀

有為之法皆无我

頭陁遠離无怖畏

常畫空閑仙行頭陁

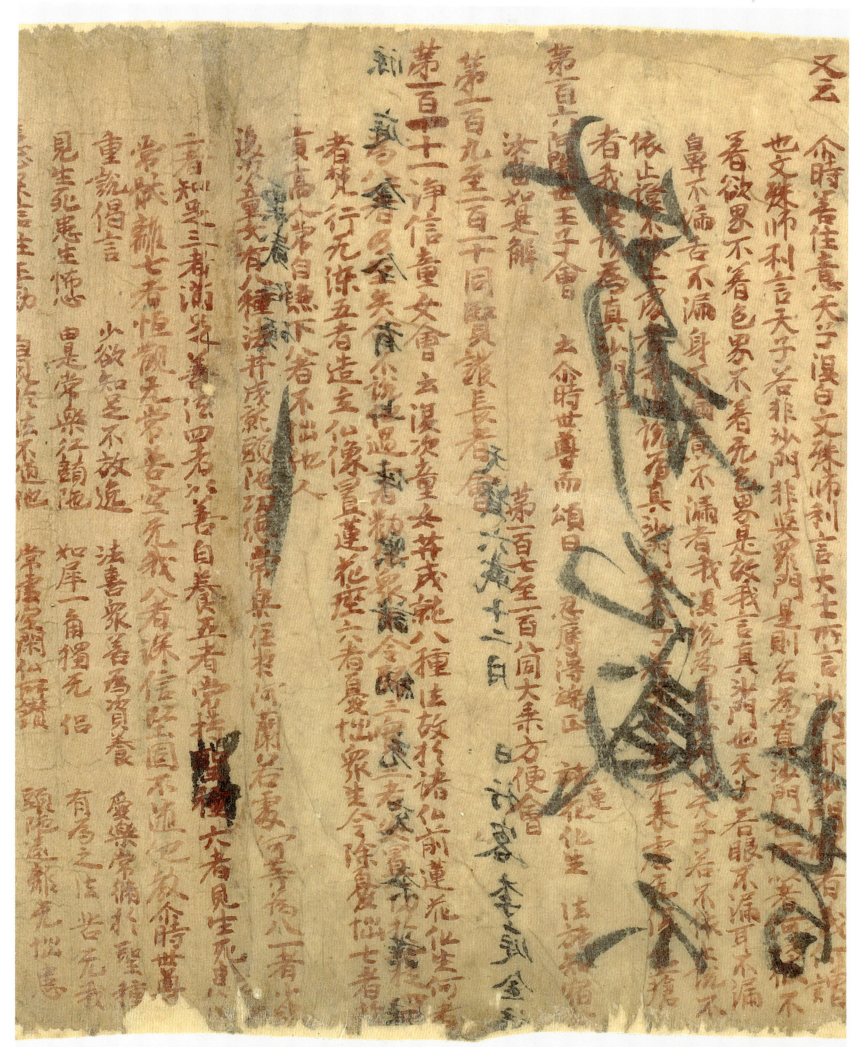

第一一一册 伯三三四二至伯三三五四背

P.3348　　大寶積經卷八二至卷一一三抄　　（40—34）

·181·

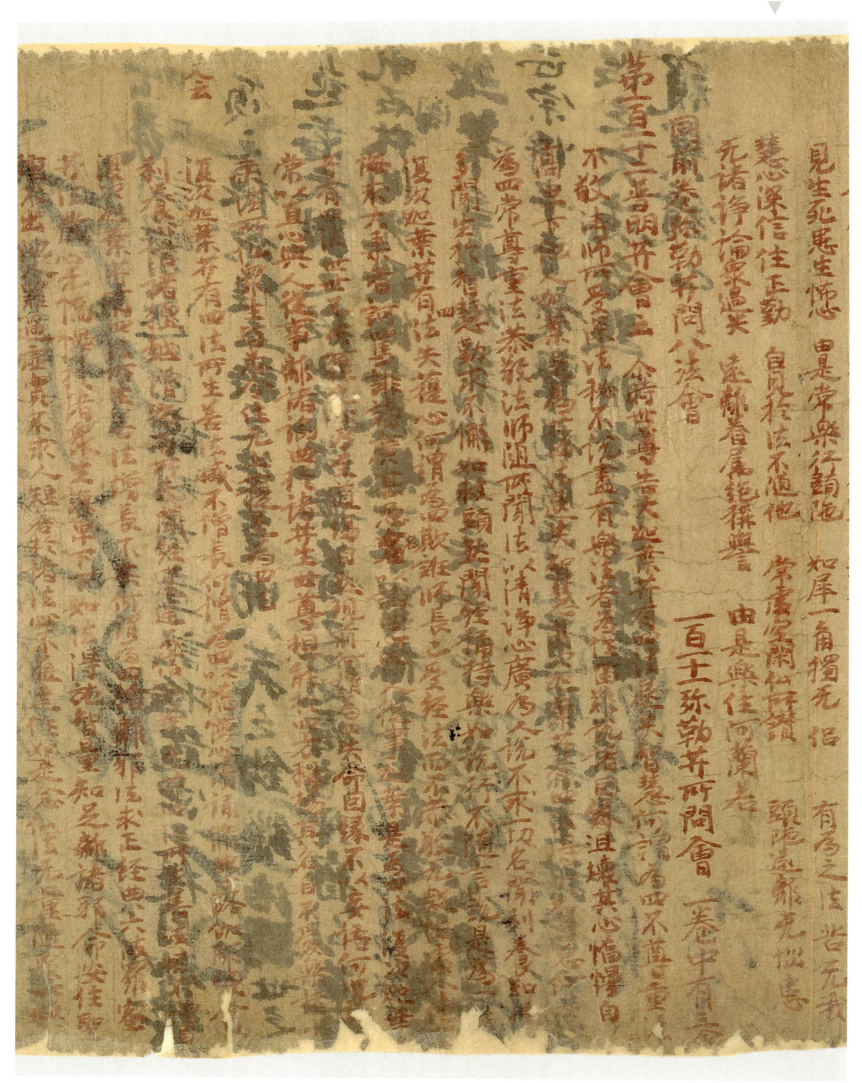

P.3348　　大寶積經卷八二至卷一一三抄　　（40—36）

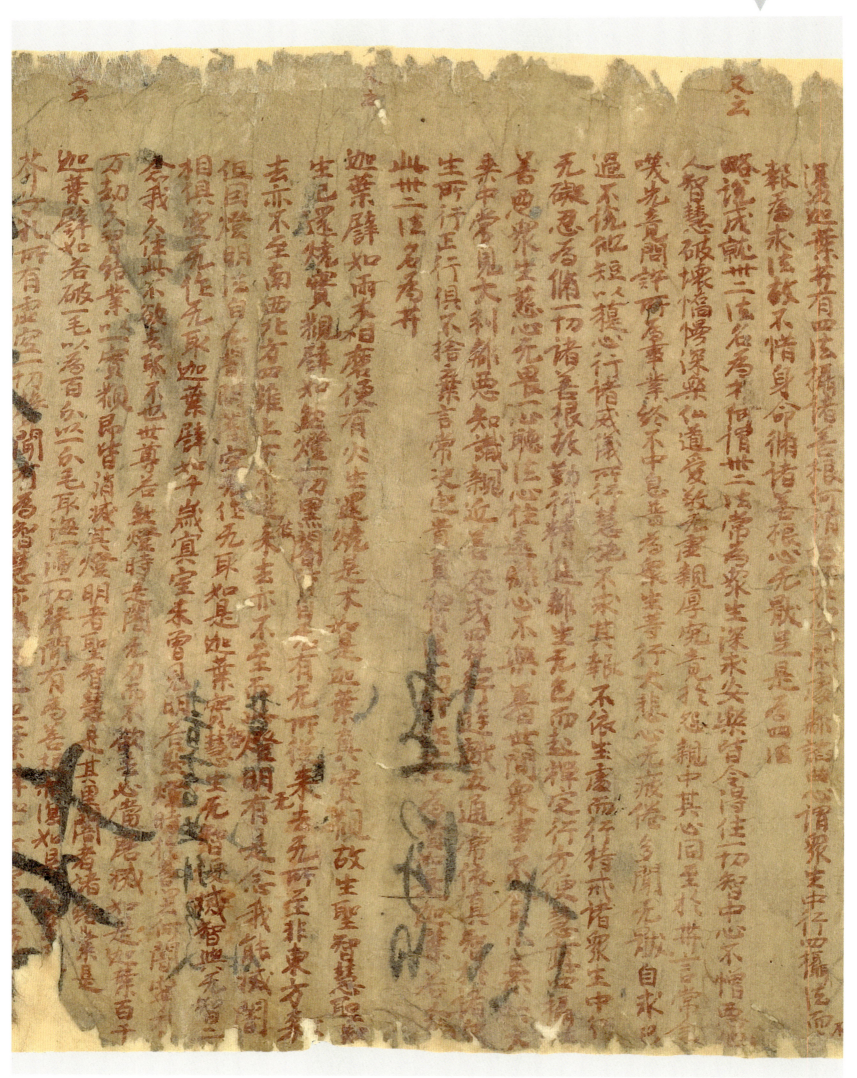

P.3348　　大寶積經卷八二至卷一一三抄　　（40 — 37）

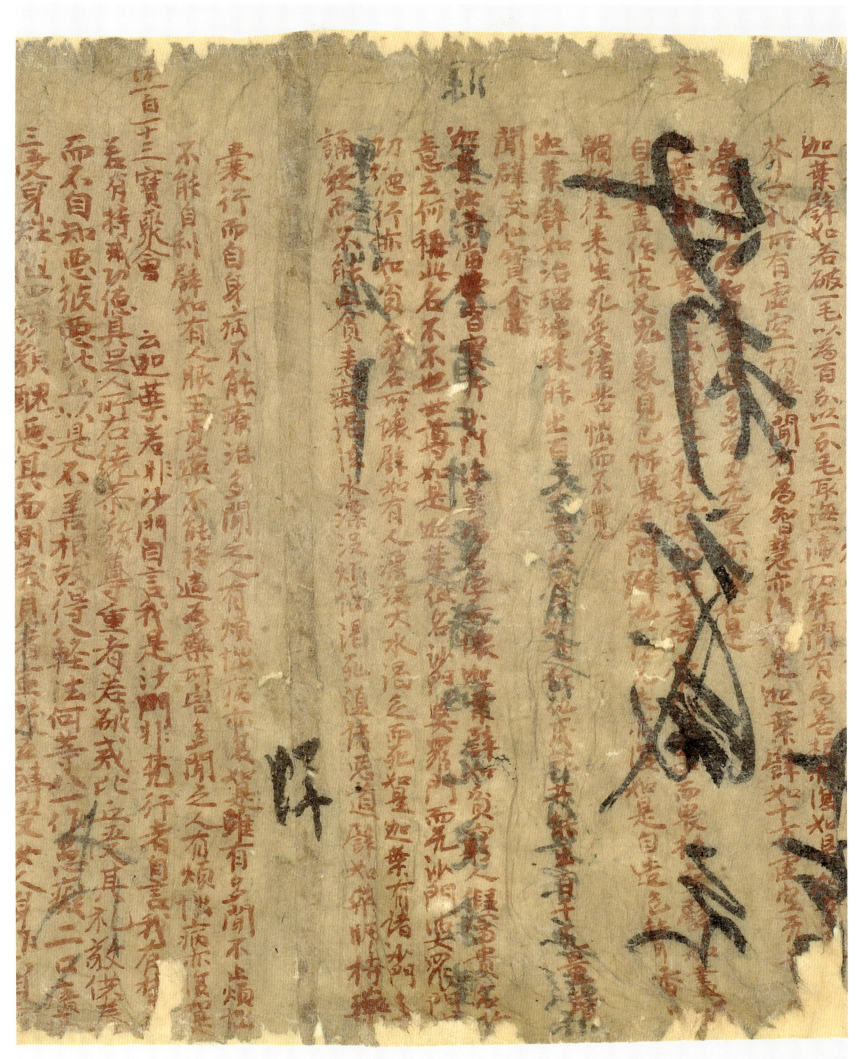

P.3348　　大寶積經卷八二至卷一一三抄　　（40—38）

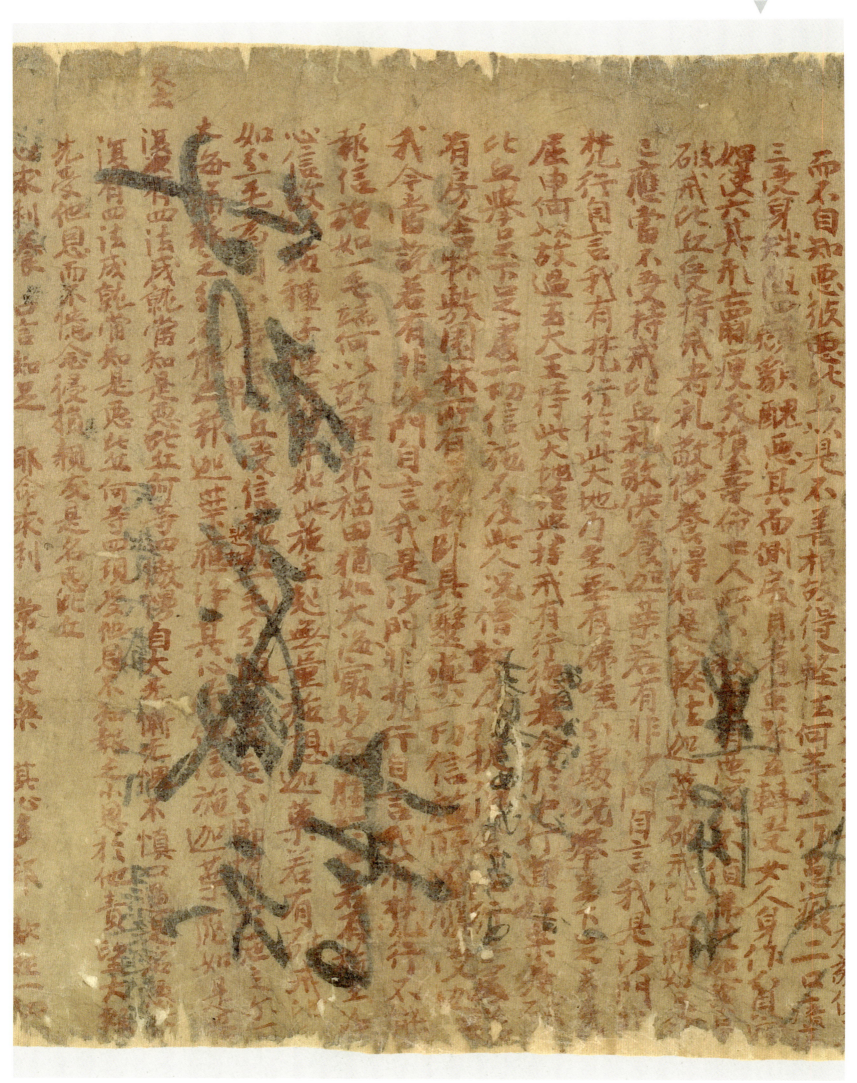

P.3348　　大寶積經卷八二至卷一一三抄　　（40—39）

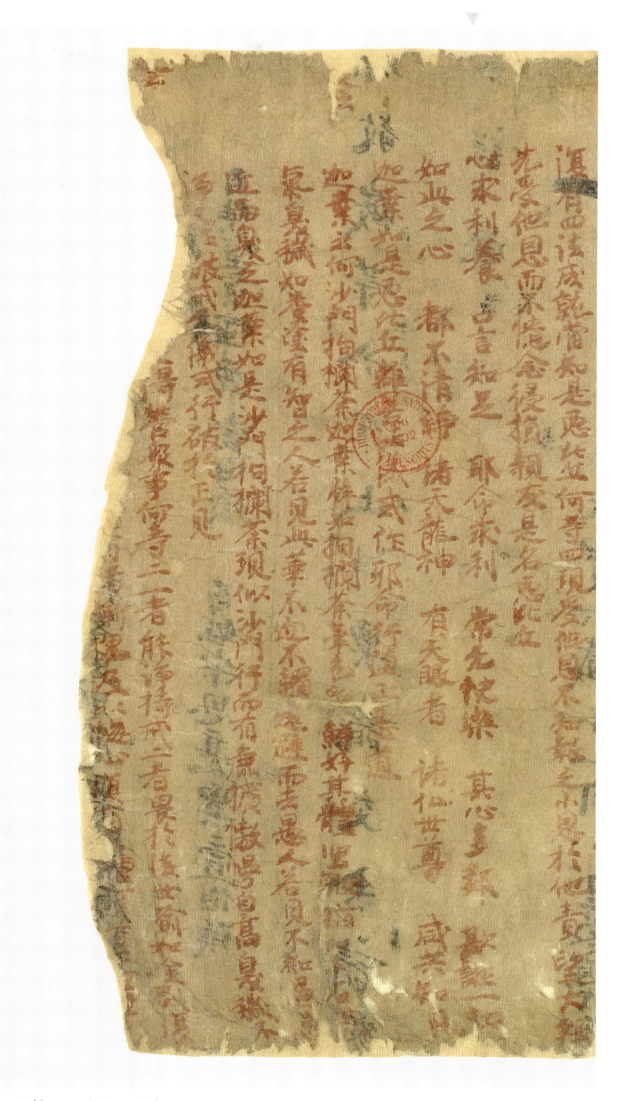

P.3348　　大寶積經卷八二至卷一一三抄　　（40—40）

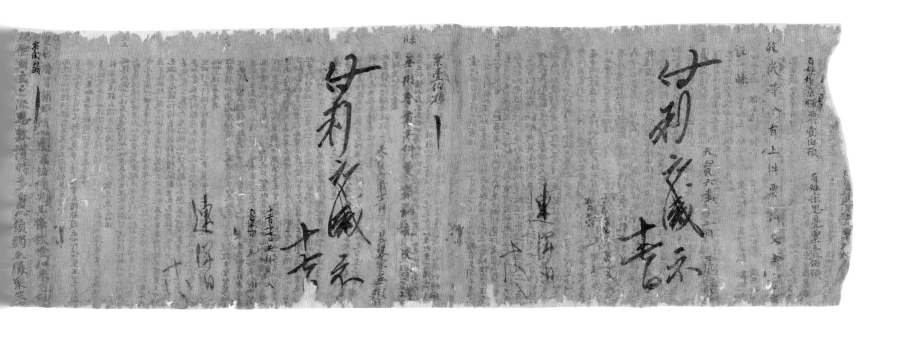

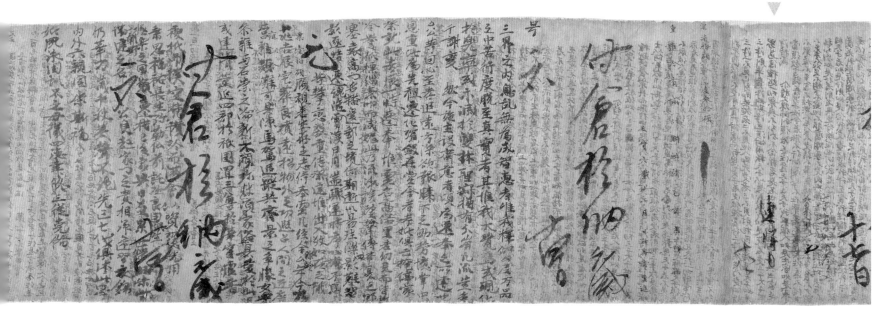

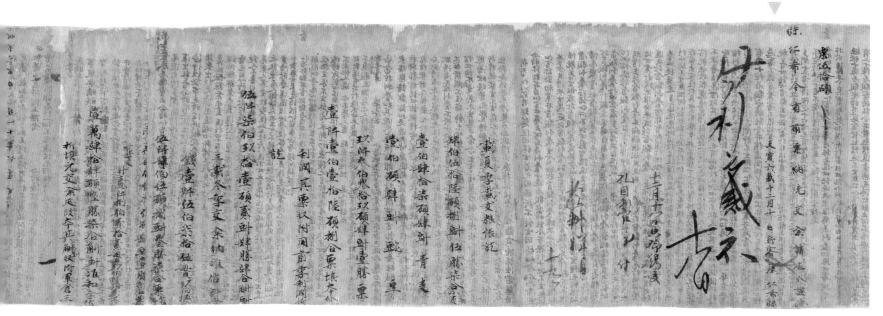

P.3348v　　唐天寶六載（748）十二月豆盧軍案爲軍倉收納糴粟麥事等（總圖）　　　（一）

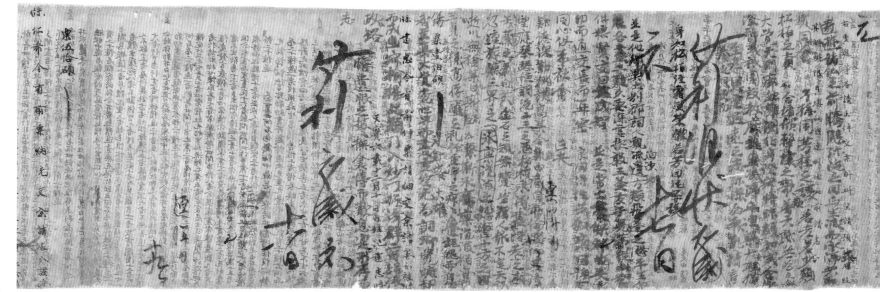

P.3348v　　唐天寶六載（748）十二月豆盧軍案爲軍倉收納糴粟麥事等（總圖）　　　（二）

P.3348v　　唐天寶六載（748）十二月豆盧軍案爲軍倉收納糴粟麥事等（總圖）　　　（三）

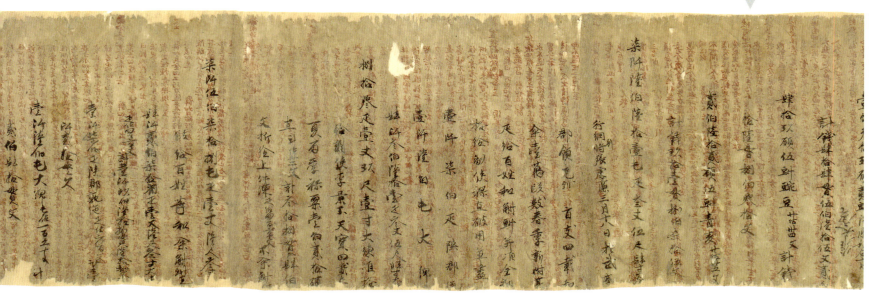

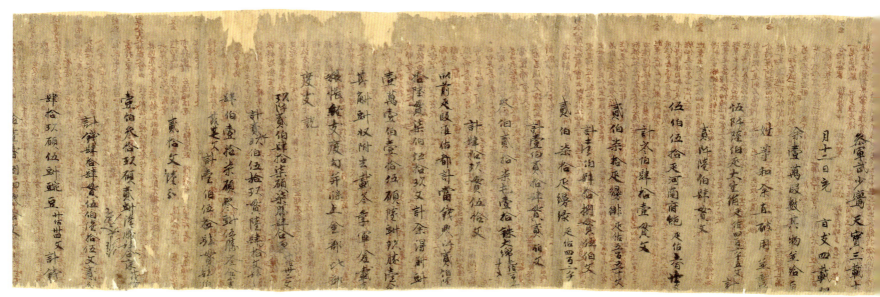

P.3348v　　　唐天寶六載（748）十二月豆盧軍案爲軍倉收納雜粟麥事等（總圖）　　　（四）

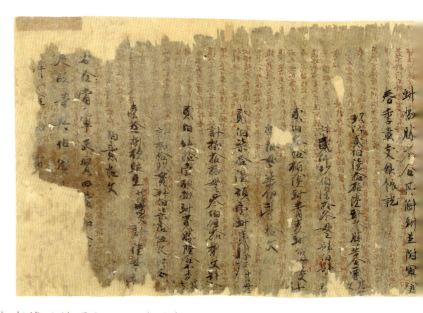

P.3348v　　　唐天寶六載（748）十二月豆盧軍案爲軍倉收納雜粟麥事等（總圖）　　　（五）

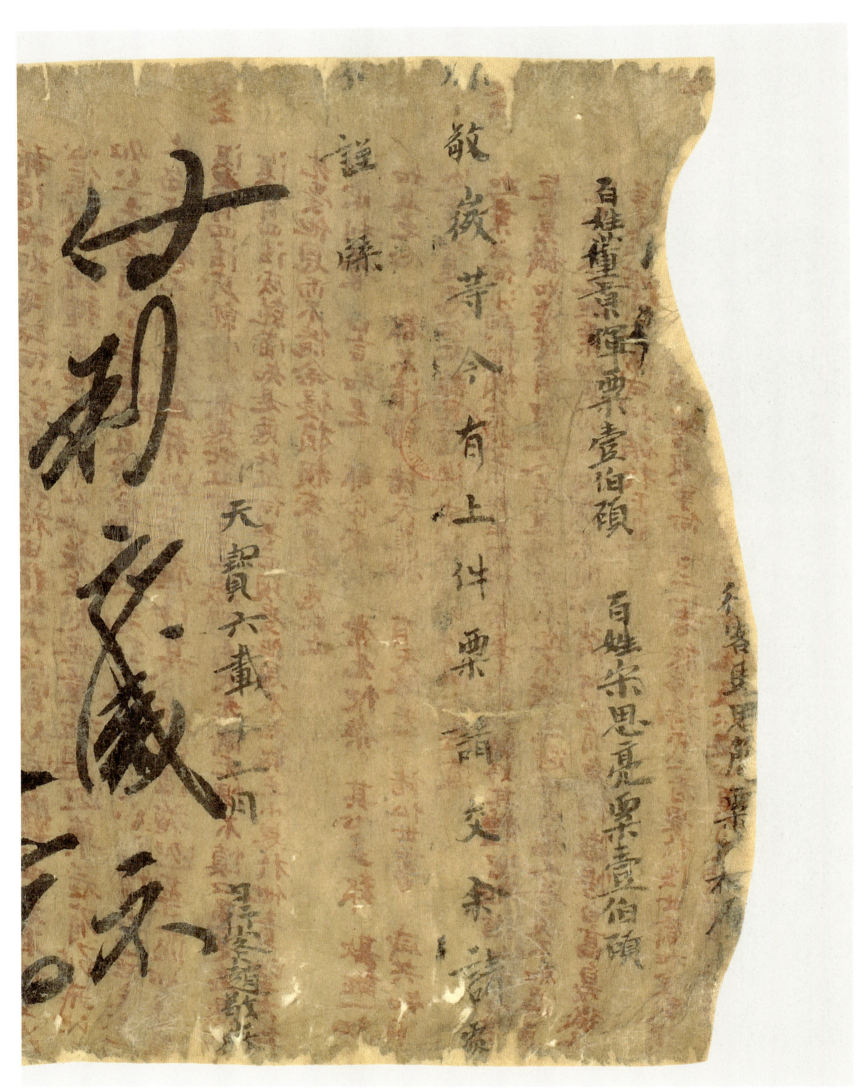

P.3348v 1. 唐天寶六載（748）十二月豆盧軍案爲軍倉收納糶粟麥事 （42—1）

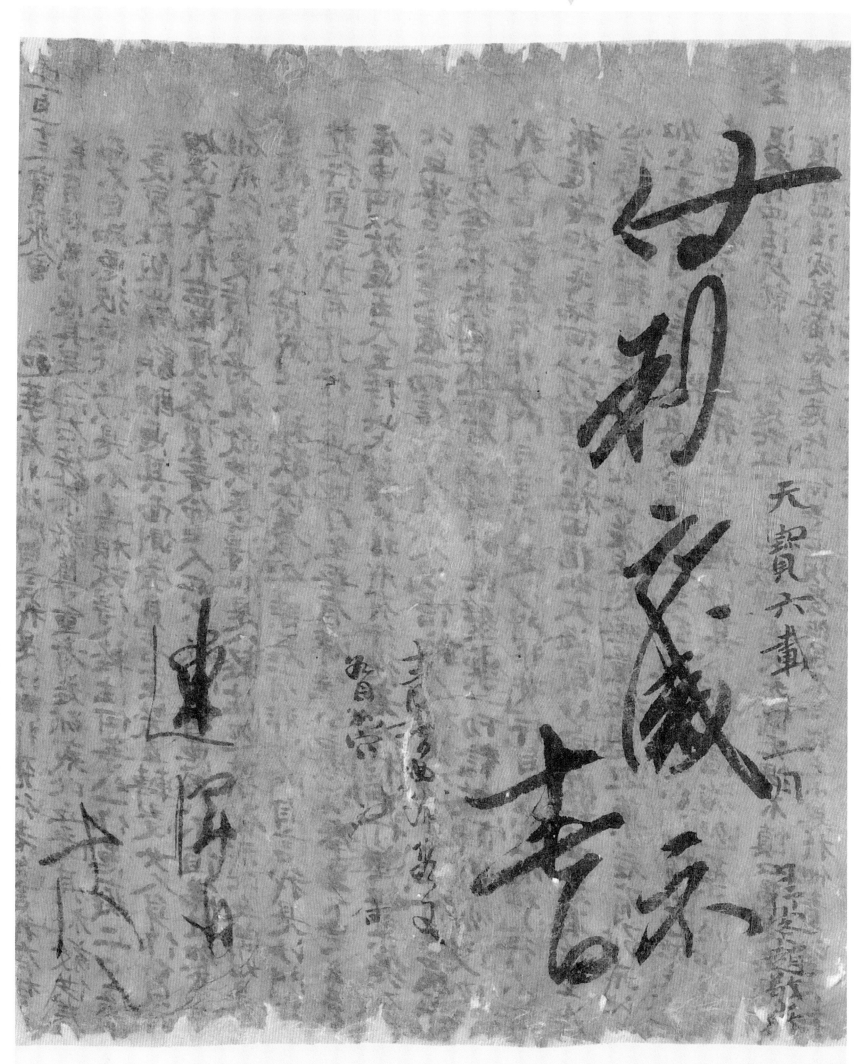

P.3348v　　1. 唐天寶六載（748）十二月豆盧軍案爲軍倉收納糴粟麥事　　（42—2）

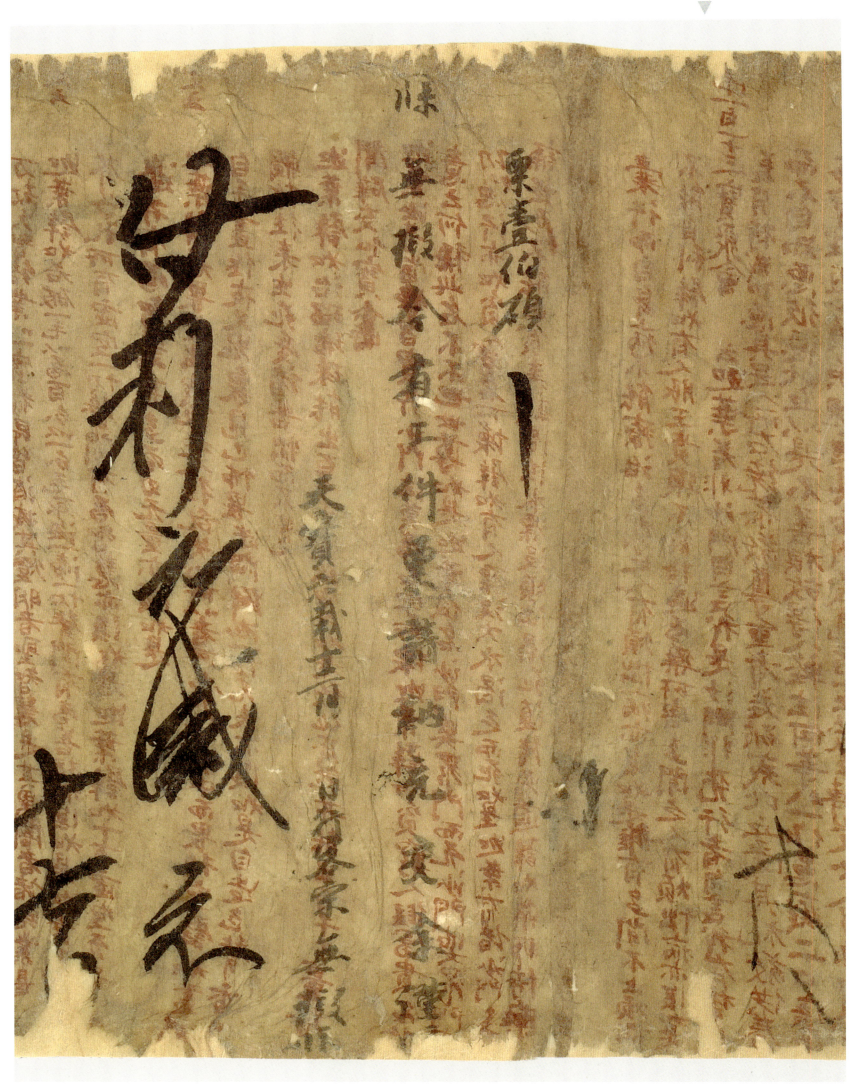

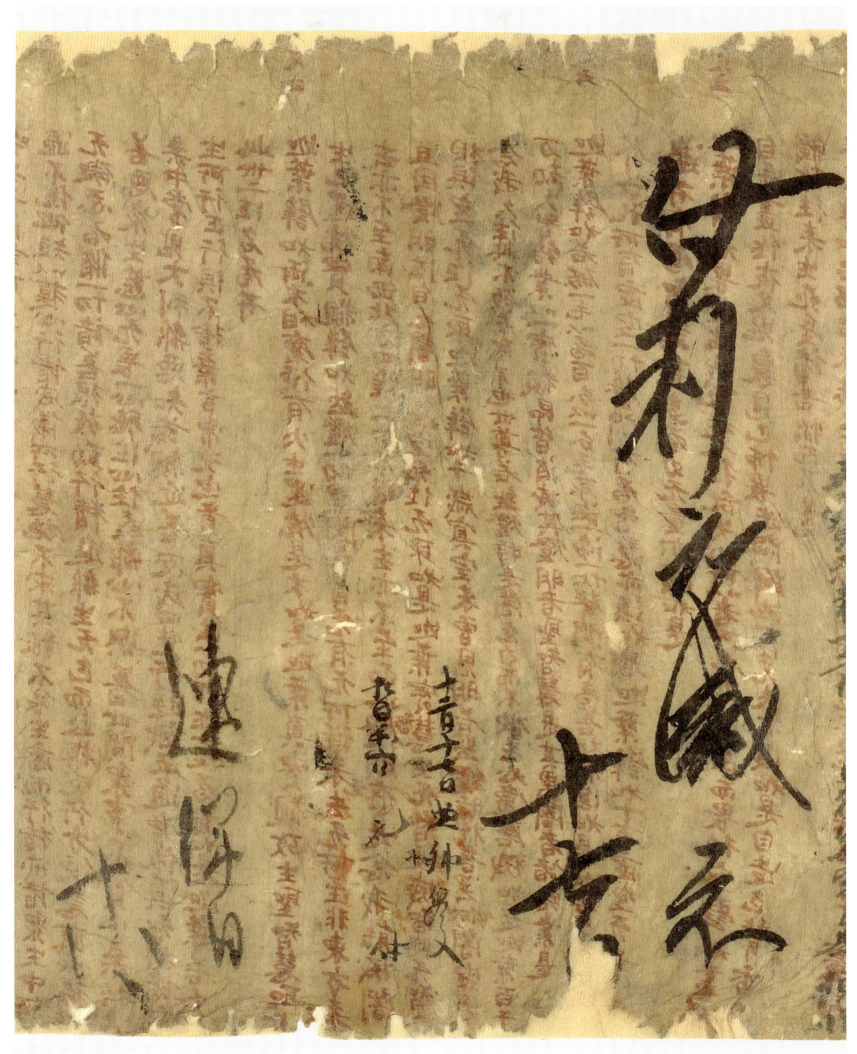

P.3348v　　1. 唐天寶六載（748）十二月豆盧軍案爲軍倉收納糴粟麥事　　（42—4）

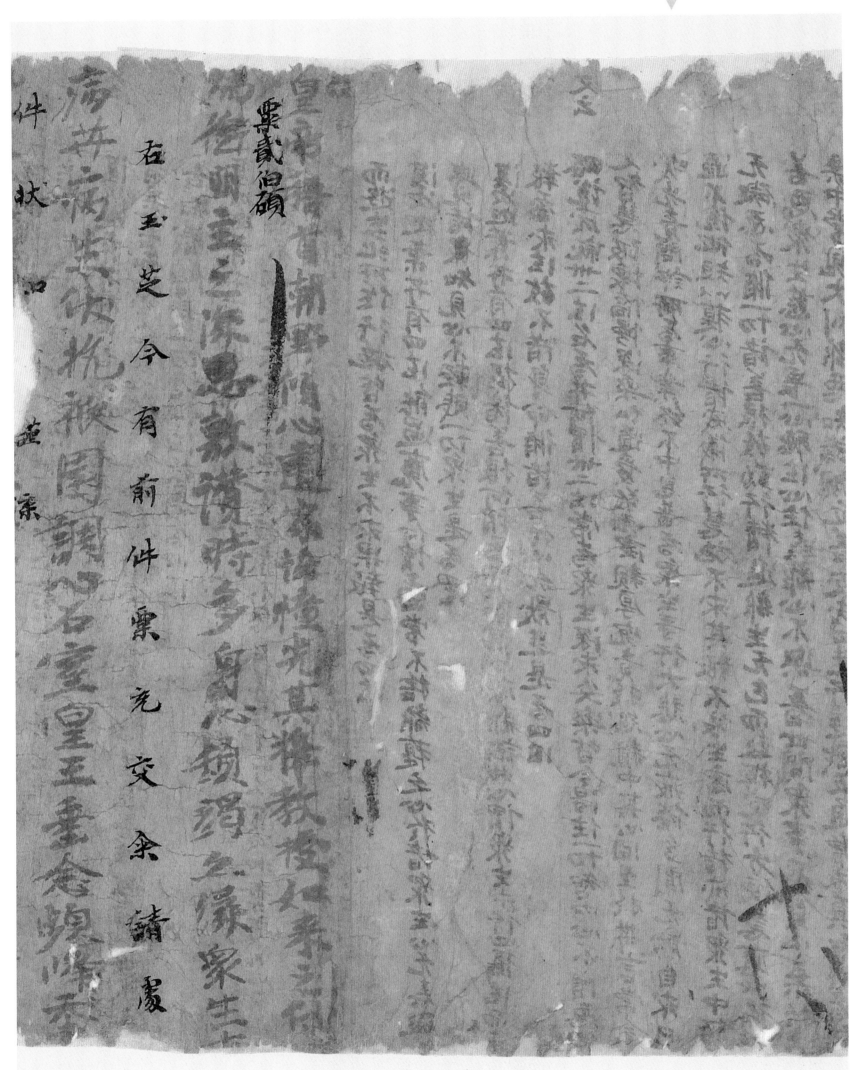

P.3348v　　1. 唐天寶六載（748）十二月豆盧軍案爲軍倉收納糯粟麥事　　2. 章疏序　　（42 — 5）

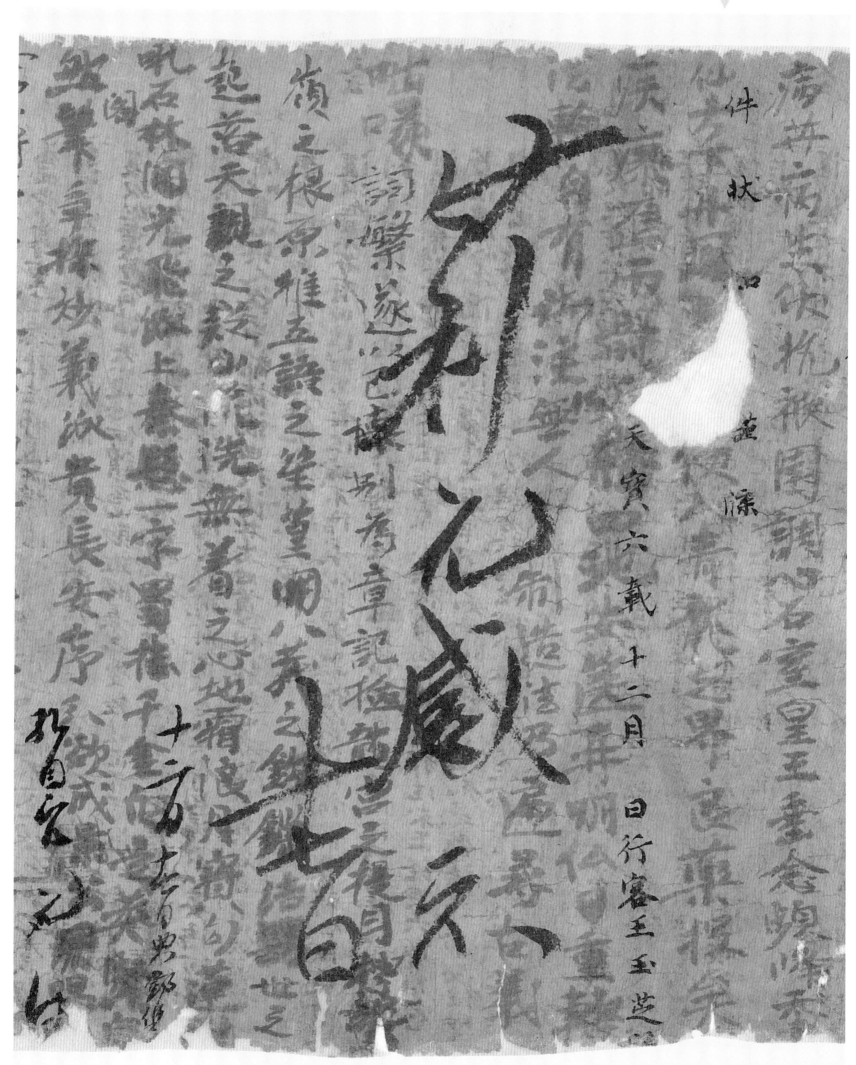

P.3348v　　1. 唐天寶六載（748）十二月豆盧軍案爲軍倉收納糴粟麥事　　2. 章疏序　　（42—6）

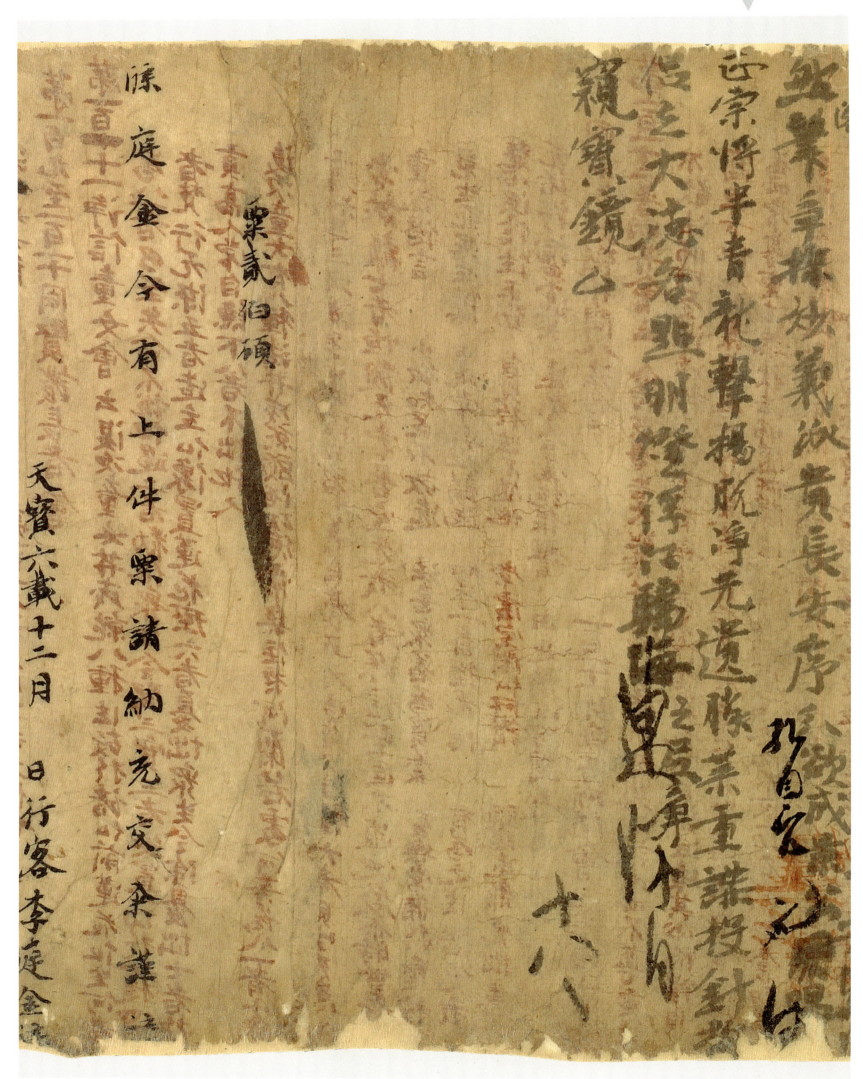

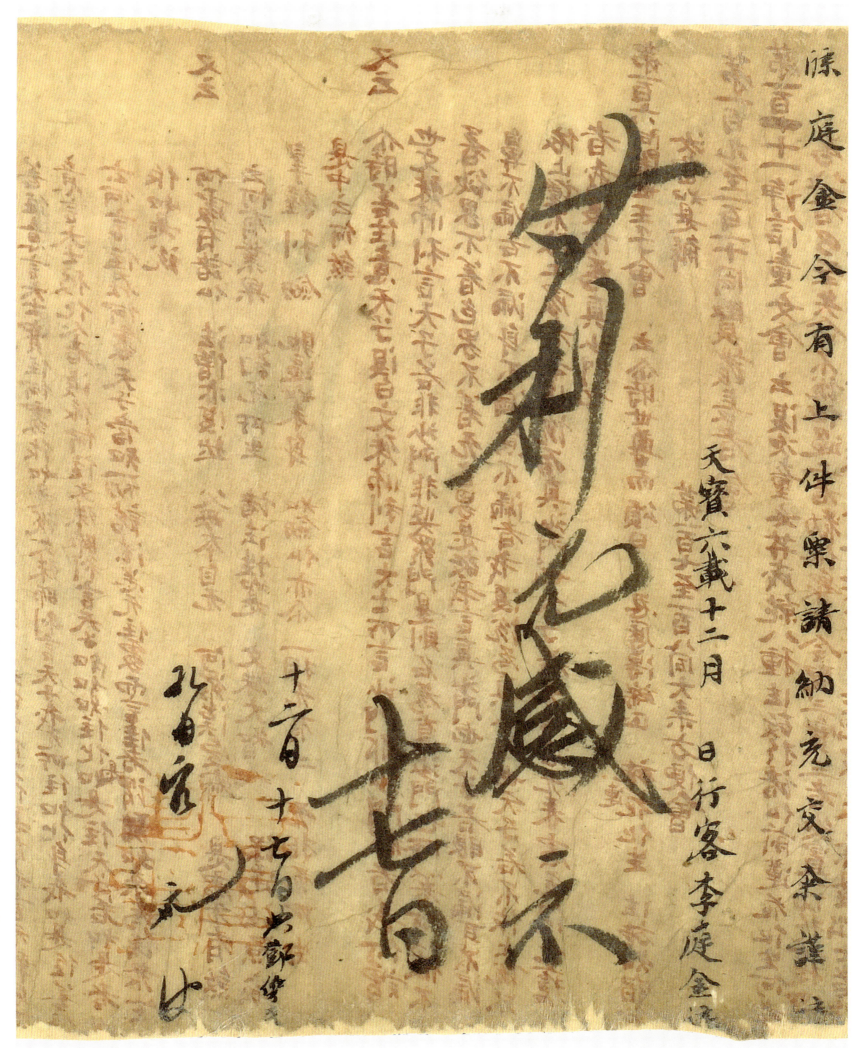

P.3348v　　　1.唐天寶六載（748）十二月豆盧軍案爲軍倉收納糶粟麥事　　　（42—8）

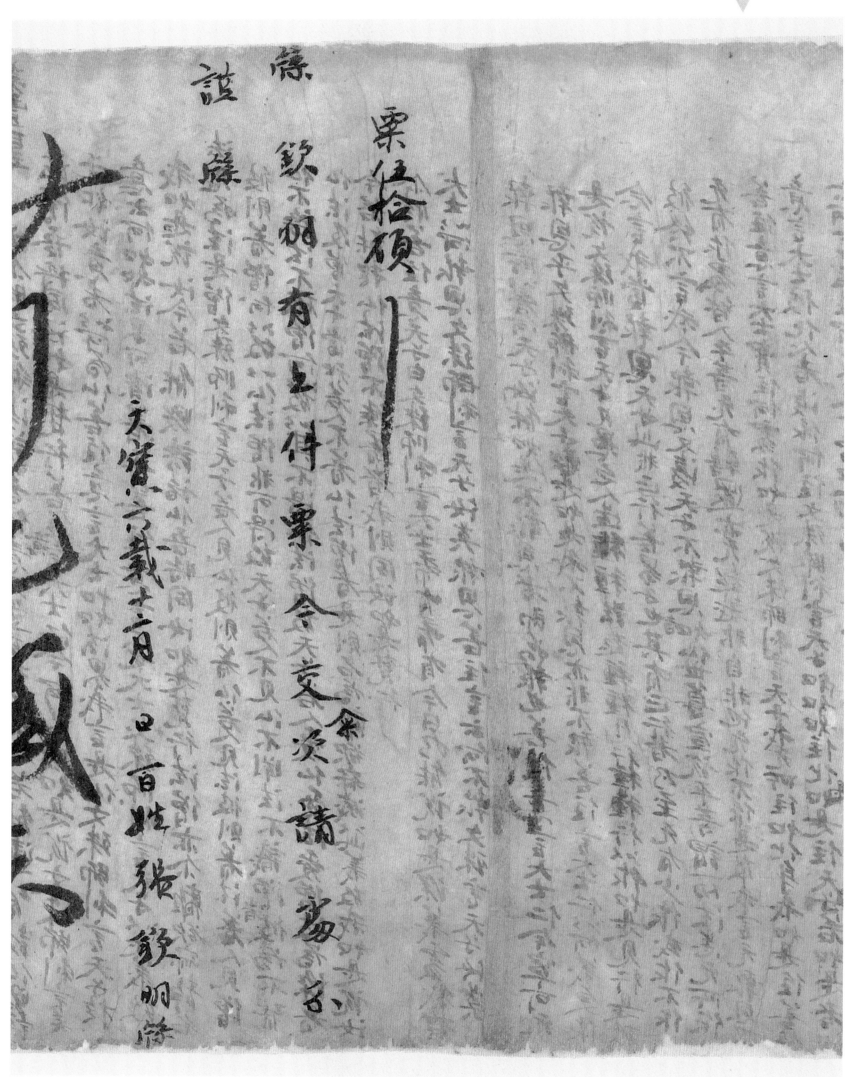

粟伍拾碩

謹條

天寶六載十二月　　日百姓張　飲明牒

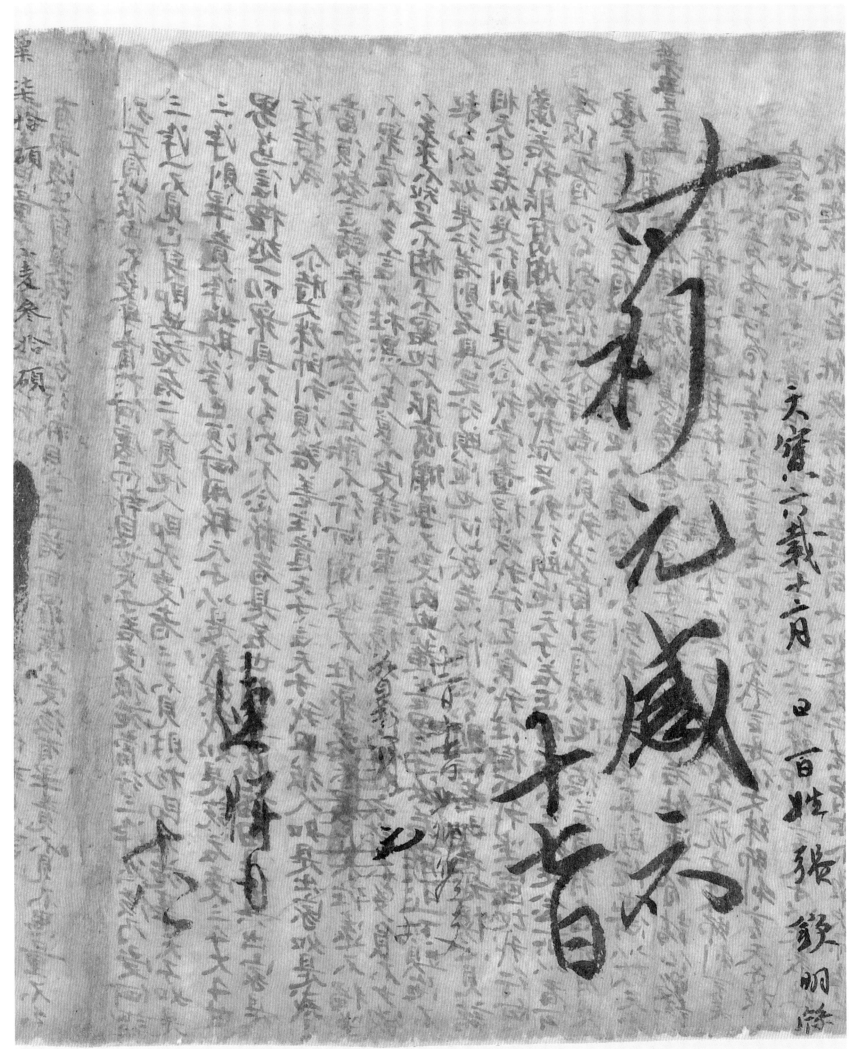

P.3348v　　　1.唐天寶六載（748）十二月豆盧軍案爲軍倉收納糴粟麥事　　　（42—10）

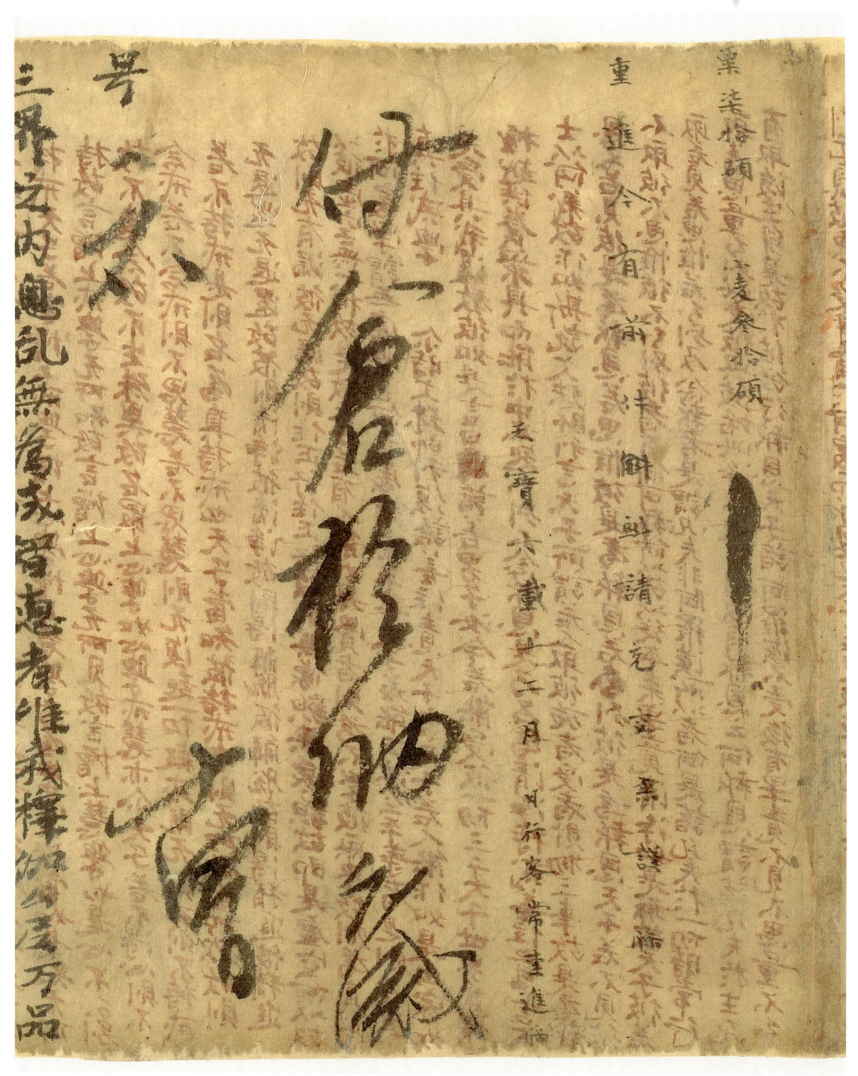

P.3348v　　1. 唐天寶六載（748）十二月豆盧軍案爲軍倉收納糴粟麥事　　（42—11）

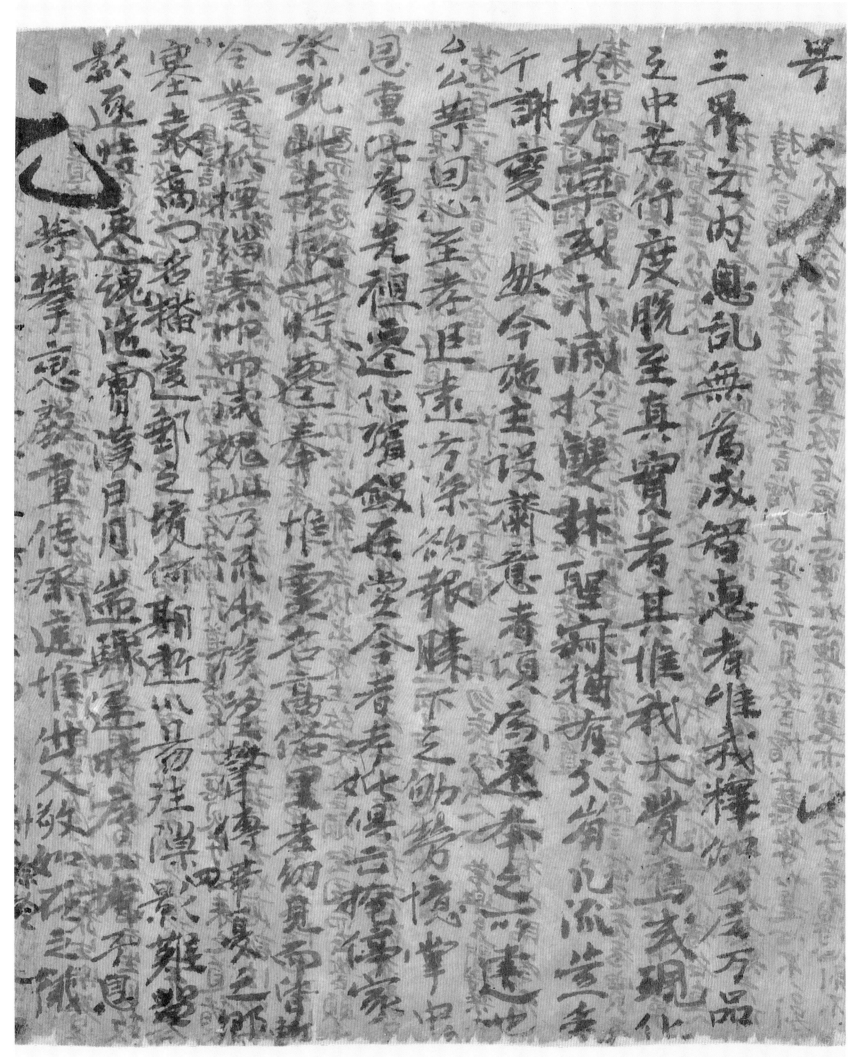

三界之內思亂無為成智惠者惟我釋迦如來一是万品
至中若行度脫至真實者其惟我大覺能為成現化
搖兒幹或未滿林聖□猶猗力尚兄流堂一幸
千謝度如今施主設齋意者頗窮遠奉起二
公莘即恩至孝迟速方深欲報賺下之助苦憶傳家
恩重哀為光祖遂化攅餃在堂今普吉如但行攅傳蒙
唯重攀奉□□量書初見而津
茶就此為根際蛇妣遊流决後逢譽群傳華最三
賽泉高口各播達郡之墳侑期斷以昌注陳景雜齋
唅譽攅樽緇素師戌妮此
歇遂近情發重傳承遠唯出入敬如儀
□攀思勢重□□□還虞□□□□□□□儀

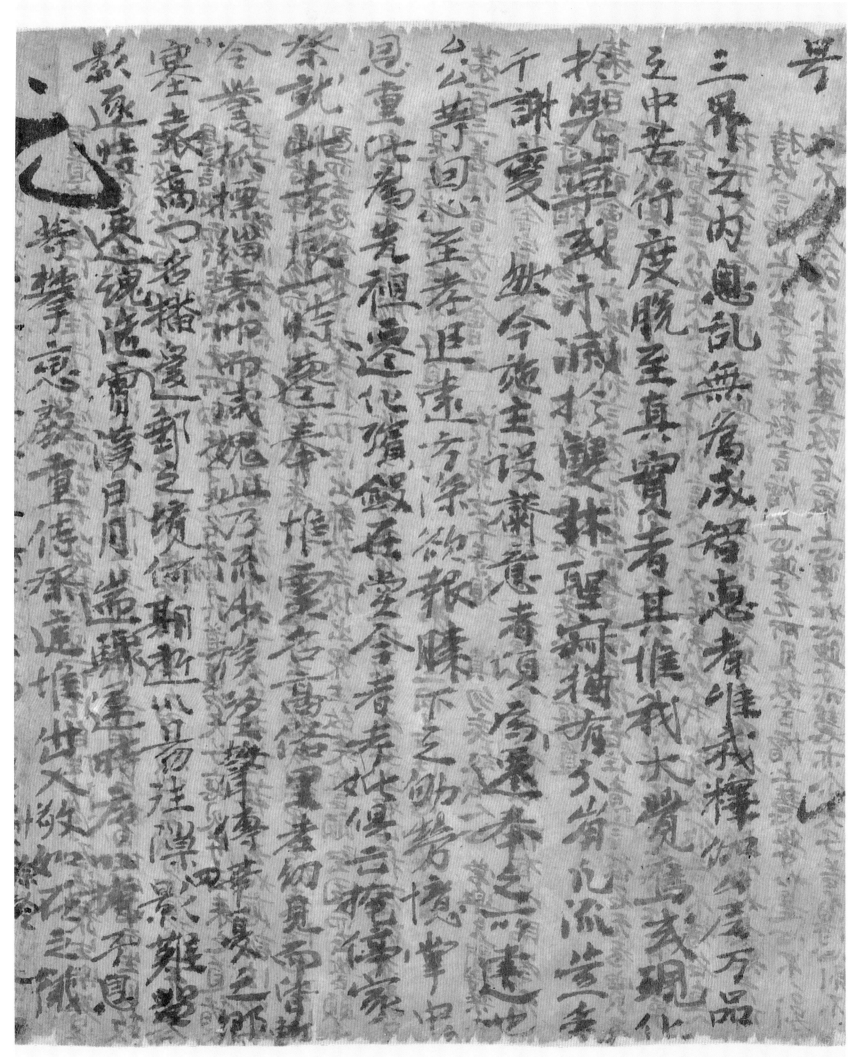

第一一一册 伯三三四二至伯三三五四背

P.3348v　　1.唐天寶六載（748）十二月豆盧軍案爲軍倉收納糶粟麥事　　3.雜齋儀　　（42—12）

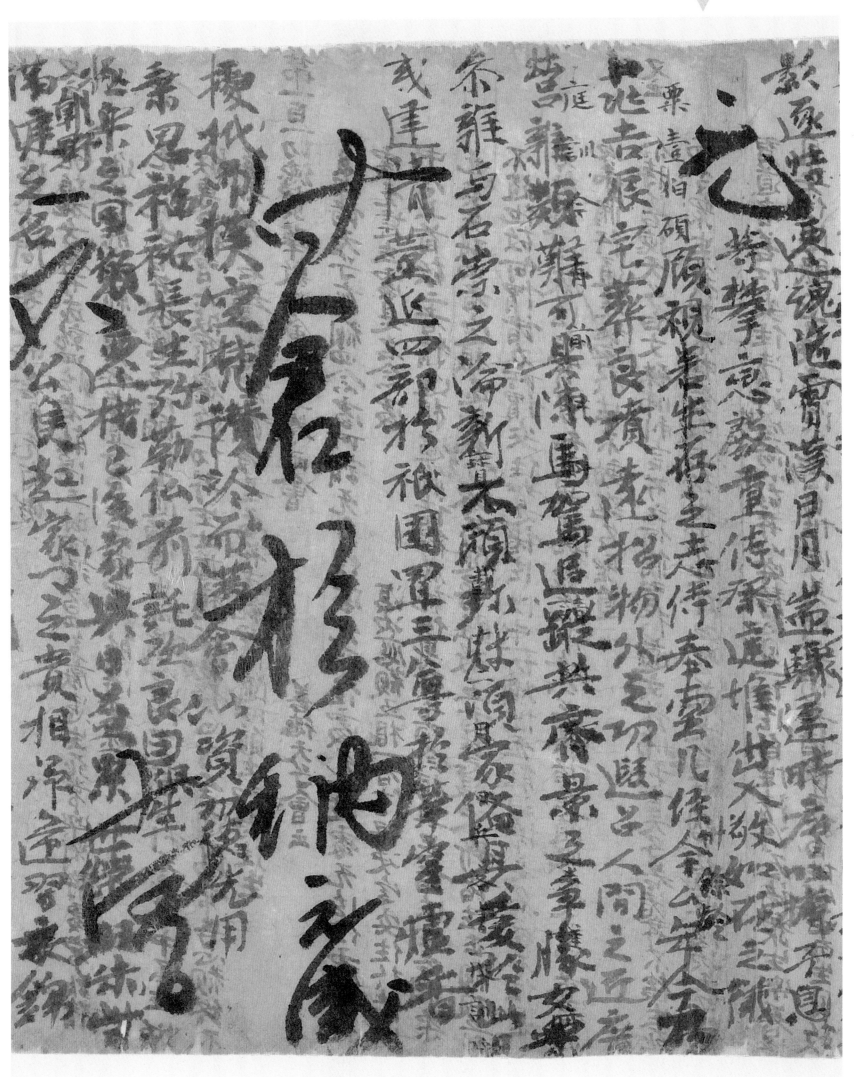

P.3348v　　1.唐天寶六載（748）十二月豆盧軍案爲軍倉收納糴粟麥事　　3.雜齋儀　　（42—13）

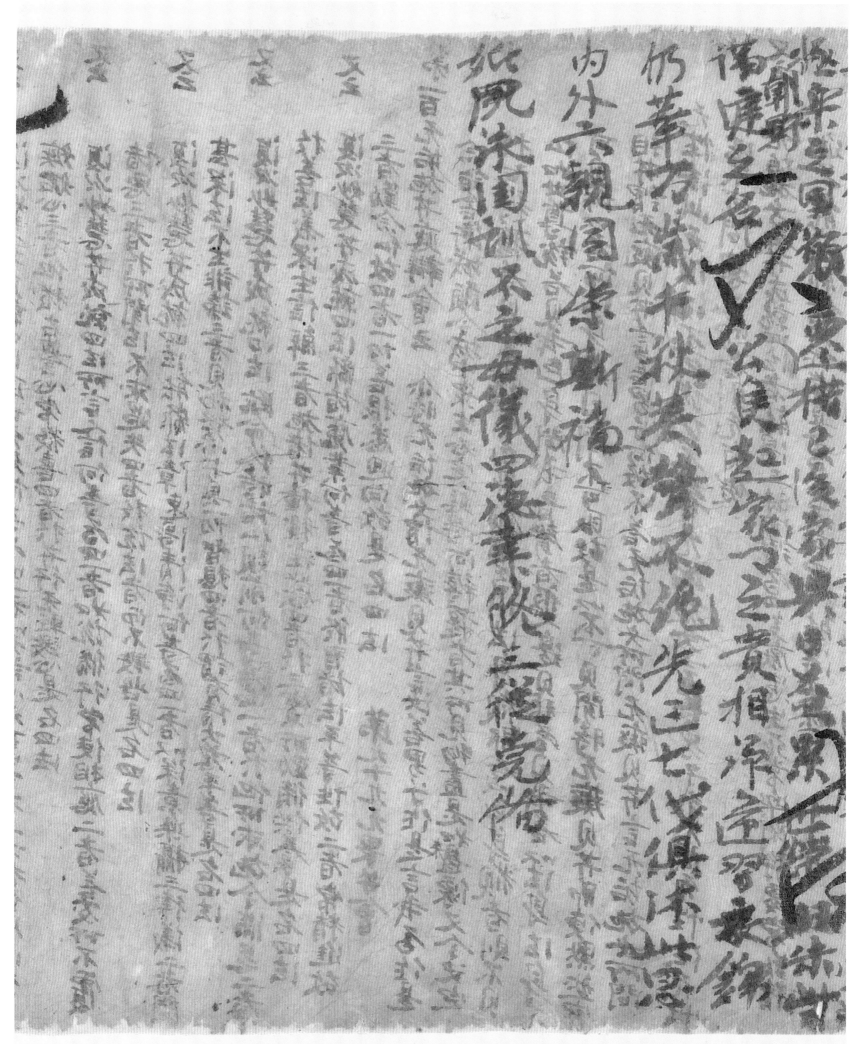

P.3348v　　1. 唐天寶六載（748）十二月豆盧軍案爲軍倉收納糴粟麥事　　3. 雜齋儀　　（42—14）

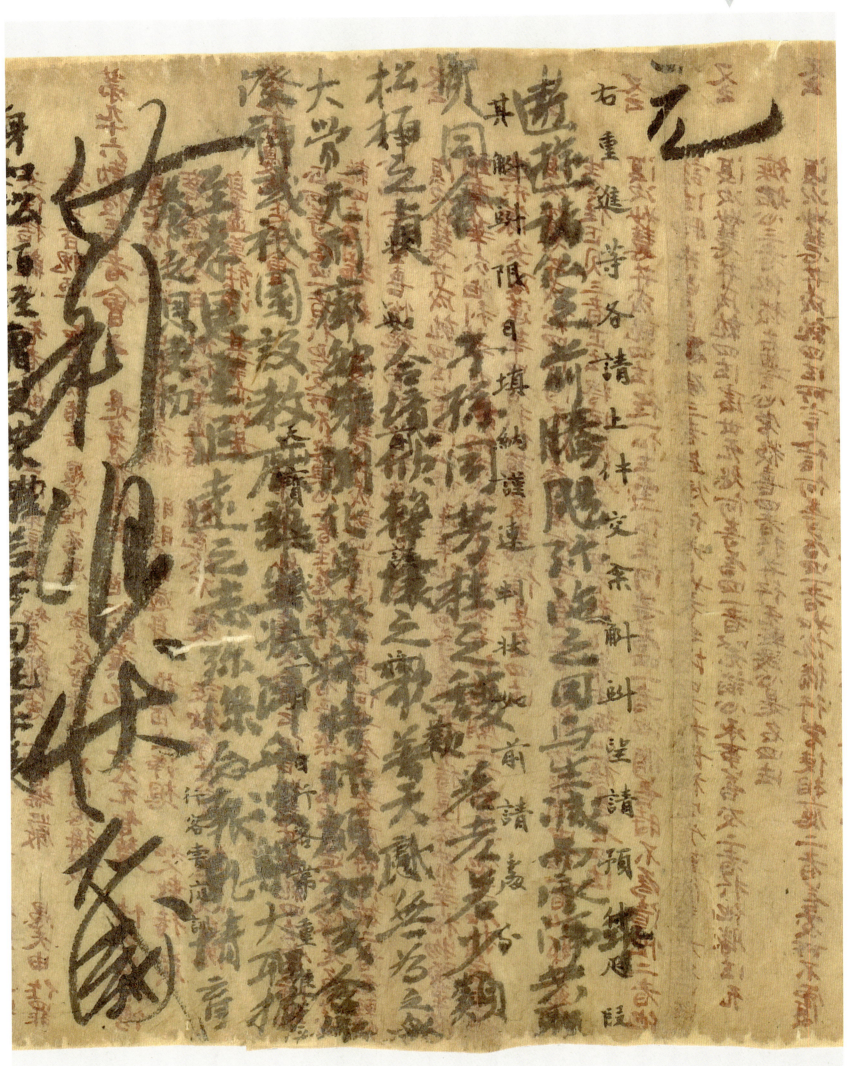

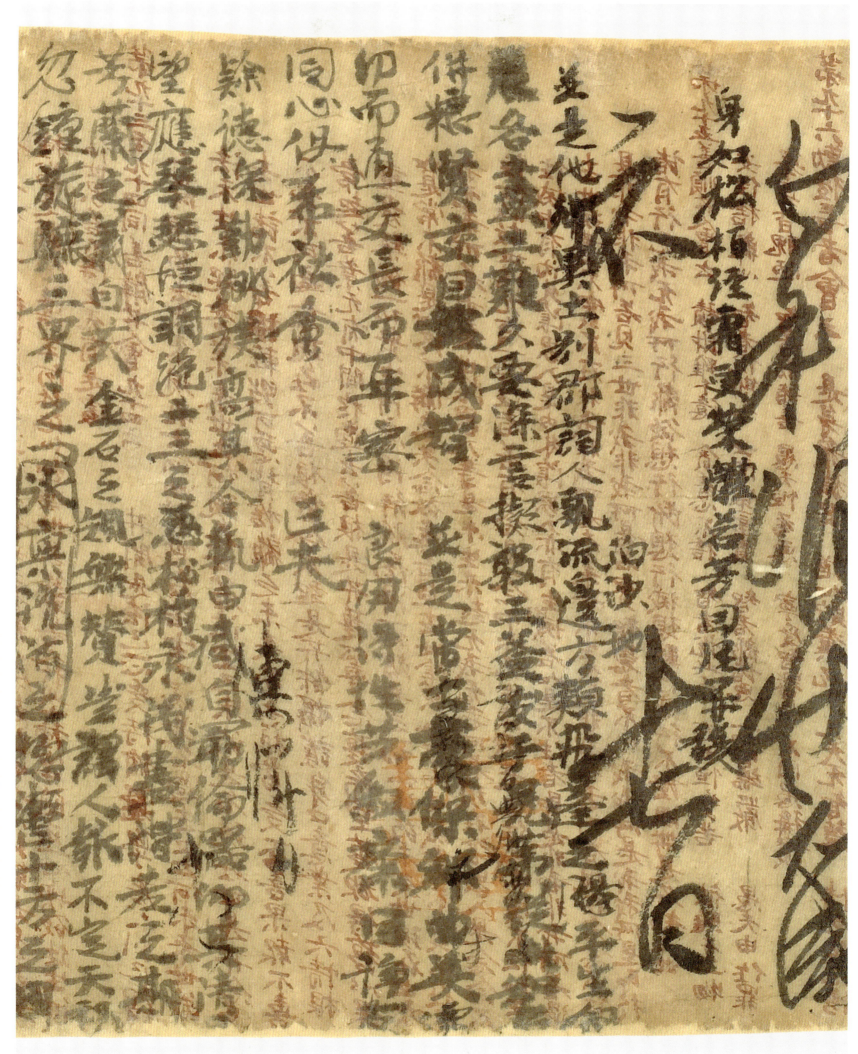

P.3348v　　1. 唐天寶六載（748）十二月豆盧軍案爲軍倉收納糴粟麥事　　3. 雜齋儀　　（42—16）

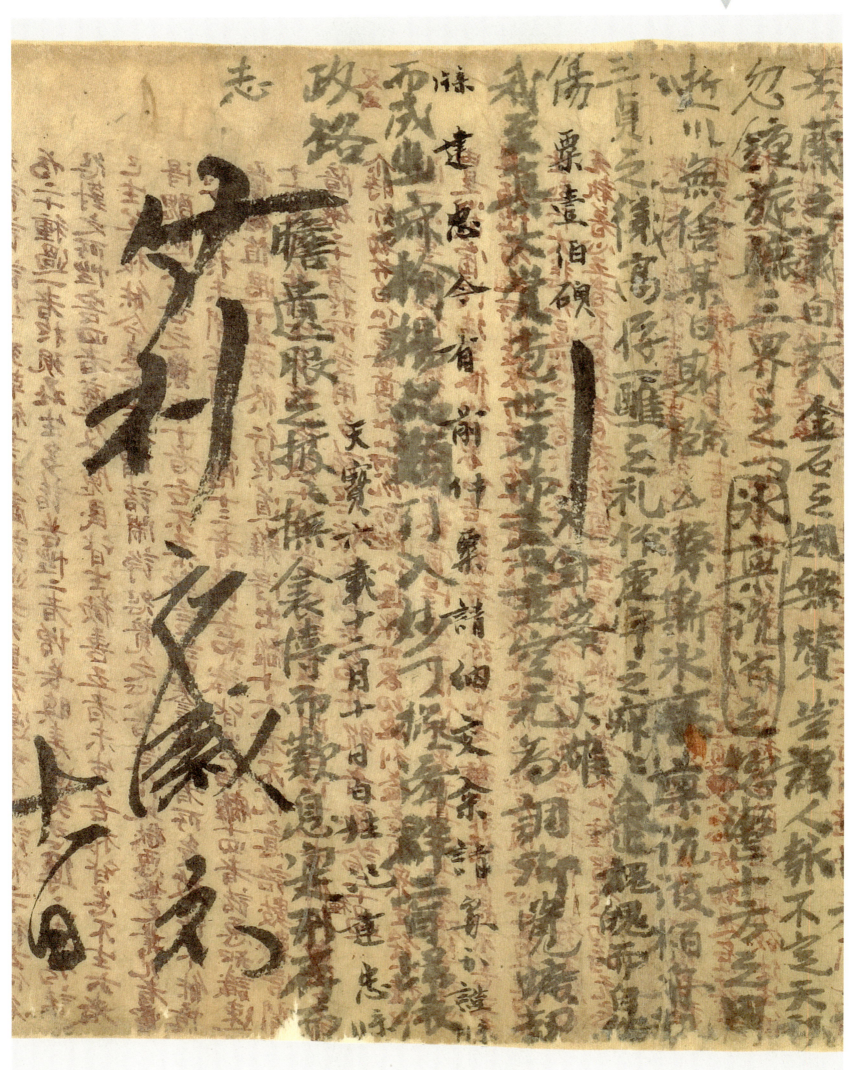

P.3348v　　1. 唐天寶六載（748）十二月豆盧軍案爲軍倉收納糴粟麥事　　3. 雜齋儀　　（42—17）

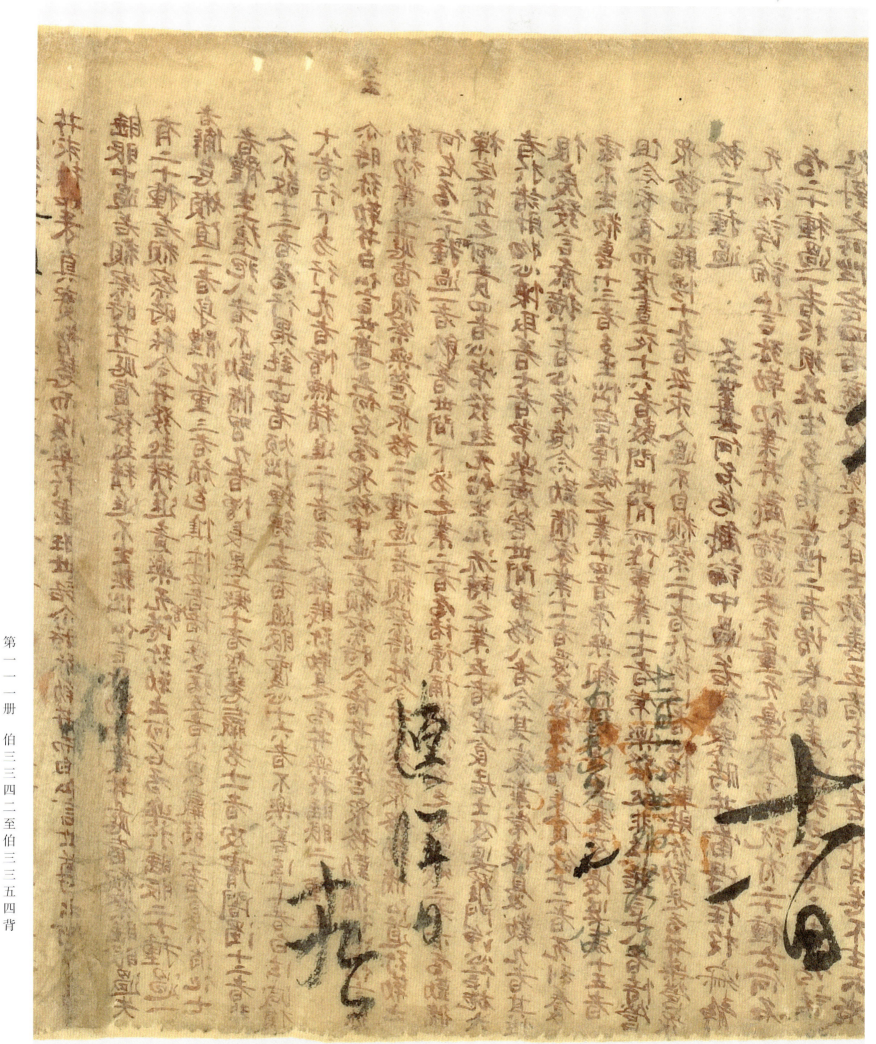

P.3348v　　1. 唐天寶六載（748）十二月豆盧軍案爲軍倉收納糴粟麥事　　（42 — 18）

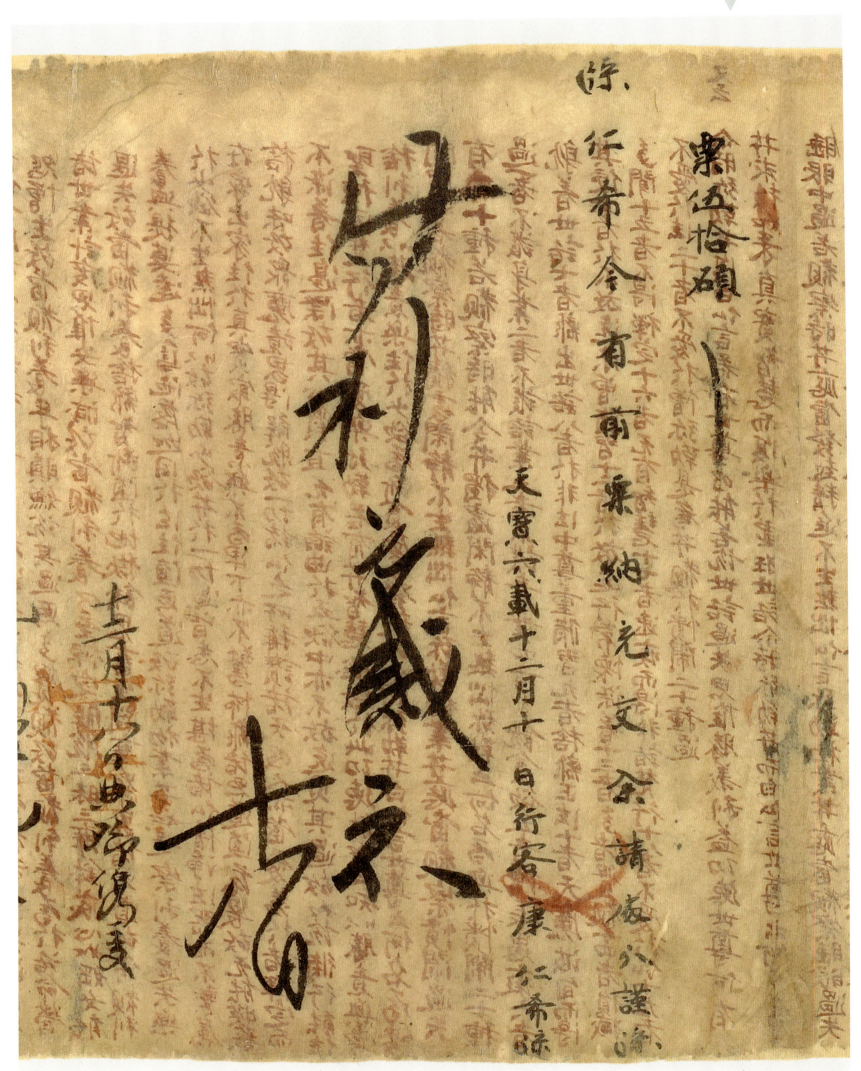

P.3348v　　　1. 唐天寶六載（748）十二月豆盧軍案爲軍倉收納糴粟麥事　　　（42—19）

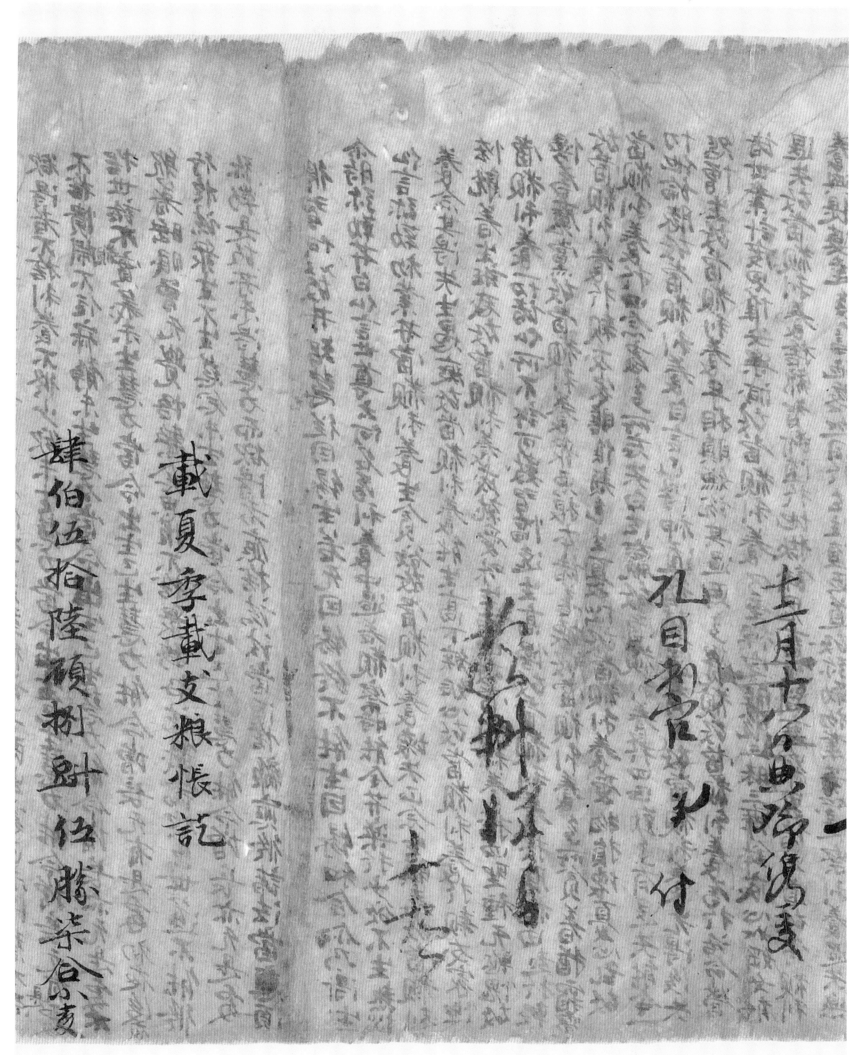

P.3348v　　1. 唐天寶六載（748）十二月豆盧軍案爲軍倉收納糴粟麥事　　4. 唐天寶四載（745）豆盧軍和糴計會狀
（42 — 20）

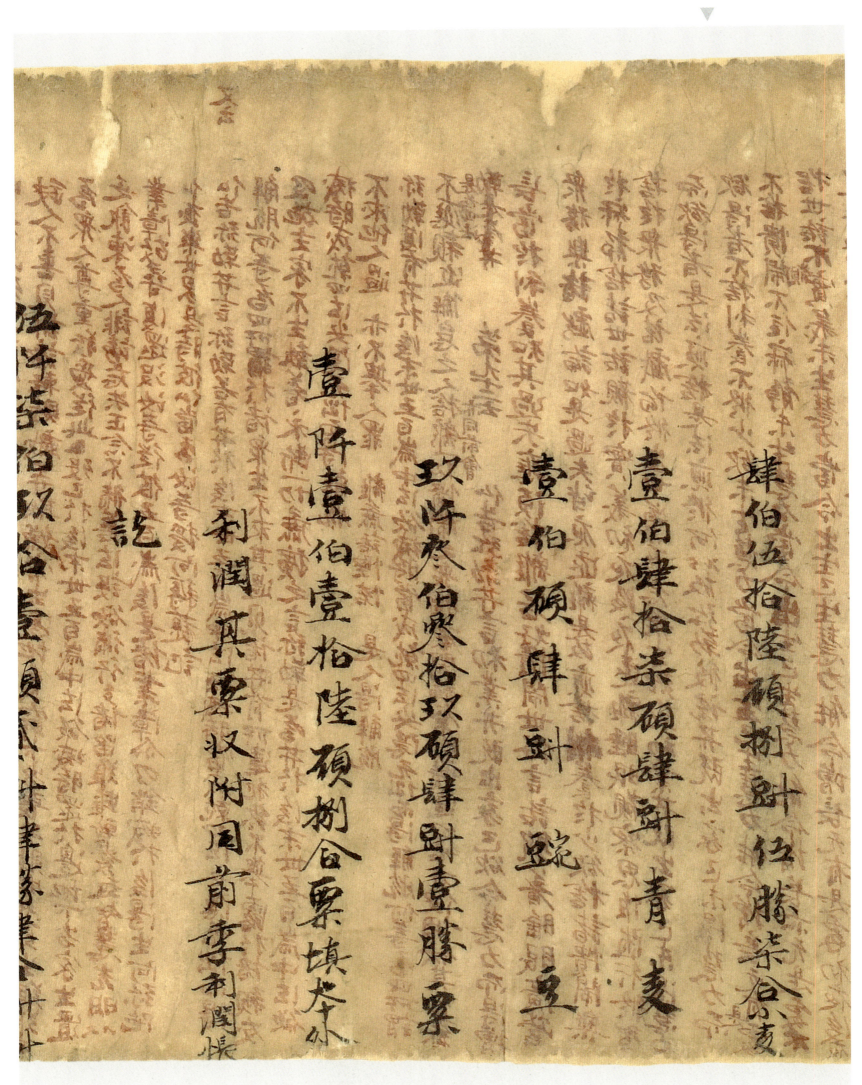

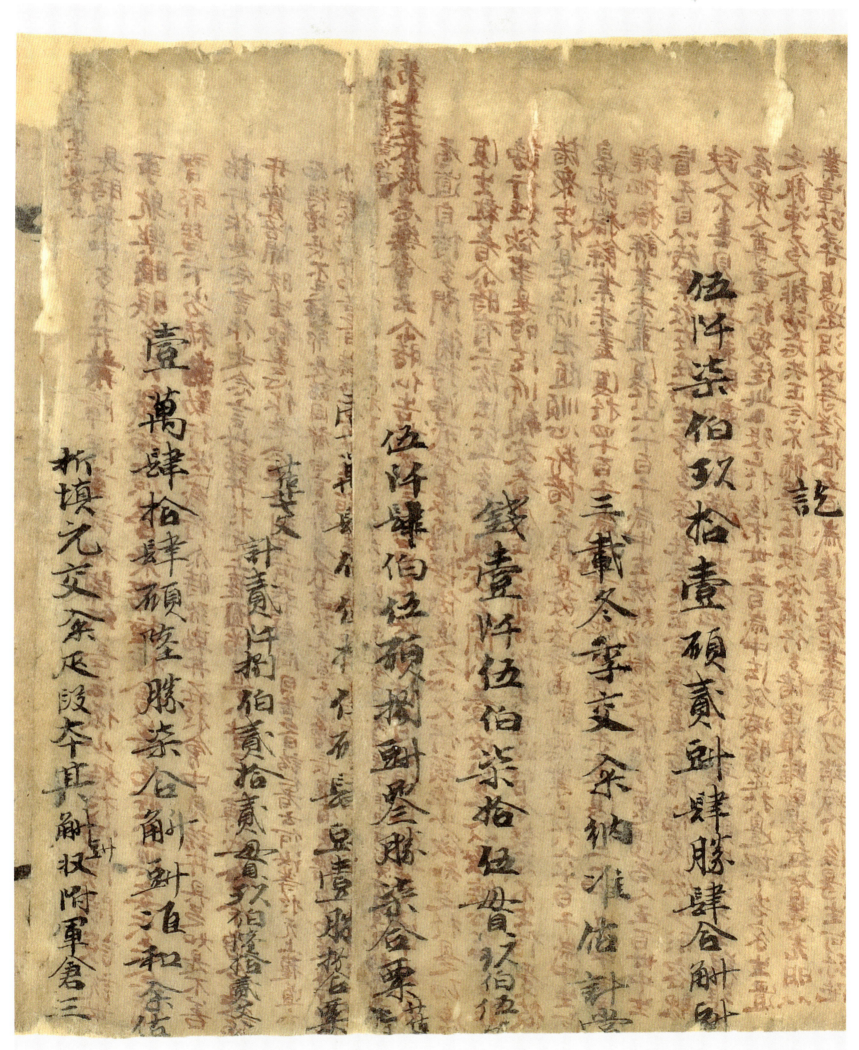

P.3348v　　4. 唐天寶四載（745）豆盧軍和糴計會狀　　（42—22）

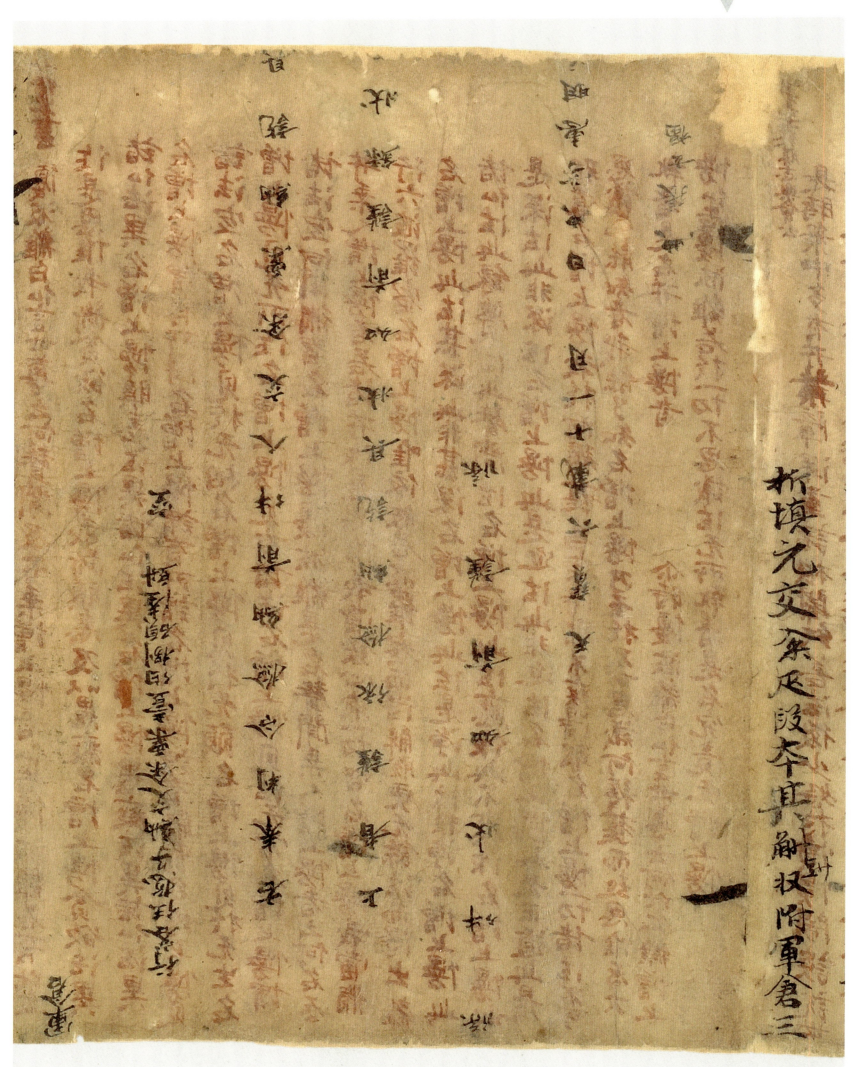

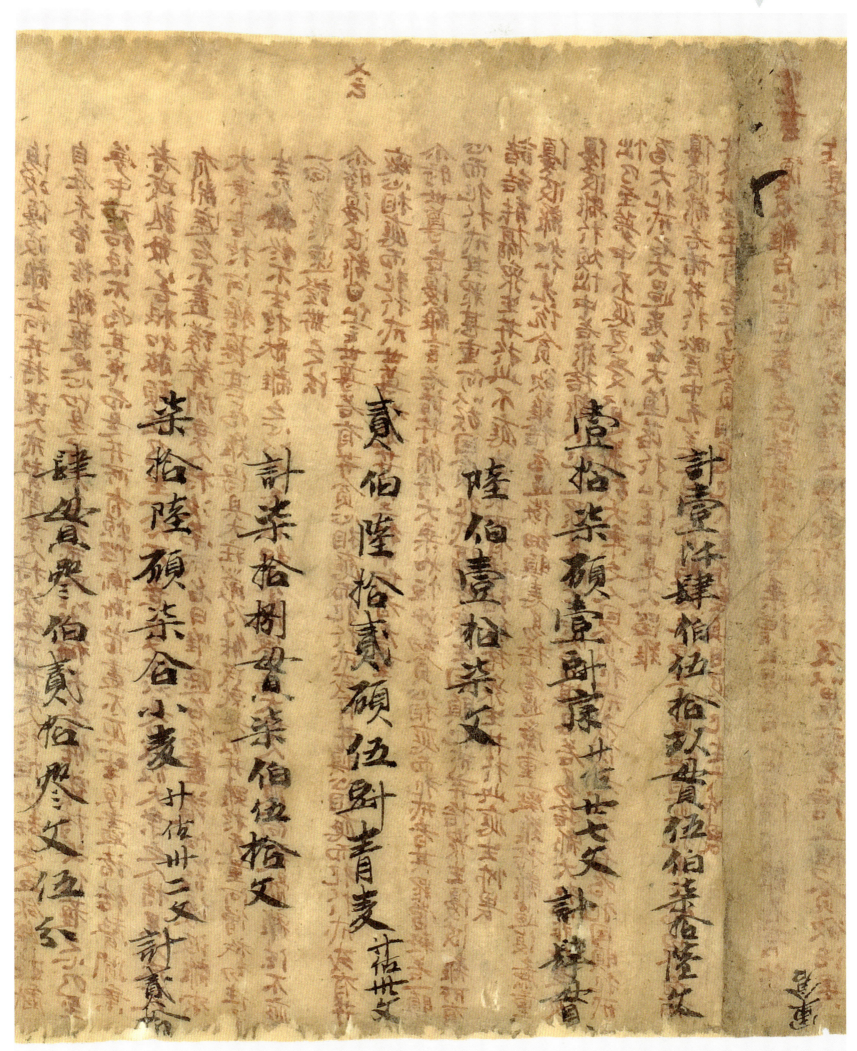

P.3348v　　　4.唐天寶四載（745）豆盧軍和糴計會狀　　　（42—24）

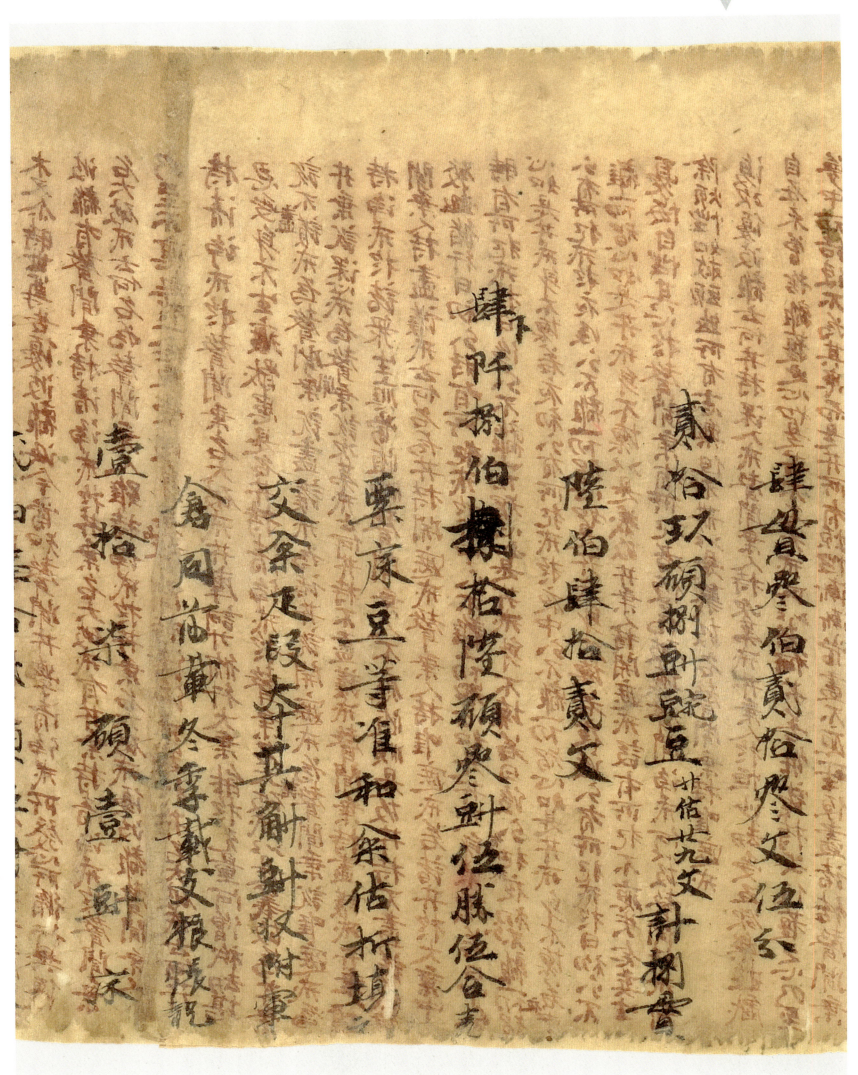

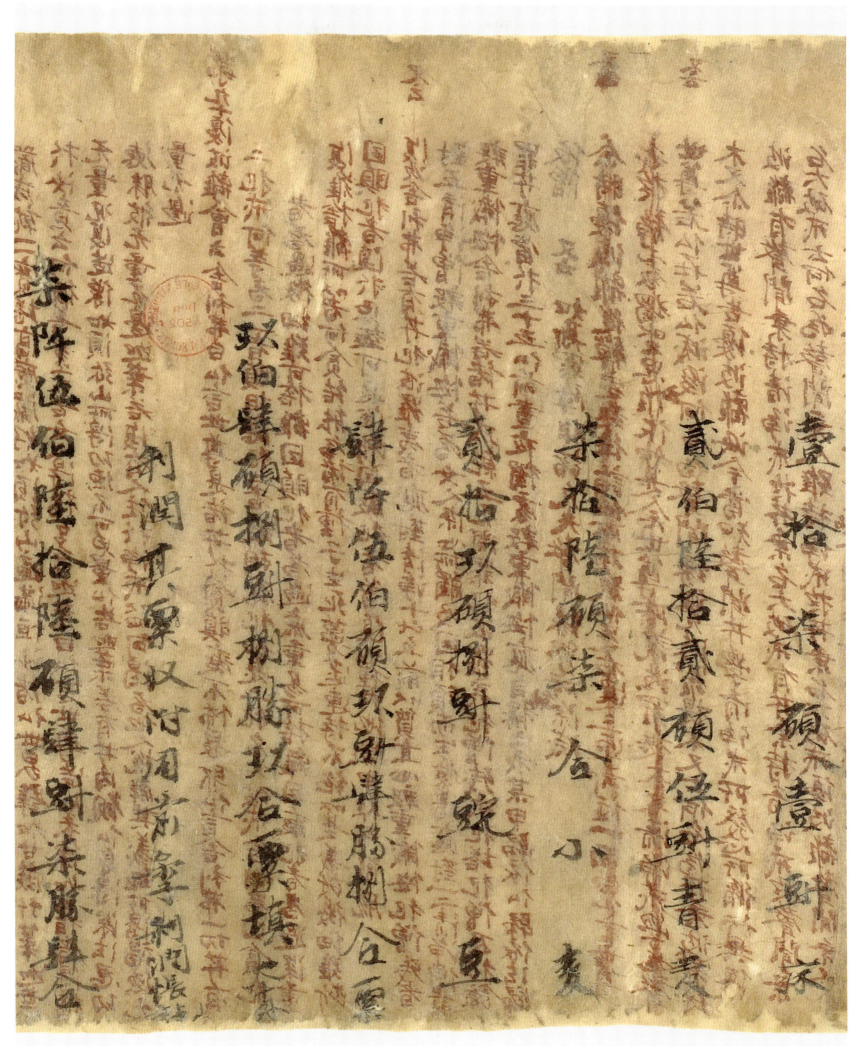

P.3348v　　4. 唐天寶四載（745）豆盧軍和糴計會狀　　　（42 — 26）

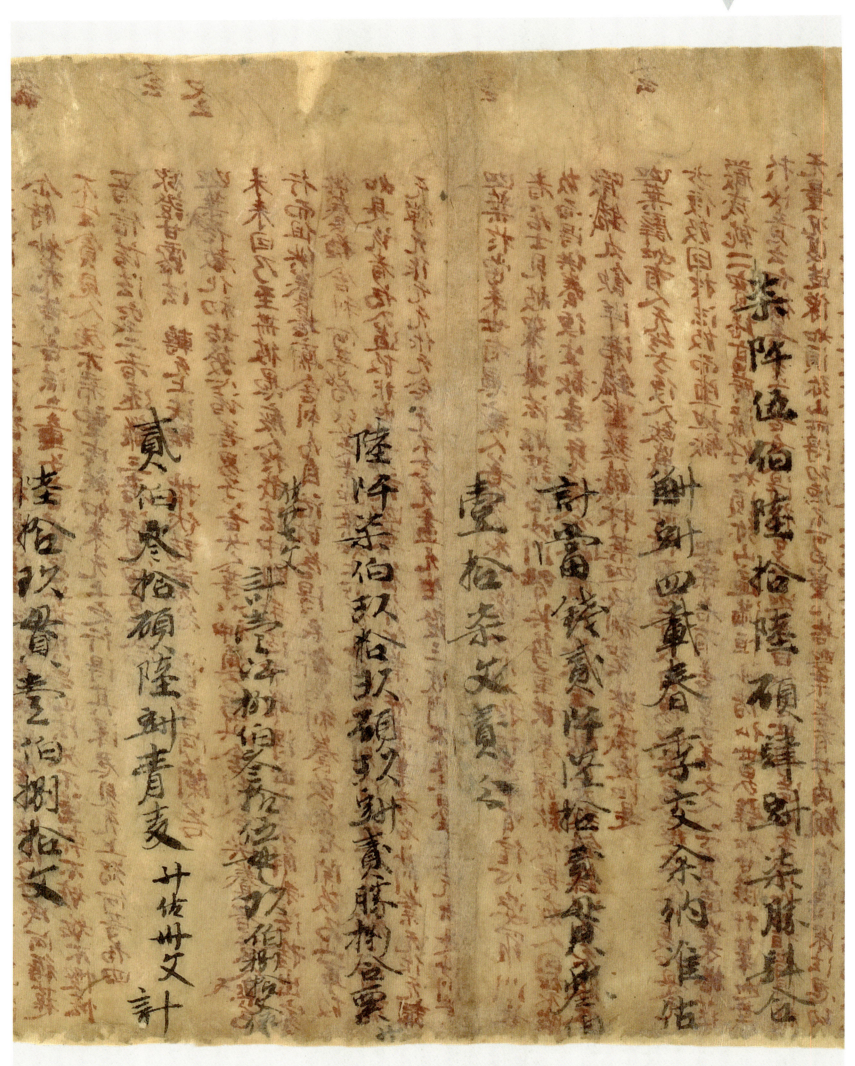

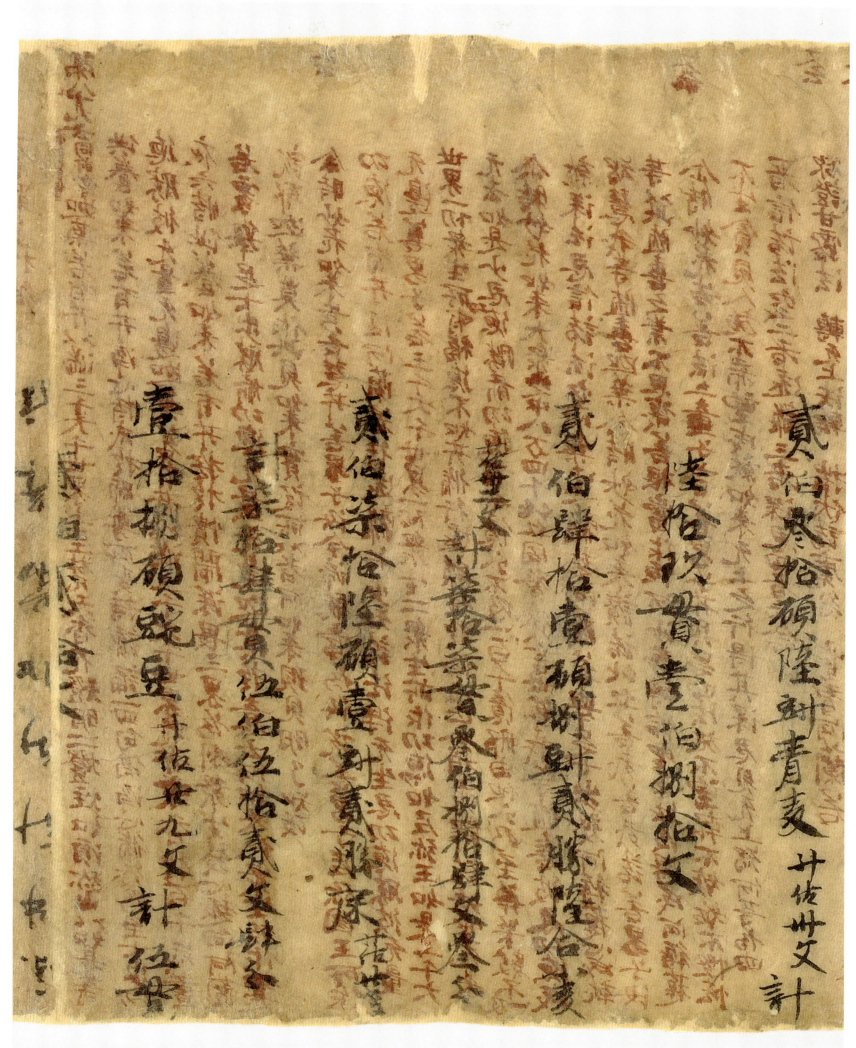

P.3348v　　4.唐天寶四載（745）豆盧軍和糴計會狀　　（42—28）

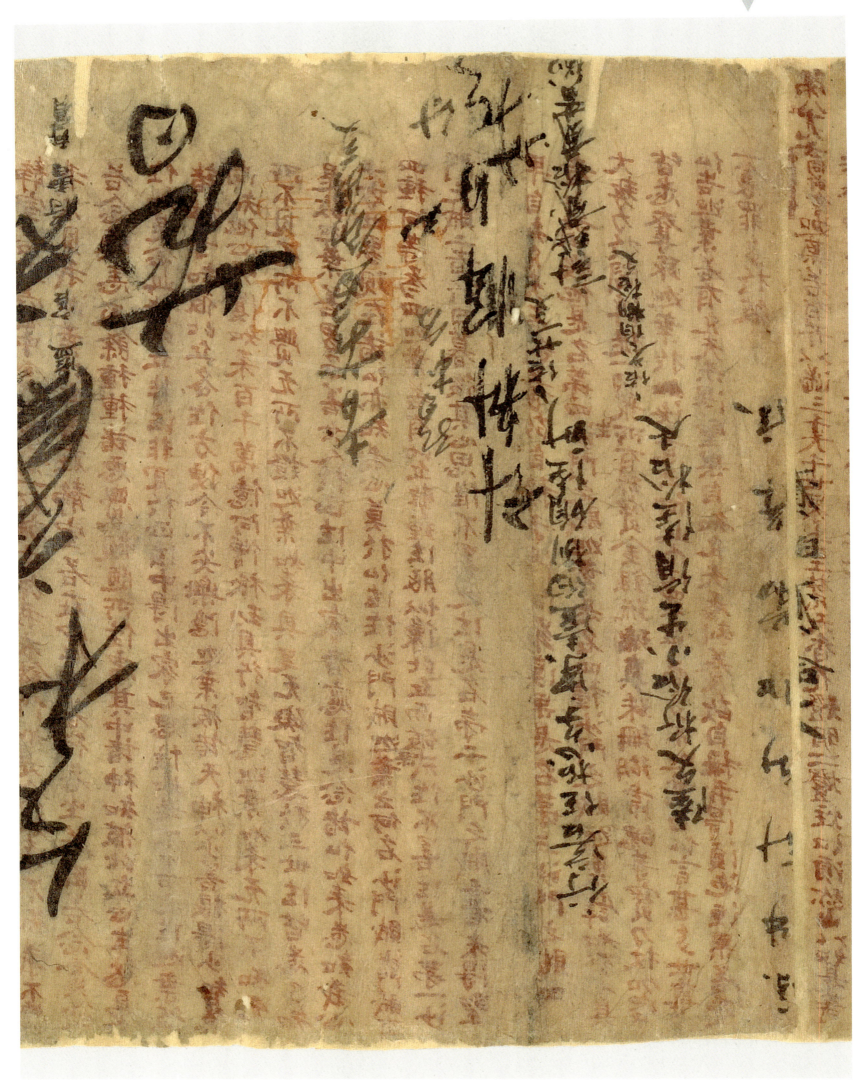

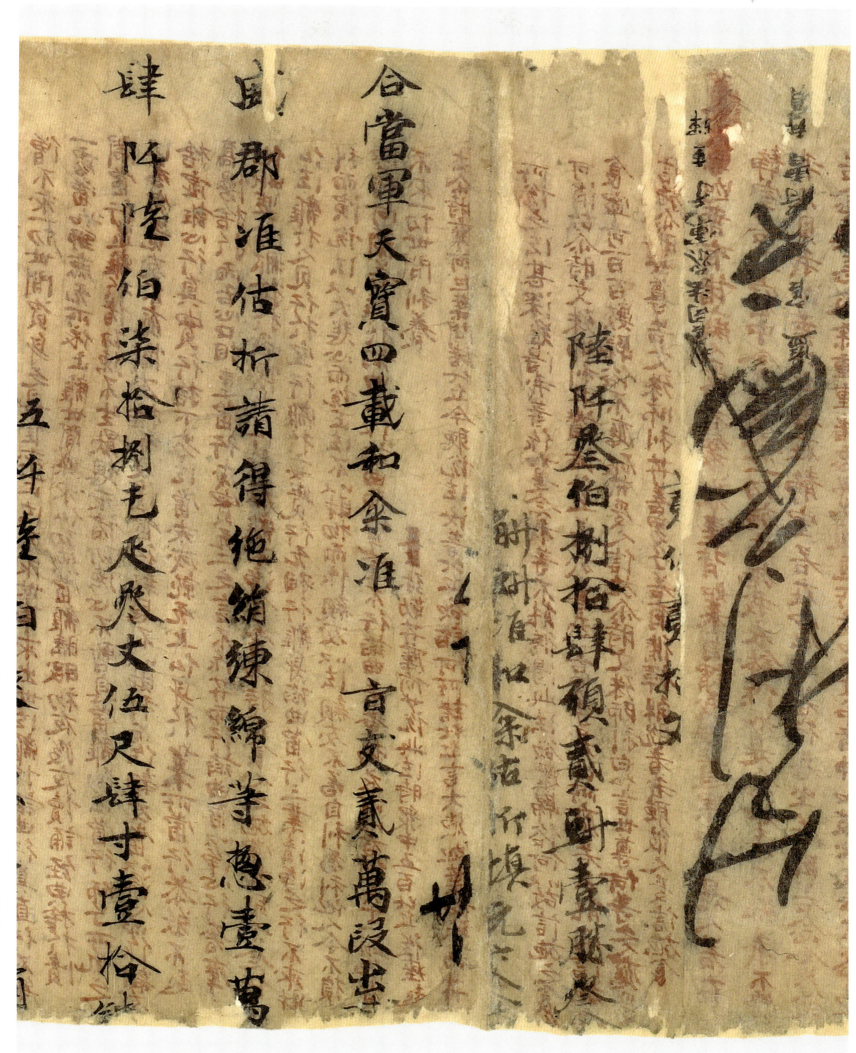

P.3348v　4. 唐天寶四載（745）豆盧軍和糴計會狀　　5. 唐天寶六載（747）十一月豆盧軍案爲軍倉收納糴粟麥事
（42 — 30）

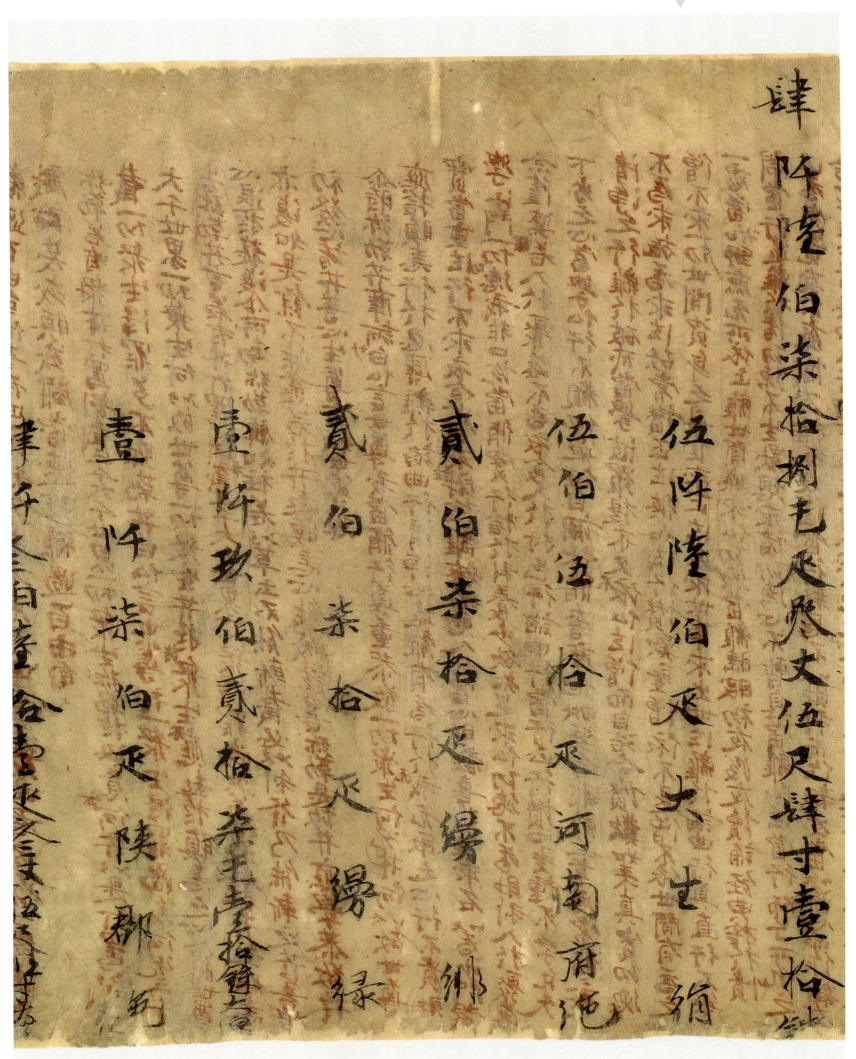

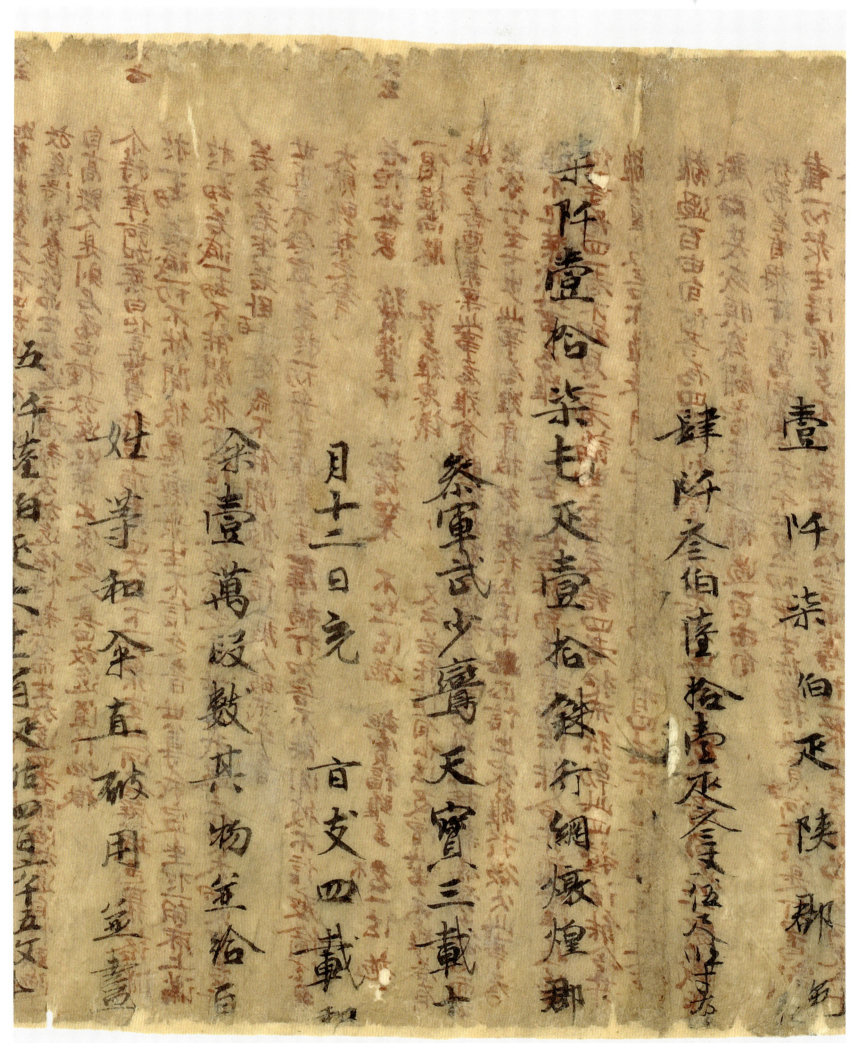

P.3348v　　4. 唐天寶四載（745）豆盧軍和糴計會狀　　（42—32）

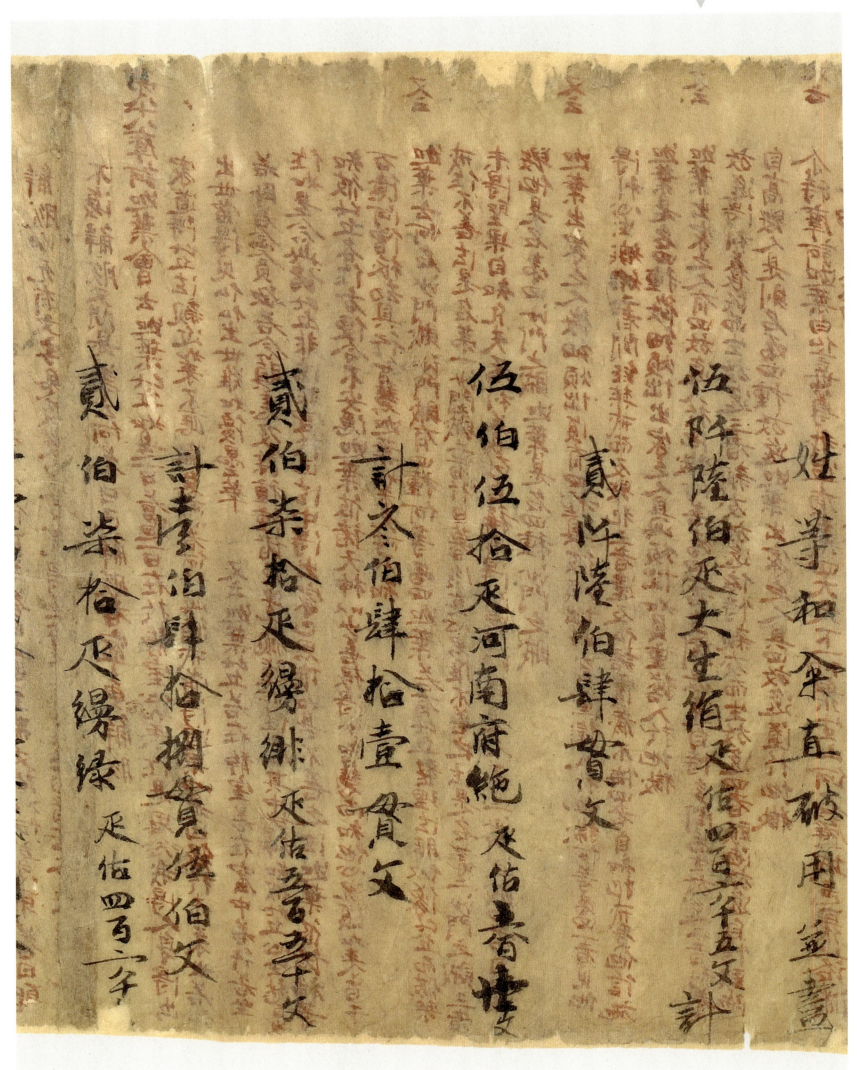

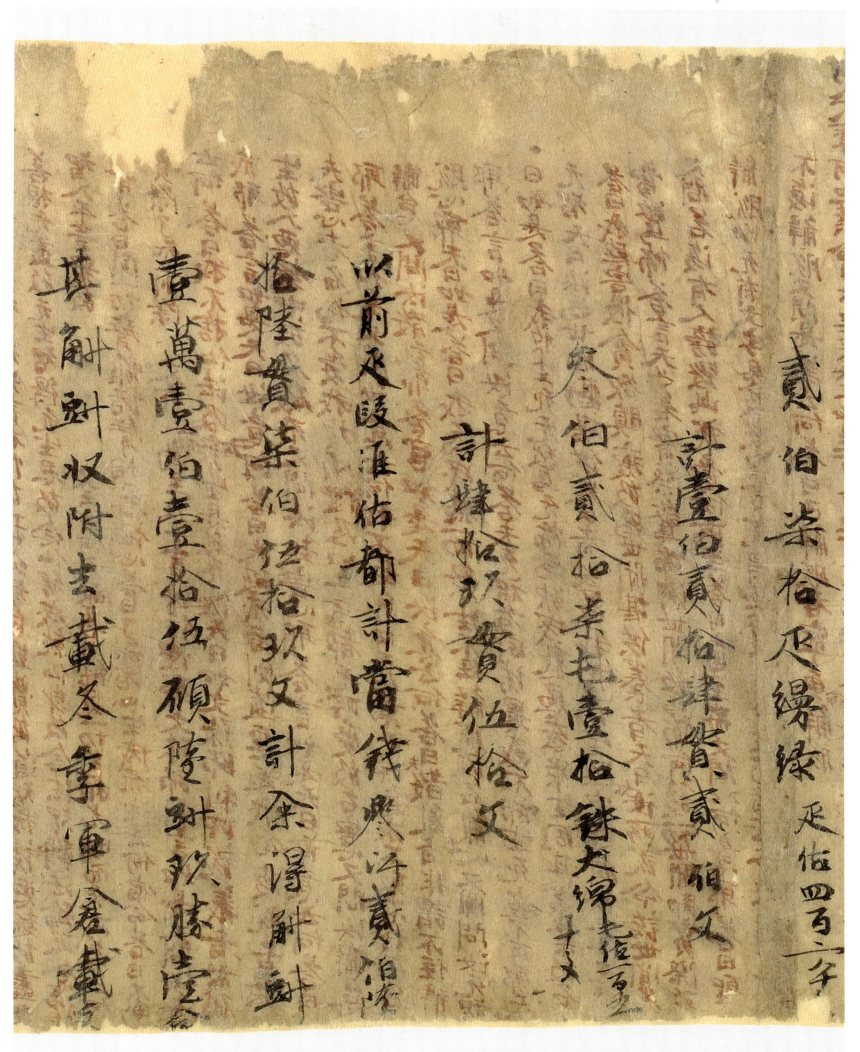

P.3348v　　4. 唐天寶四載（745）豆盧軍和糴計會狀　　　（42—34）

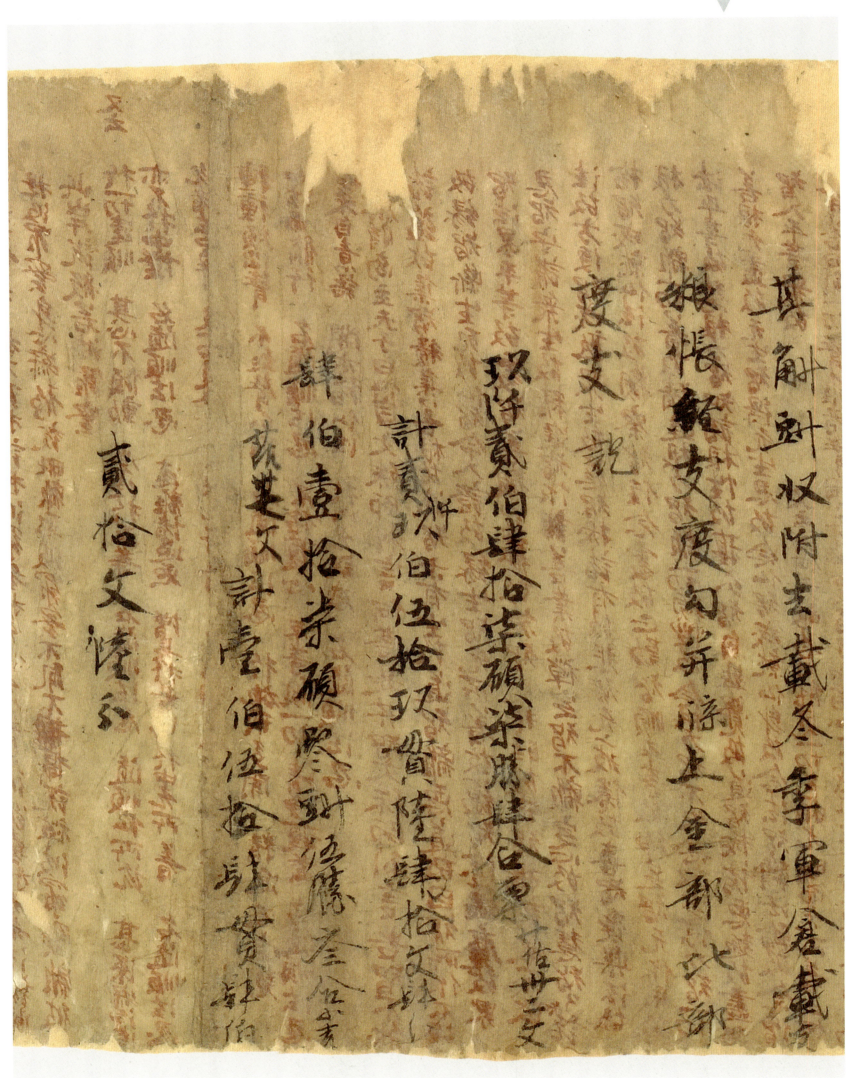

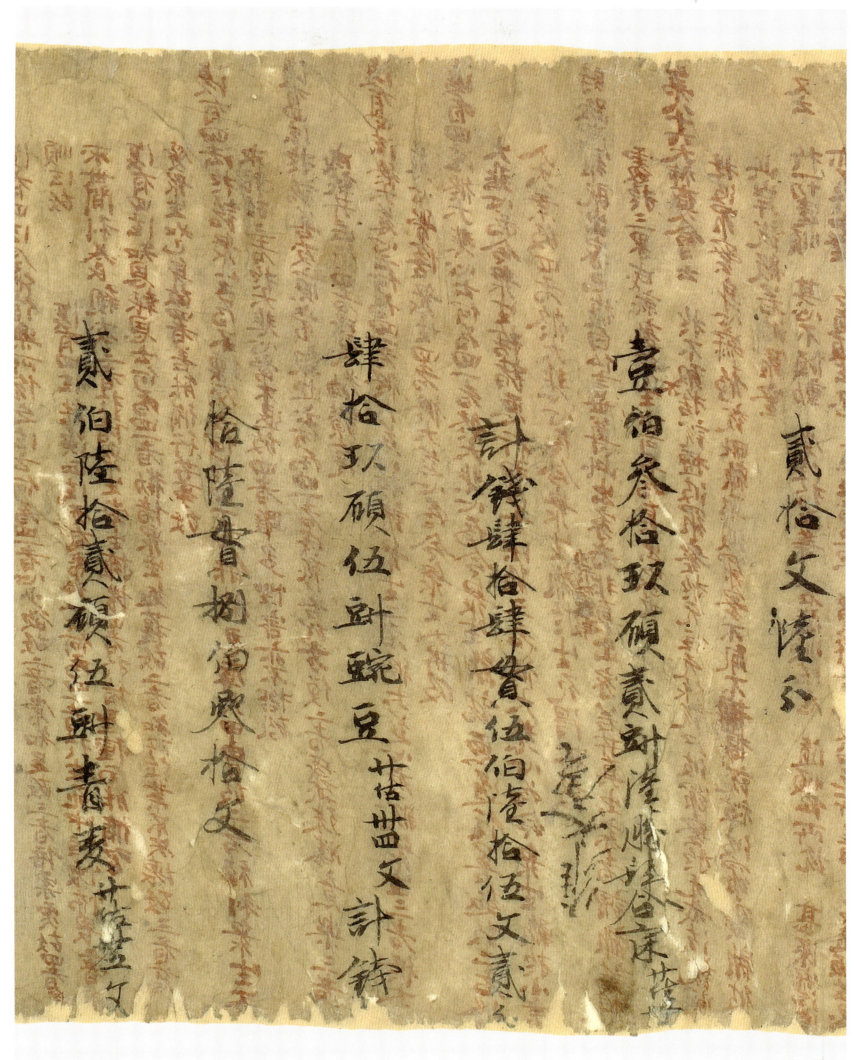

P.3348v　　4. 唐天寶四載（745）豆盧軍和糴計會狀　　（42 — 36）

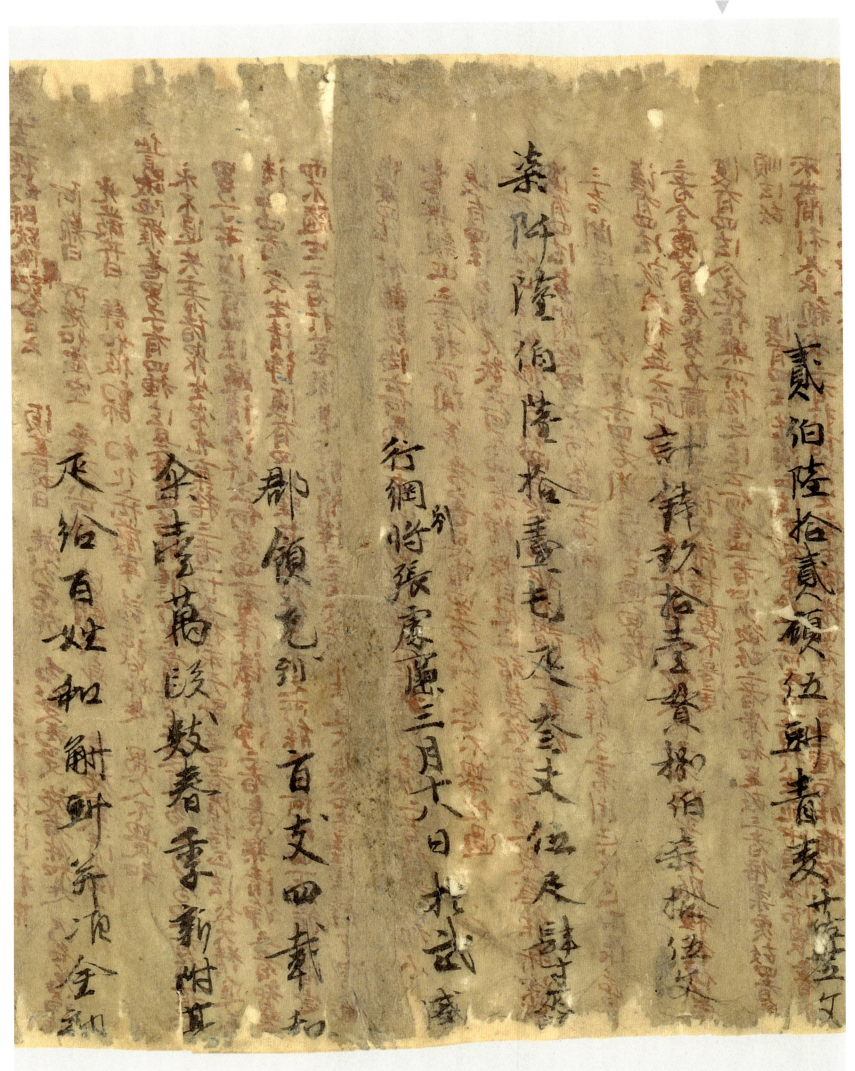

P.3348v　　4. 唐天寶四載（745）豆盧軍和糴計會狀　　（42—37）

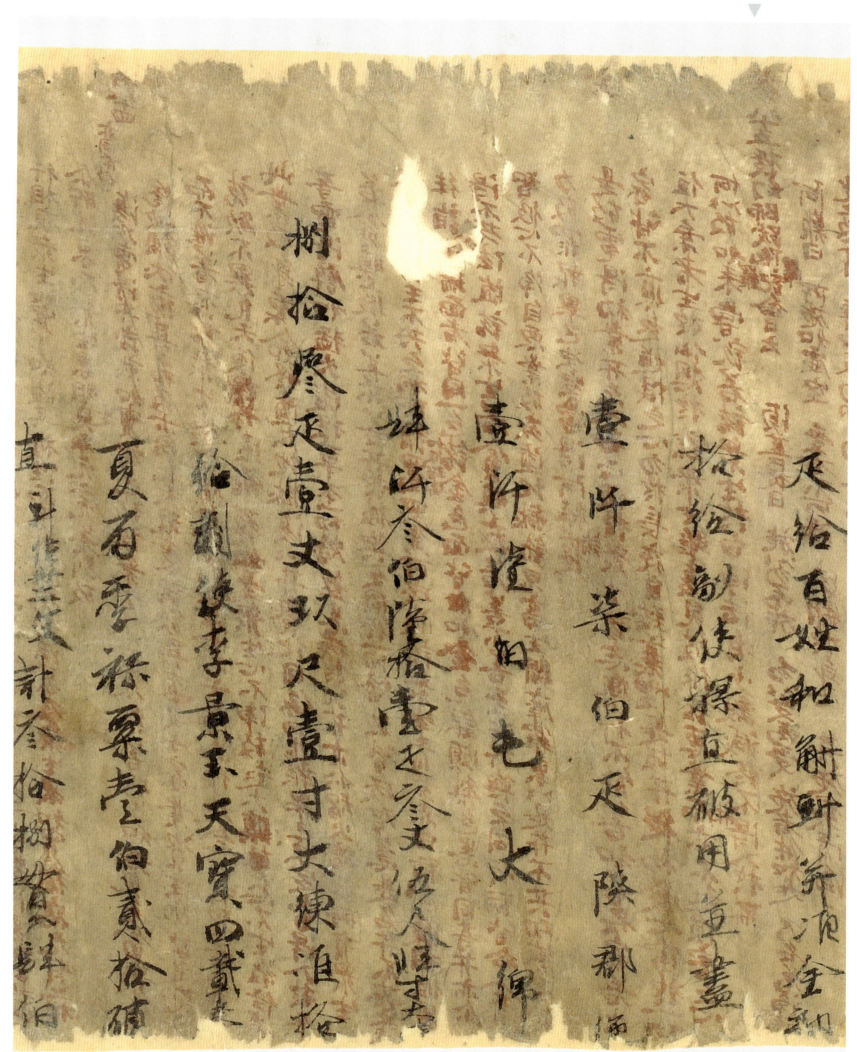

P.3348v　　4. 唐天寶四載（745）豆盧軍和糴計會狀　　（42 — 38）

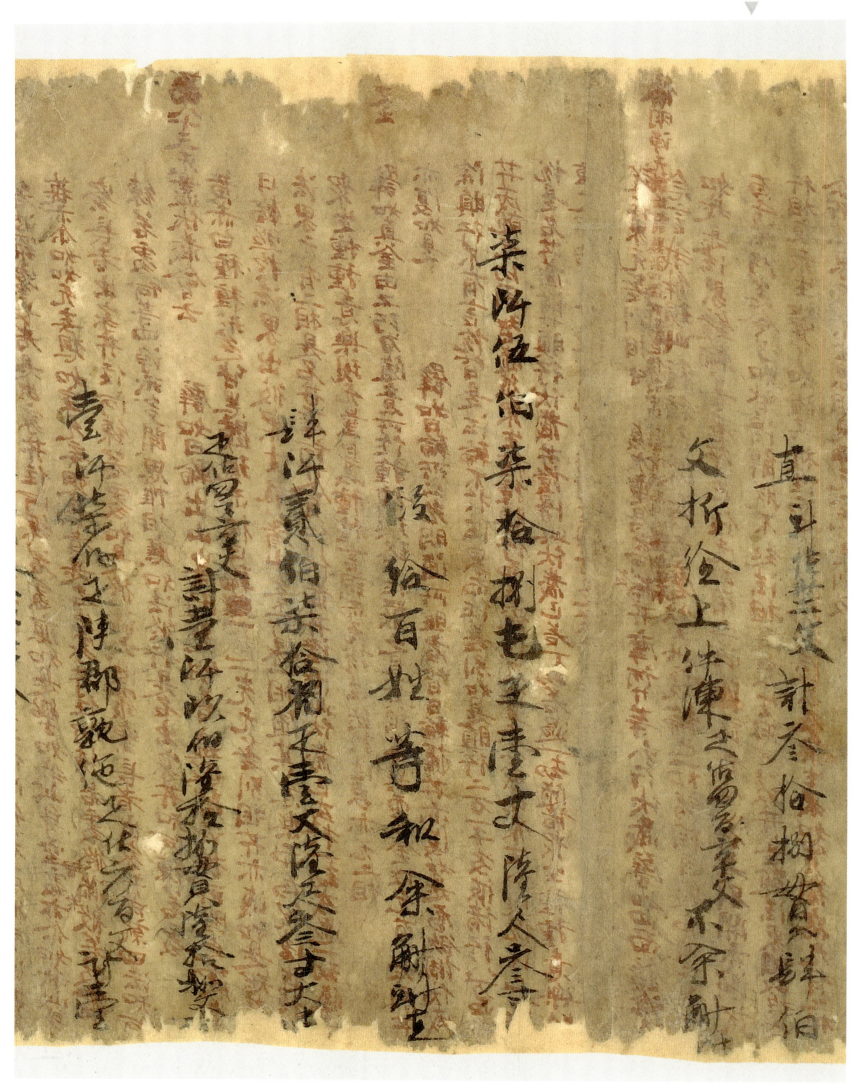

法國國家圖書館藏敦煌文獻

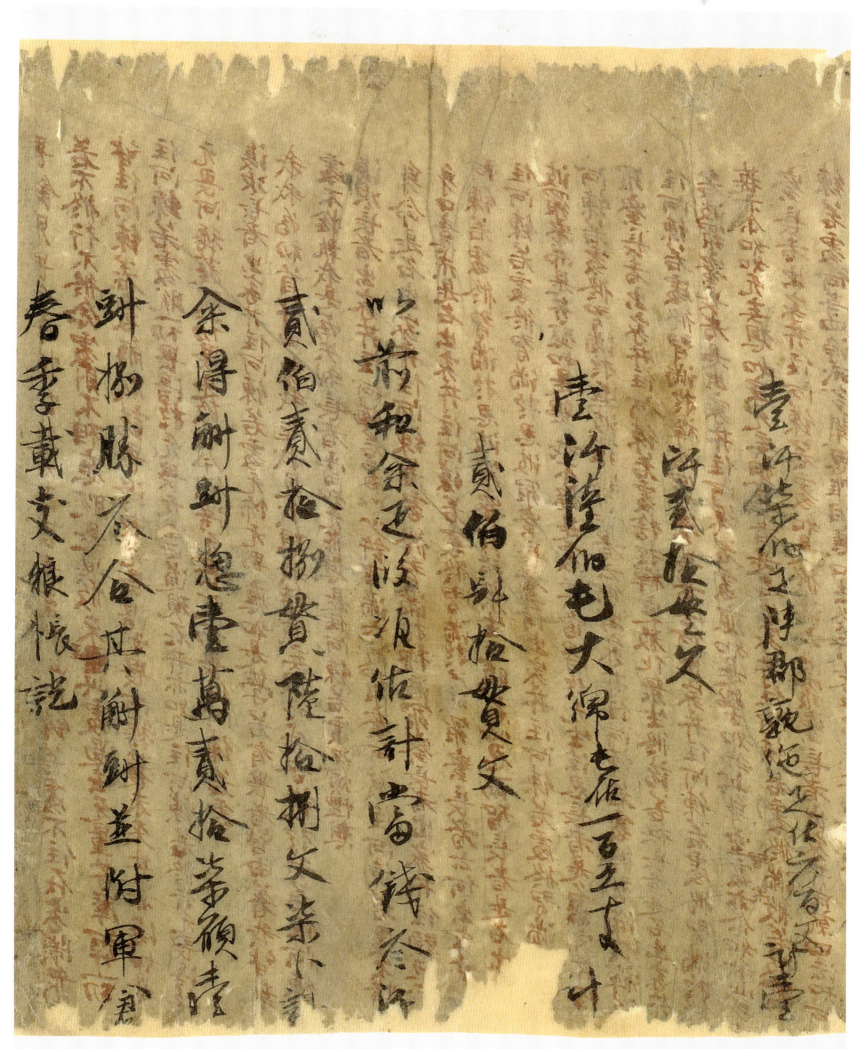

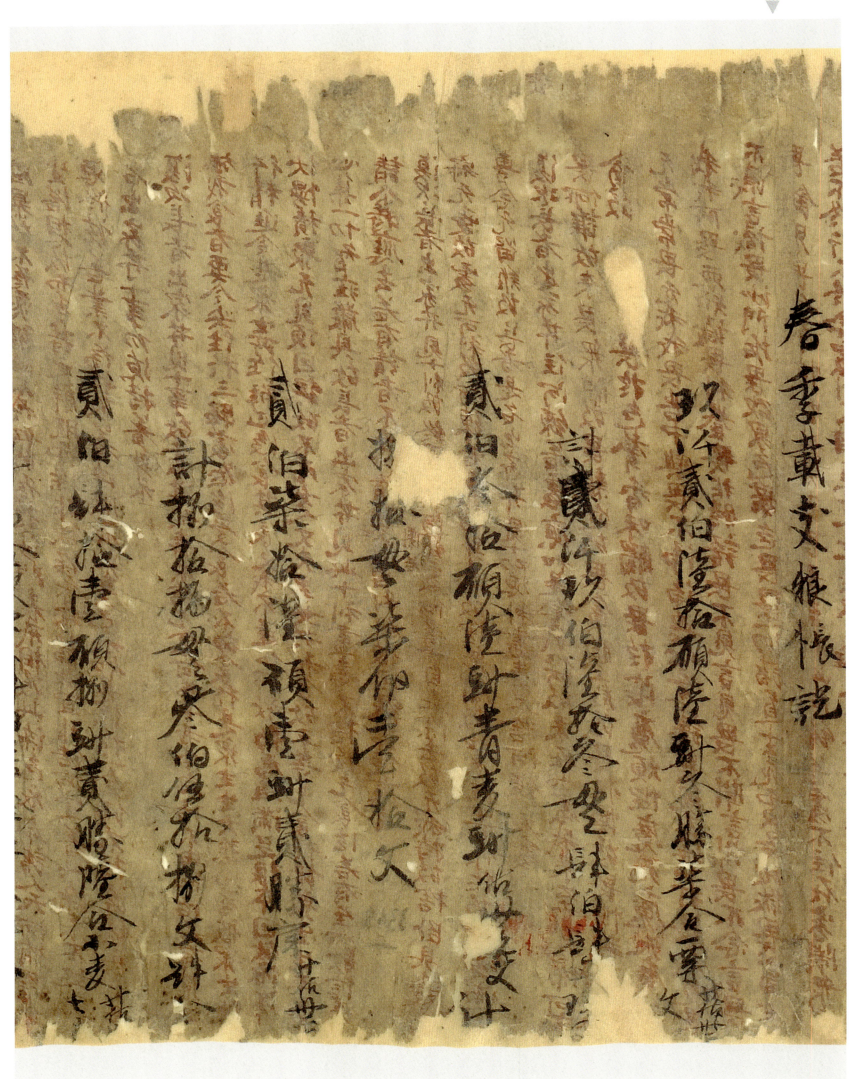

P.3348v　　4. 唐天寶四載（745）豆盧軍和糴計會狀　　（42—41）

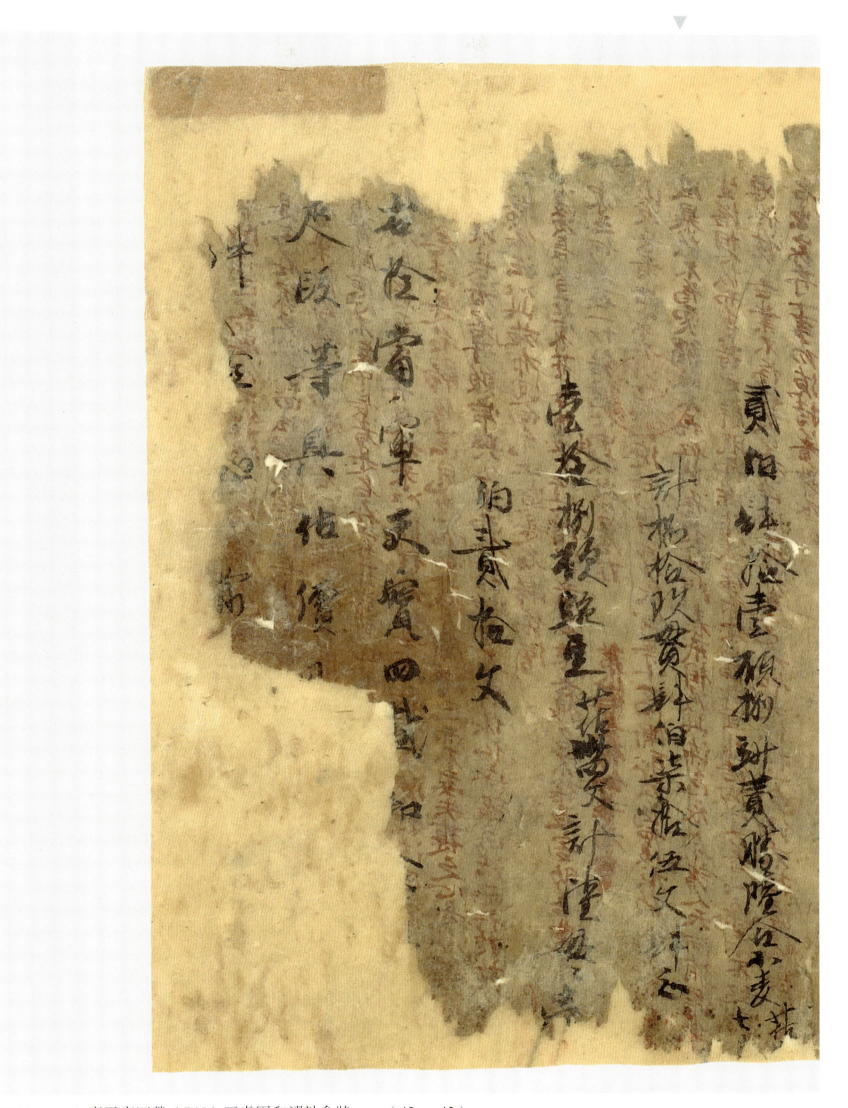

P.3348v　　4.唐天寶四載（745）豆盧軍和糴計會狀　　　（42—42）

Bibliothèque nationale de France

Pelliot chinois 3349

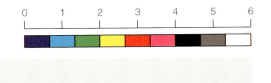

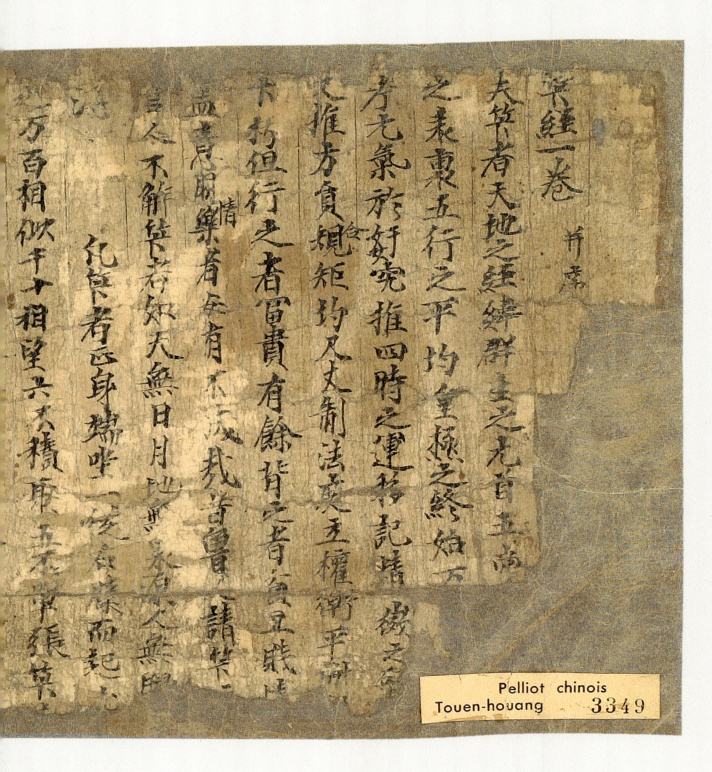

法國國家圖書館藏敦煌文獻

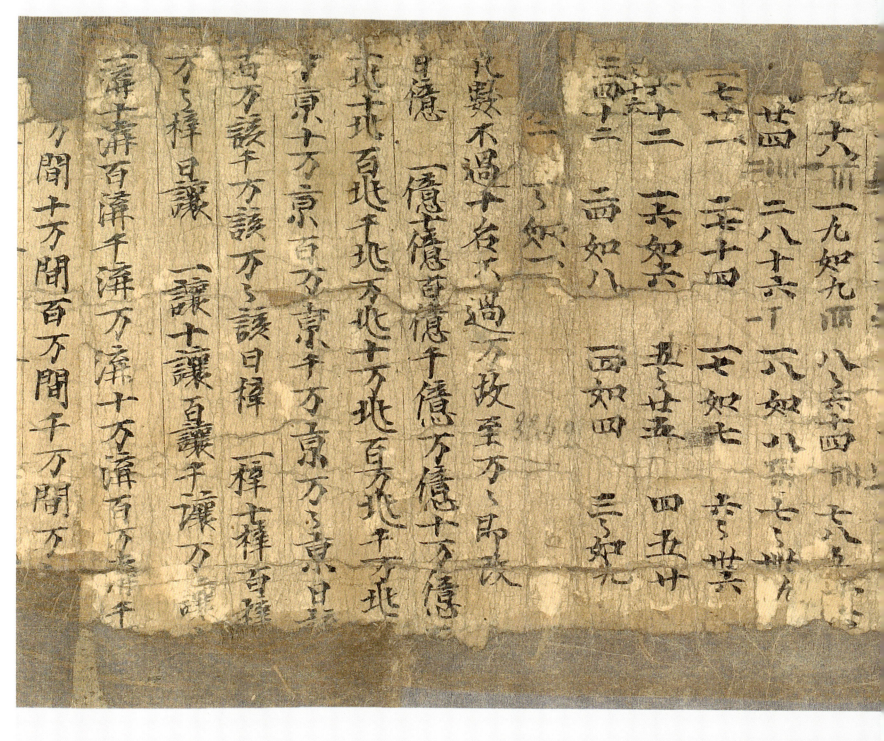

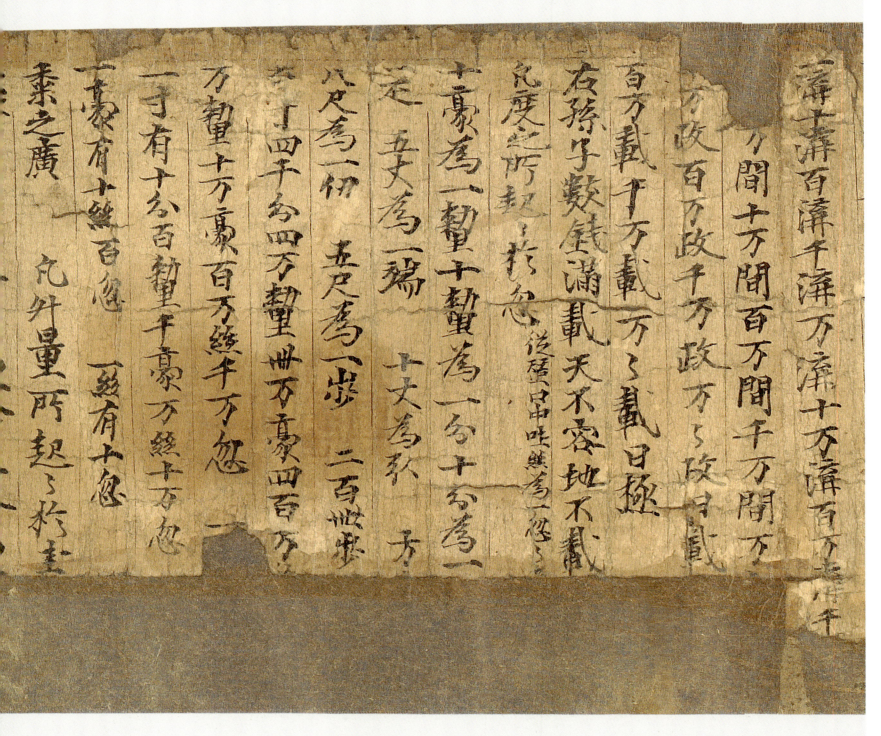

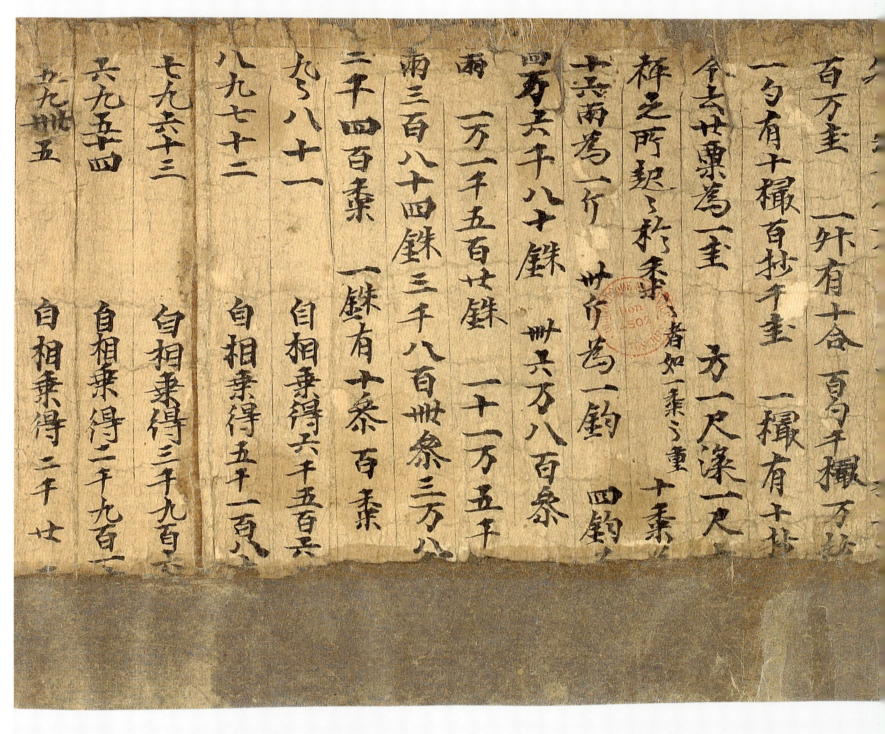

百万圭　一外有十合　百为斗撤万杵

一勺有十糠　百抄千圭

今六廿粟为一圭　方一尺深一尺　一糠有十…

杵之所起、於粟…者如一粟三重　十粟…

十六两为一斤　廿斤为一钧　四钧…

四万六千八十铢　卅六万八百条

两　一万一千五百廿铢　二十一万五千

两三百八十四铢　三千八百卅象三万八

二千四百条　一铢有十粟　百条

九万八十一　自相乘得六千五百六…

八九七十二　自相乘得五千一百八…

七九六十三　自相乘得三千九百六…

六九五十四　自相乘得二千九百六一

九九卌一五　自相乘得二千廿五

六九五十四　　自相乘得二千九百一…

九九卅五　　　自相乘得二千廿…

哭九卅六　　　自相乘得一千二百九…

三九廿七　　　自相乘得七百廿…

十九十八　　　自相乘得三百廿…

至一見惣得三百九十六自相乘得一千廿五萬…

八三卒四　　　自相乘得四千九百…

大五十六　　　自相乘得三千一百卅…

六八卅八　　　自相乘得二千三百…

五八卅　　　　自相乘得一千六…

四八卅二　　　自相乘得一千廿…

三八廿四　　　自相乘得五百七…

二八十六　　　自相乘得一百卒…

八三一見物惣得二百八十自相乘得…

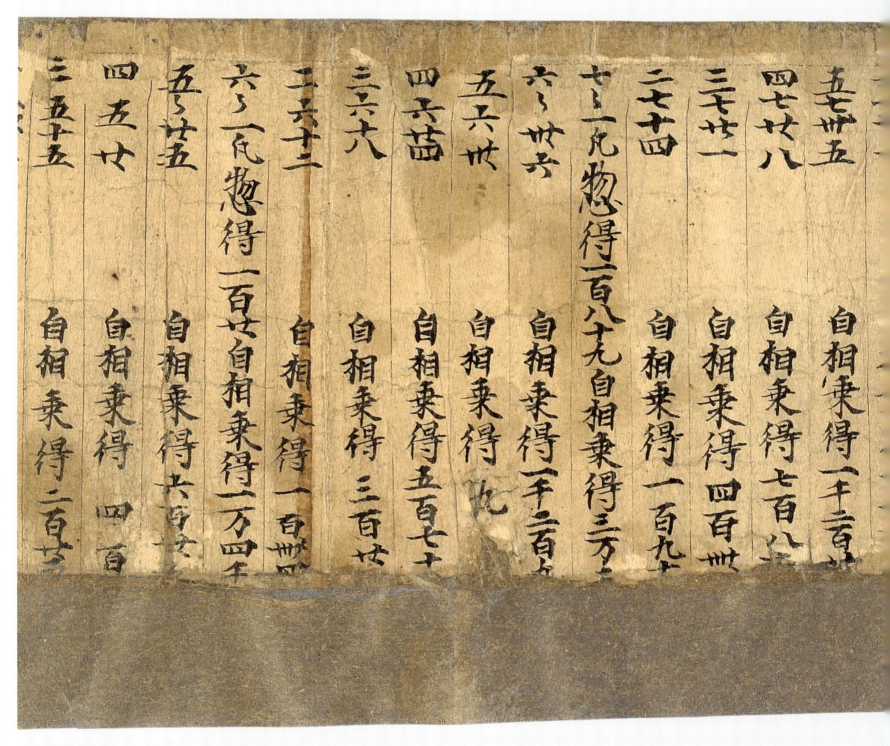

四
三五十五　自相乘得二百
二五如十　自相乘得一百
五五瓦惣得七十自相乘得四千九
四二十六　自相乘得二百五
三四十二　自相乘得一百卅
二四如八　自相乘得六十四
四三一反惣得卅六自相乘得一千二
三三如九　自相乘得八十一
二三如六　自相乘得卅六
三三如四　自相乘得一卅六

均田滿第一

今有方田卅九歩　問為田幾何

千四百一歩以面法二百卅歩除之即得

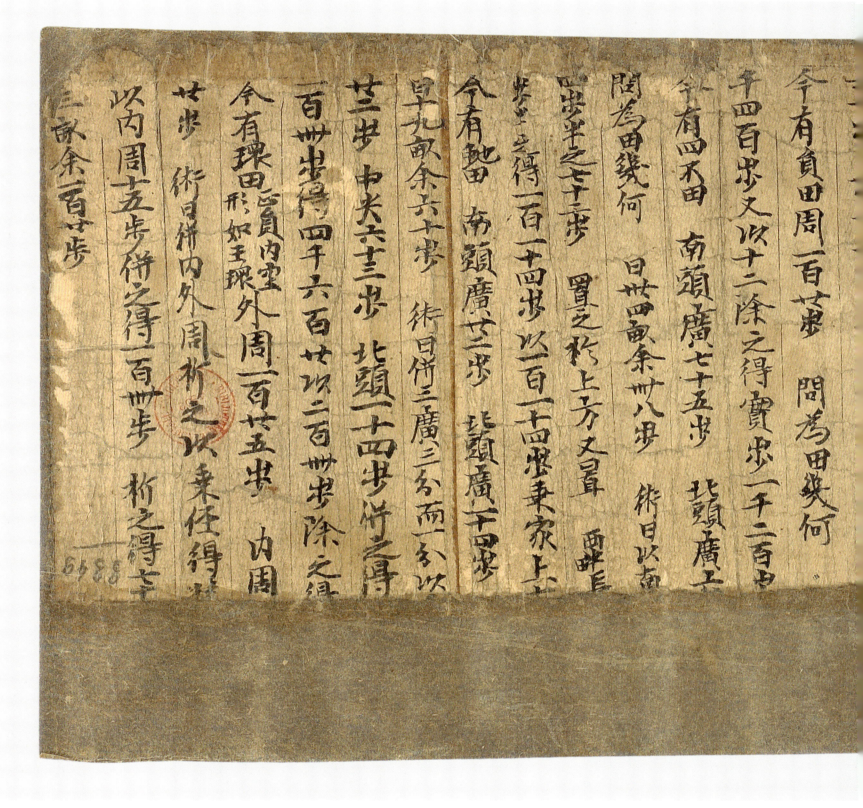

今有貟田周一百卅步　問為田幾何

千四百步又以十二除之得實步一千二百步

今有四不田　南頭廣七十五步　北頭廣

問為田幾何　曰卅四畝餘卌八步　術曰以南

步半之得一百廿四步以一百廿四步乘東家上

四步半之七十步　置之稱上方丈員　亜畔長

今有鞋田　南頭廣廿步　北頭廣廿四步

卅步　中夫六十三步　北頭一百卅四步術之得

旱九畝餘六十步　術曰併三廣三分而一分以

一百卌步當門四千六百廿以二百卌步除之得

今有環田　貟内空　形如王環外周一百廿五步　内周

廿步　術曰併内外周折之以乘任得

以内周十五步併之得一百卌步　術之得七

三畝余一百廿步

P.3349v　　僧神贄等分配齋㦲曆（總圖）　　（一）

P.3349v　　僧神贄等分配齋㦲曆（總圖）　　（二）

P.3349v　　騎縫押　　（5—3）　　　　　　P.3349v　　騎縫押　　（5—2）　　　　　　P.3349v　　騎縫押　　（5—1）

法國國家圖書館藏敦煌文獻

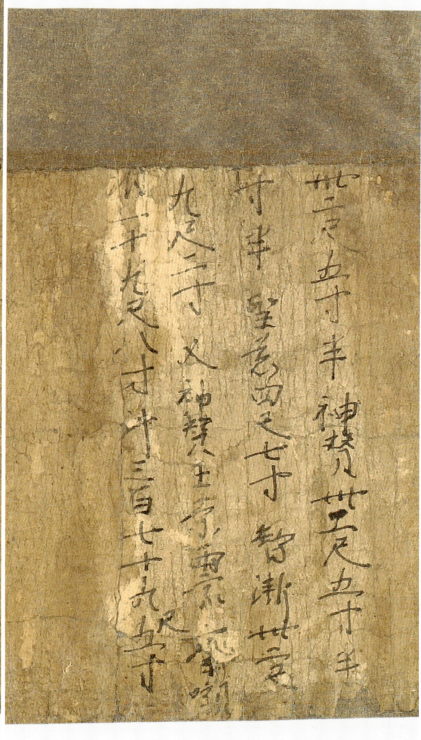

P.3349v　　騎縫押　　　（5—5）

P.3349v　　僧神贊等分配齋儭曆　　（5—4）

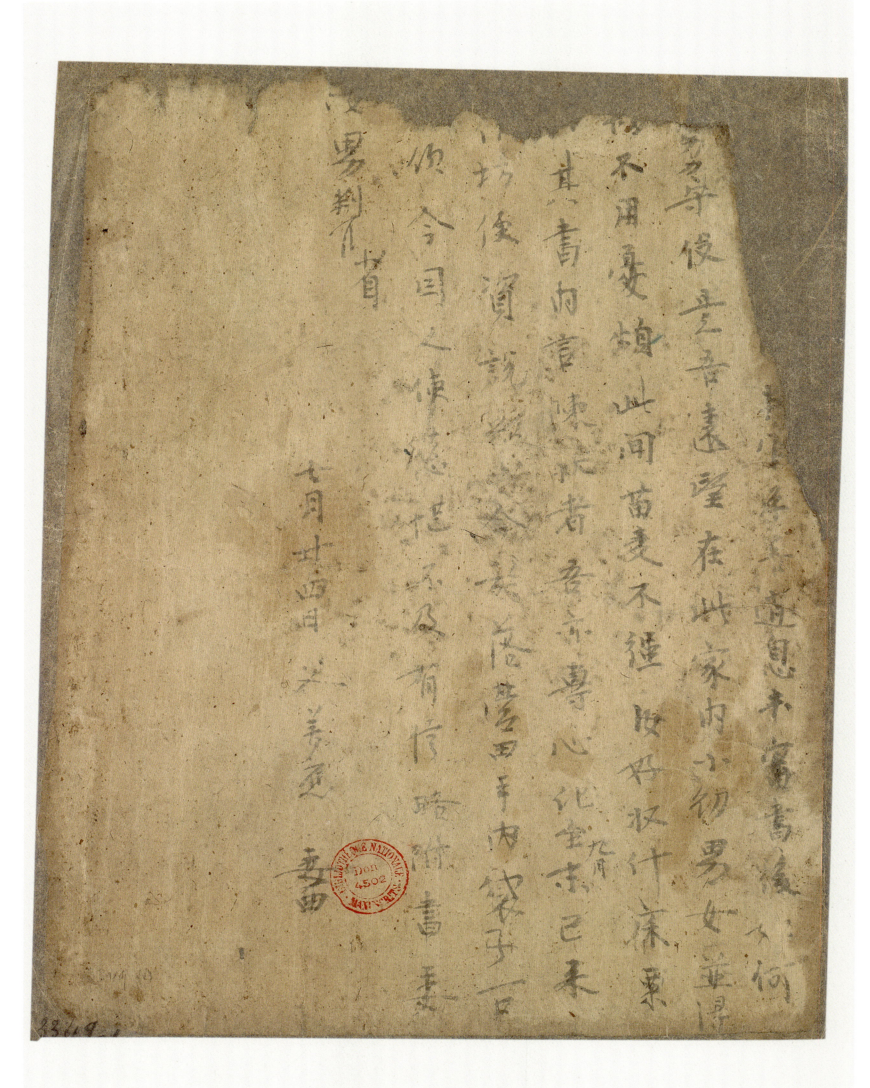

P.3349 pièce 1　　某年七月廿四日判官令狐善應致男令狐員潤委曲

P.3349 pièce 1v   某年七月廿四日判官令狐善應致男令狐員潤委曲封題

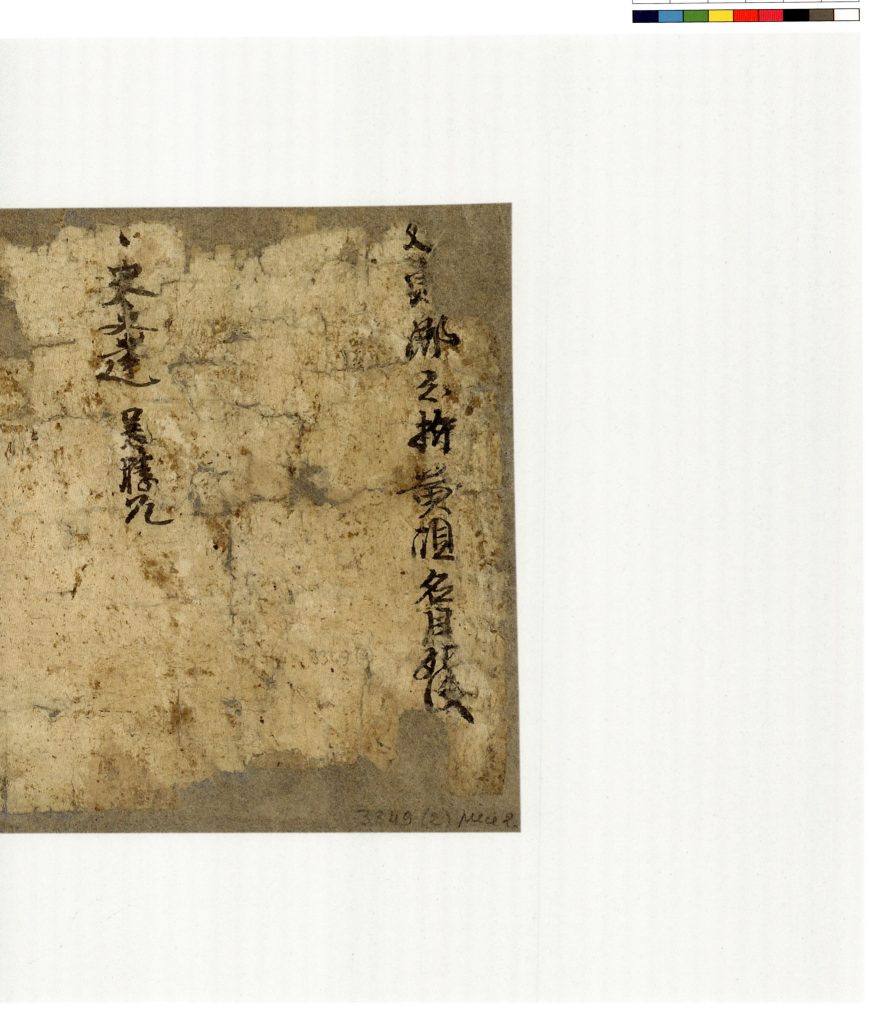

法國國家圖書館藏敦煌文獻

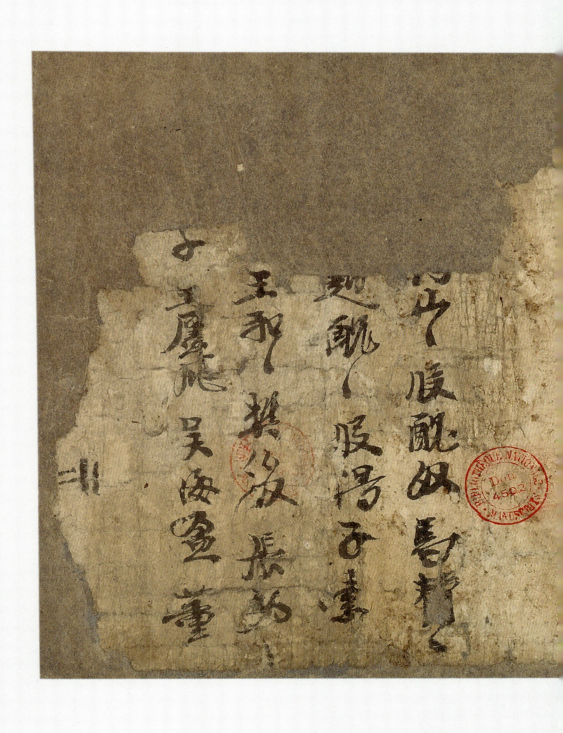

P.3349 pièce 2　　敦煌慈惠等鄉分拆黃頎（芪）名目

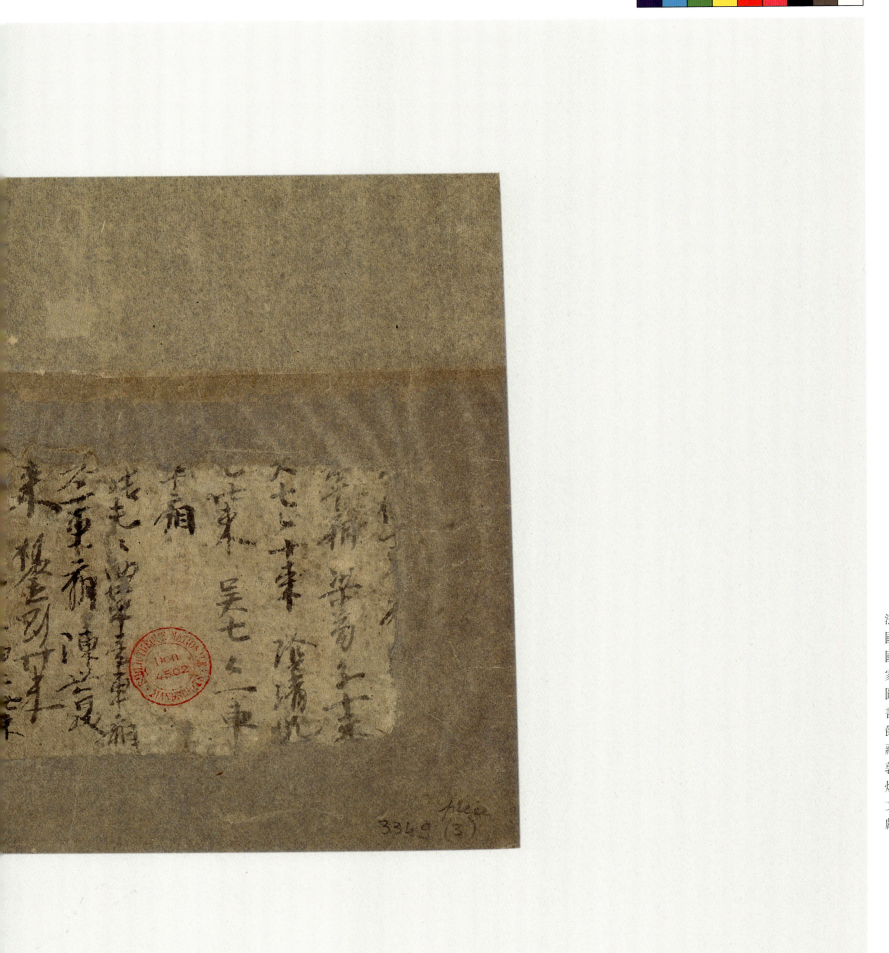

法國國家圖書館藏敦煌文獻

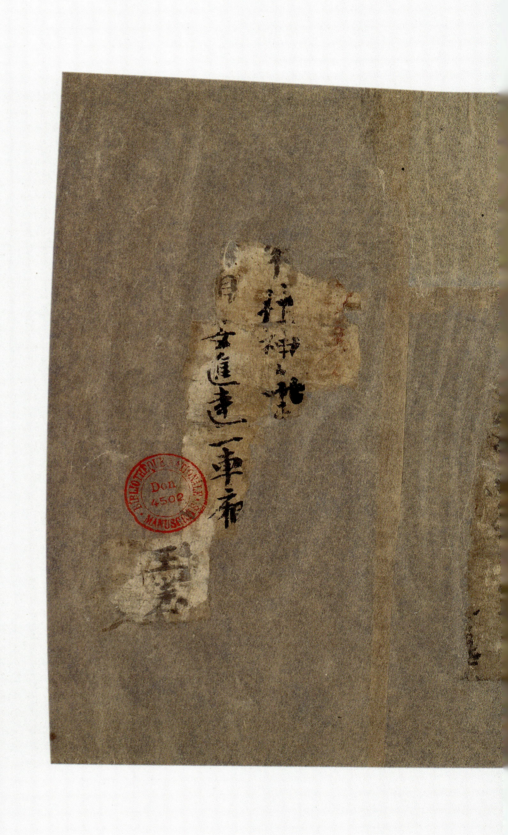

P.3349 pièce 3　　梁苟子等柴草曆

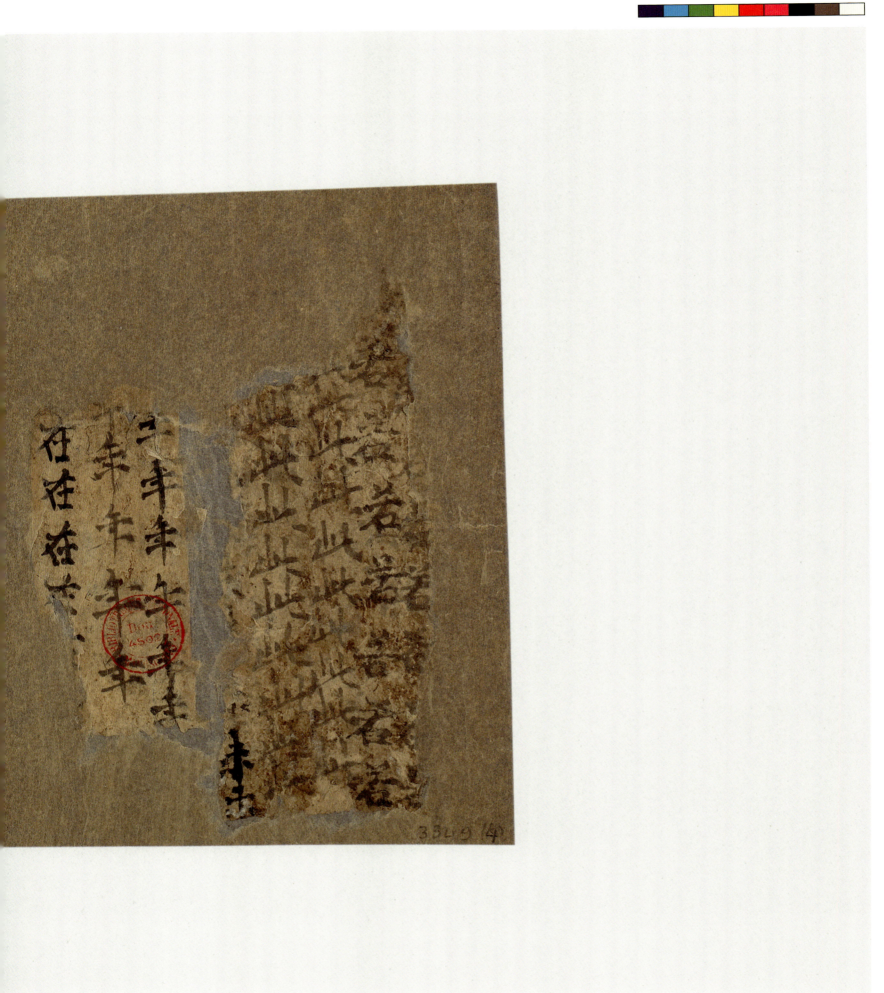

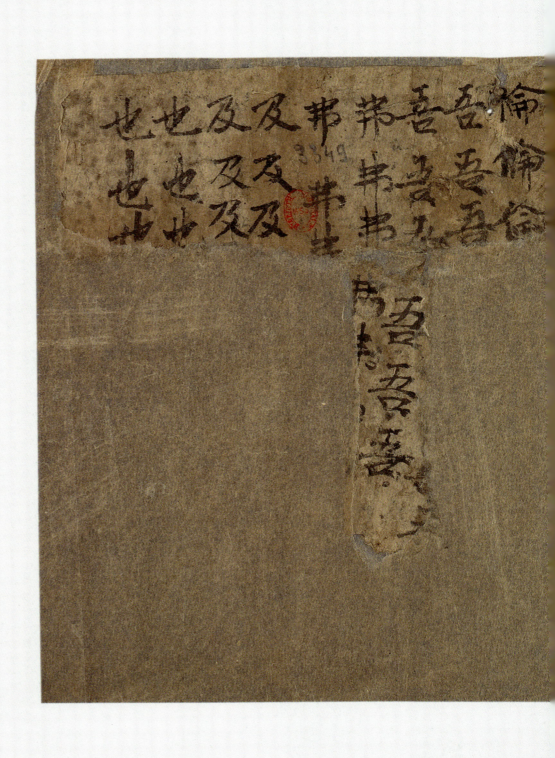

P.3349 pièce 4　　1. 尚想黄綺帖習字　　2. 尚想黄綺帖習字

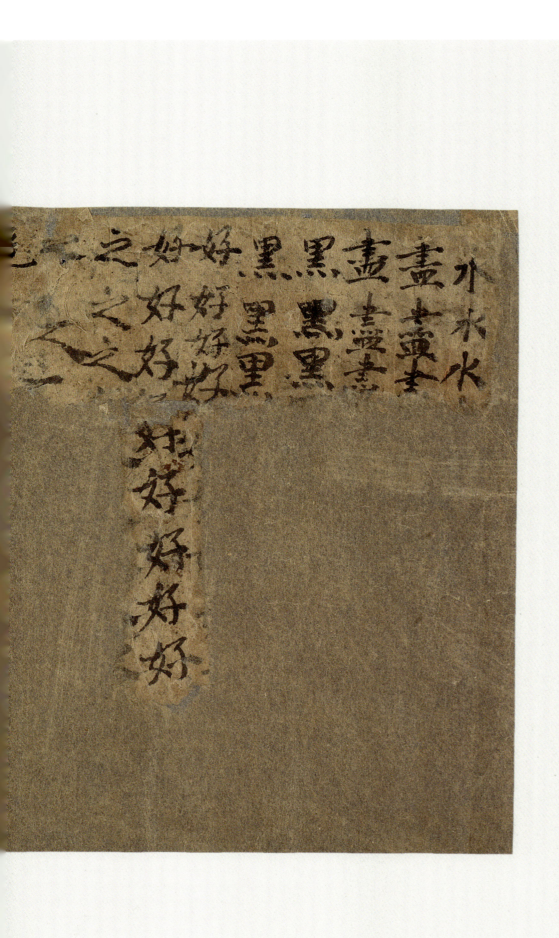

好 好 好

元 好 好 黑 黑 盡 盡 水 水
之 好 好 黑 黑 盡 盡 水
之 好 黑 黑 盡
之 好 黑 黑

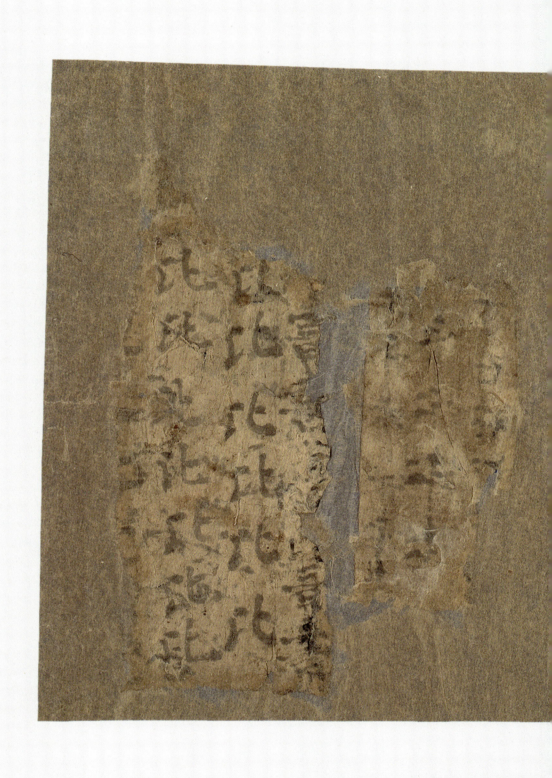

P.3349 pièce 4v　　尚想黄綺帖習字

Pelliot chinois 3350

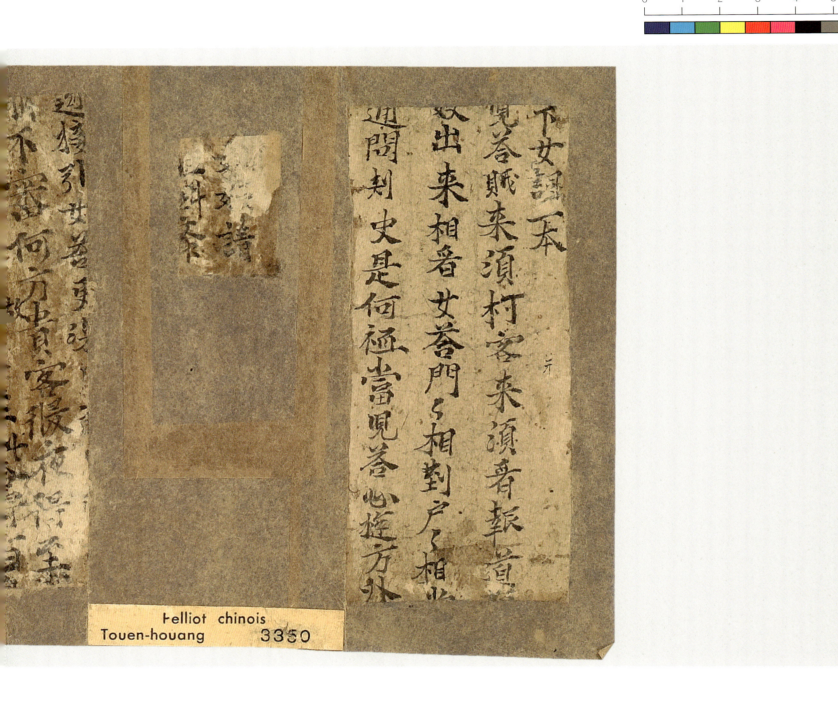

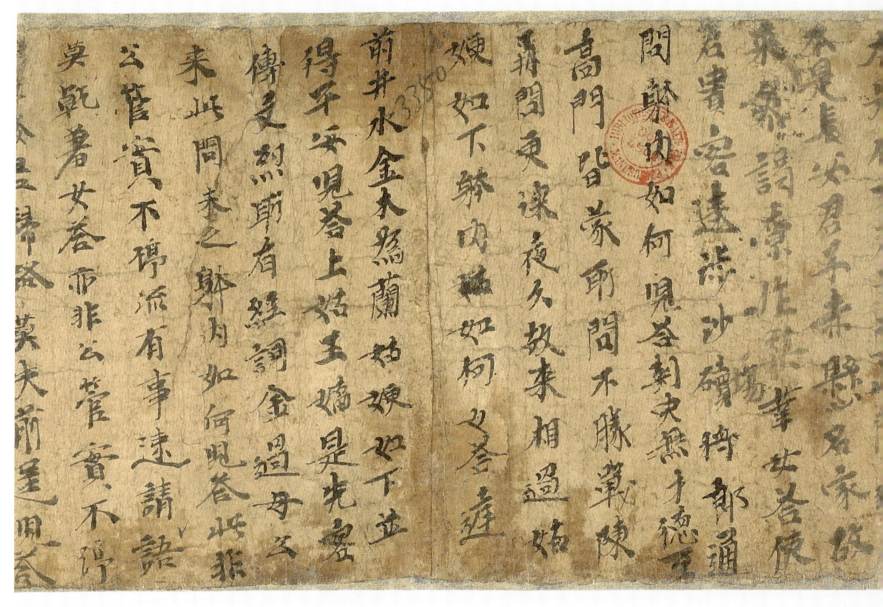

前井水金木為蘭姑嬁如下並　得平安見荅上娘玉嬌是先客
傳之烈耶有經詞金過母又
未此問本之躰内如何見荅此非
公管實不碍派有事速請語
莫乾書女荅亦非公管實不停

嬁如下躰内能如何夕荅庭
高門皆蒙耶問不勝慙陳
再問更深夜久执来相過始
問躰如何見荅刺史無才德

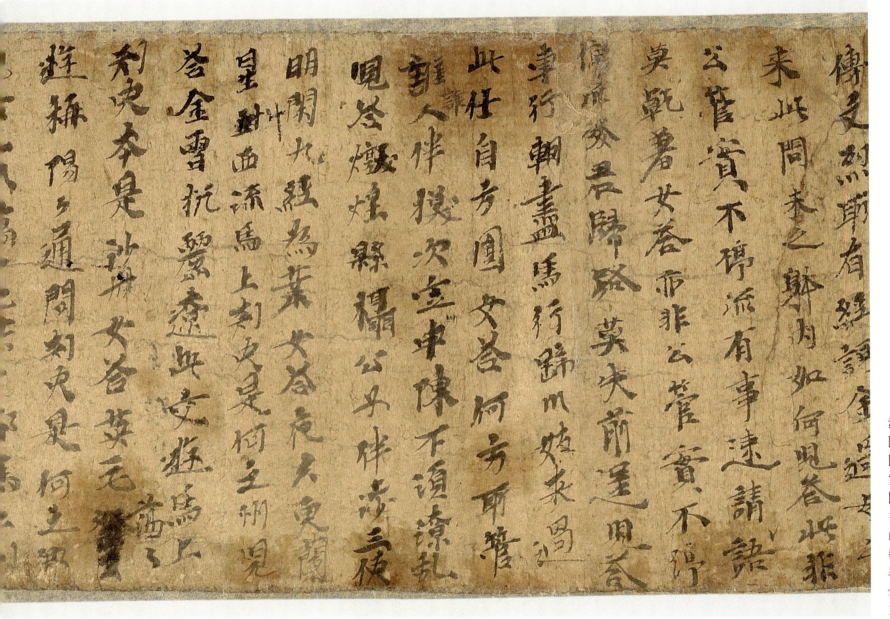

法國國家圖書館藏敦煌文獻

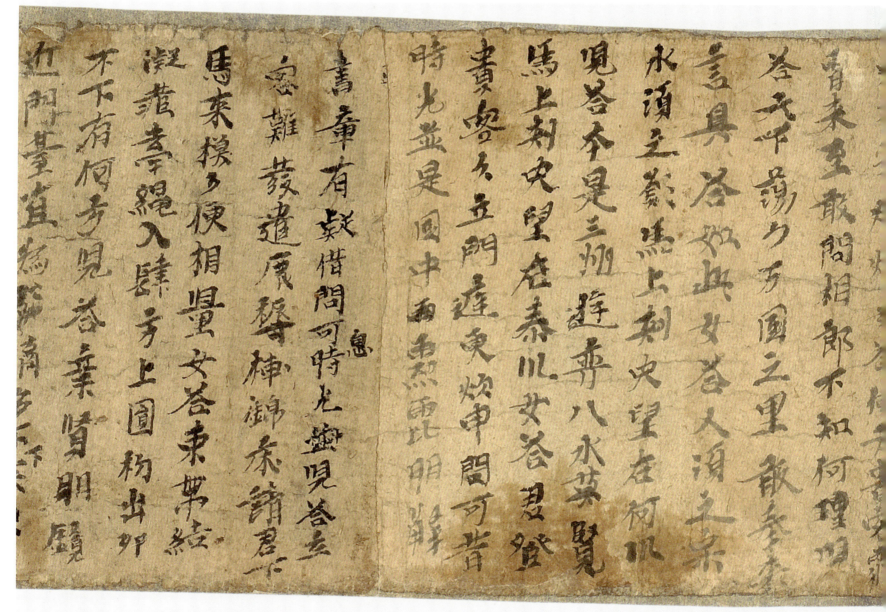

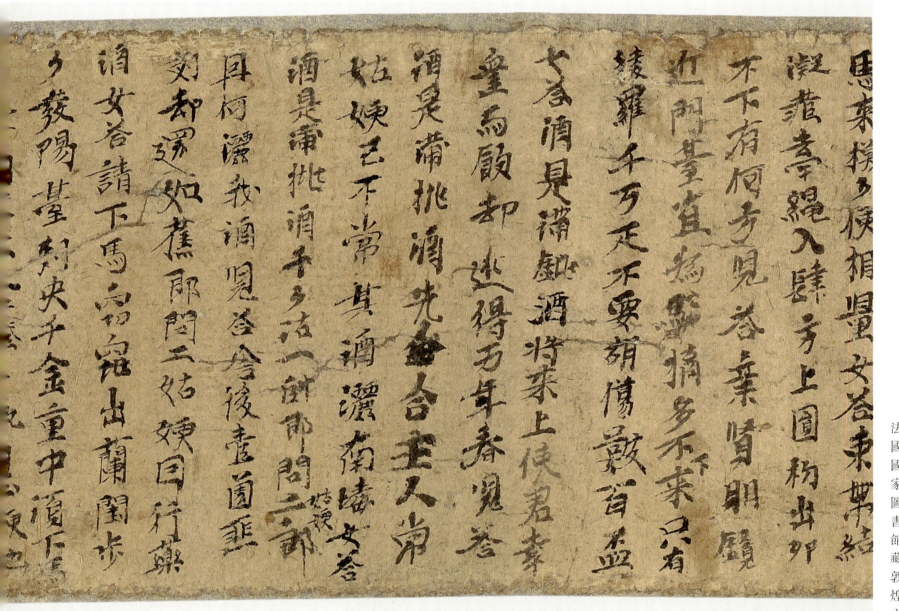

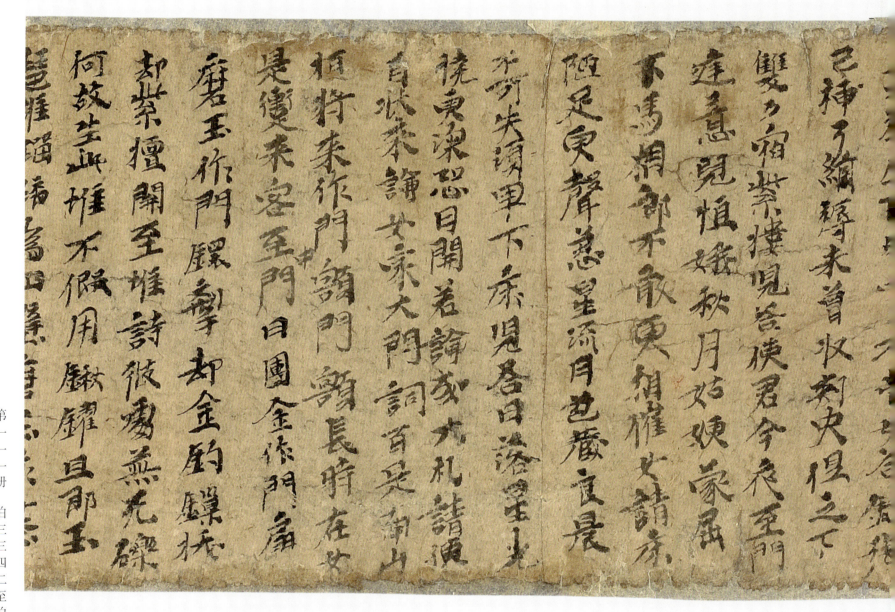

P.3350　　1.下女夫詞　　（6—3）

是硯來窓至門

磨玉作門鐶擊却金鈞鏁挺
却紫煙闌至堆詩彼瘍燕光碌
何故坐此堆不假用麩鞴且郎玉
瑟維瑶瑀為四層磨玉作基
階何故相要勤不是太山崔鏁
鐘是開且放剌夬過至堂門詠
臺門篡四方東有懍金床
屏處十二扇披書文章譯闌
散張合　畫雙青有鳳遠障
三五迹為言相郎道遠陳
者去童男同女去行座障詩曰
痕久更蘭日蕊斜緗陣玹瓏攏

隊夕香為言好姨道至卻者

何芳青月春今求正芳新紅蘂

葉開時一探花兮明實樹旋

人看何勞玉扇東來速千重羅

不須百美嬌多見不搖侍娚不□

相要勒中端不覺屬他家璞々一何

花家々兩頰活少朱顏髮好不用當

草遍花去卻一花新前花是□

後花真假花上有銜花烏真□

更有綠人花 山 頭寶達基昌樓

彩子皆後雙厨鳳幬褥兩袖雙

亞烏羅衣接採入衣精疑合詩本

是焚玉會今衣得相逢頭上解

龍結面上眼花弘梳頭時月寒

更有綵人花山　頭賣運芸昌稻

綵子皆後雙鳳凰褥襠兩袖雙

亞鳥羅衣接孫入衣箱疑合詩

是楚王宮今衣得相逢頭上磐

龍結面上貼花弘抓頭時月重

不孝疑却埽還詠繫去雛心人去

婆羅樹枝高難可攀壁借待栽

情詩天文織女憂何澤來何人關

只為人皿睽傍人恩遠去從他夫婦

一團新宮人玉女帛嫌了娘子恒娥衆

更潛嵌心欲懶藏客只聲請傍

人而下筆

呪爾新郡之今檀衣晨吉月　會　合諸

親從貴至貴福禄千春千秋万娥果

李玉面滕糖仙人為伴玉女同床燕
袍金葉耀日耀光瑞筭當深
峻執不善內外賢良善神齊心加
備曰滕曰昌師子前門吼唤百獸
滕孟常大児將之莚鄭小子身傳
卓無逞將丙休羽珠照曜至善
不用登光東合西顧看客立引絕
太常兄弟皆霑勅　墨京地二郎
稱楊奴婢雙々駈走并有只庫園菜
奴專知倉庫胡奴檢校牛羊介脚奴
金銀羊弓滿庫麦粟歲々盈倉漢
沐鞍檢鑑强弛奴使力耕荒孝順盤
鷄炙雍說節奴點酢行薑端正奴
栢笙簧送酒醨極娉添養酪粥

祖楳奴婢雙ゝ勤至并有只庫陽羍

金銀羊马满庫麦粟藏ゝ盈倉漢

奴事知倉庫胡奴檢校牛羊所卿奴

冰穀擣籬強弦奴使力耕荒孝順盤

鷄炙雉譺勃奴點酢行薑端正奴

栢篁篠送酒醖樞婢漆薤酪粥

緗雪婢唱歌作藥雉種擎娃

不食床每日青聲娛樂更奴

北方従今已後合家大富吉昌並奎

同然十善不善次斯處玉阮彪

全入自所食未如當何定烏親

家當田早來為將書言千秋

承固重當其辱文郎呪彰新

婦文新婦門前四德无礼親近

亲情自从天地开阖置立阴扬良
者开花不却用整齐新妇桑
轻罗疫玉面会看桂树不分明得
即亦预行人间无比揀盡雖我買用
守出闺庭鹿扇延引說新整奉

P.3350　　2. 咒願新郎文　　3. 咒願新婦文　　（6—6）

P.3350v　　禮懺等雜寫（總圖）　　（一）

P.3350v　　禮懺等雜寫（總圖）　　（二）

P.3350v　　禮懺等雜寫（總圖）　　（三）

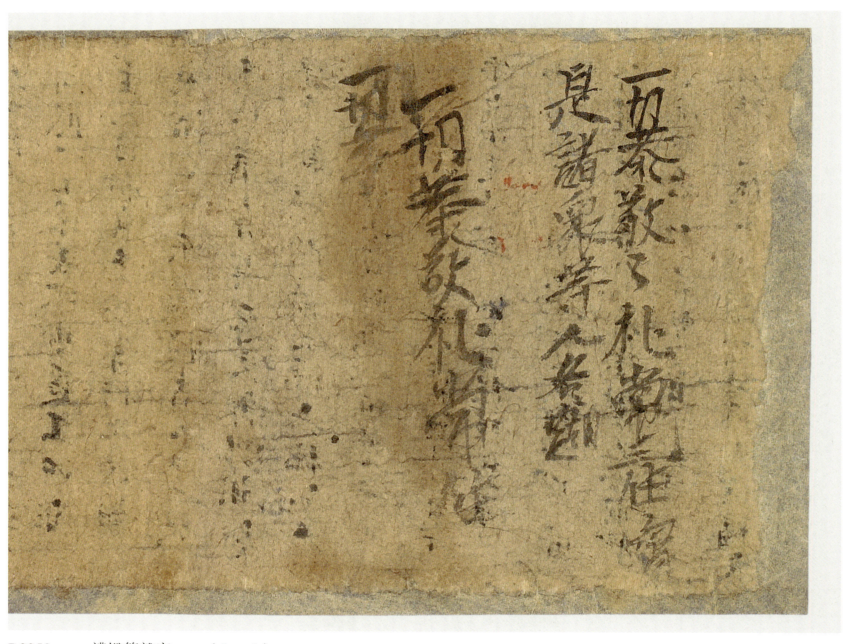

P.3350v　　　禮懺等雜寫　　　（5—1）

P.3350v　　　禮懺等雜寫　　　（5—2）

P.3350v　　礼懺等雜寫　　（5—3）

P.3350v　　　禮懺等雜寫　　　（5—4）

P.3350v 禮懺等雜寫 （5 — 5）

Pelliot chinois 3351

妙法蓮華經觀世音菩薩普門品第二十五

爾時無盡意菩薩即從座起，偏袒右肩，合掌向佛，而作是言：世尊，觀世音菩薩以何因緣名觀世音？佛告無盡意菩薩：善男子，若有無量百千萬億眾生受諸苦惱，聞是觀世音菩薩，一心稱名，觀世音菩薩即時觀其音聲，皆得解脫。

若有持是觀世音菩薩名者，設入大火，火不能燒，由是菩薩威神力故。若為大水所漂，稱其名號，即得淺處。若有百千萬億眾生，為求金銀、琉璃、硨磲、瑪瑙、珊瑚、琥珀、真珠等寶，入於大海，假使黑風吹其船舫，飄墮羅剎鬼國，其中若有乃至一人稱觀世音菩薩名者，是諸人等皆得解脫羅剎之難。以是因緣，名觀世音。

若復有人臨當被害，稱觀世音菩薩名者，彼所執刀杖尋段段壞，而得解脫。若三千大千國土滿中夜叉、羅剎，欲來惱人，聞其稱觀世音菩薩名者，是諸惡鬼尚不能以惡眼視之，況復加害。設復有人，若有罪、若無罪，杻械枷鎖檢繫其身，稱觀世音菩薩名者，皆悉斷壞，即得解脫。

若三千大千國土滿中怨賊，有一商主將諸商人，齎持重寶經過險路，其中一人作是唱言：諸善男子，勿得恐怖，汝等應當一心稱觀世音菩薩名號，是菩薩能以無畏施於眾生，汝等若稱名者，於此怨賊當得解脫。眾商人聞，俱發聲言：南無觀世音菩薩。稱其名故，即得解脫。無盡意，觀世音菩薩摩訶薩威神之力巍巍如是。

若有眾生多於婬欲，常念恭敬觀世音菩薩，便得離欲。若多瞋恚，常念恭敬觀世音菩薩，便得離瞋。若多愚癡，常念恭敬觀世音菩薩，便得離癡。無盡意，觀世音菩薩有如是等大威神力，多所饒益，是故眾生常應心念。

若有女人，設欲求男，禮拜供養觀世音菩薩，便生福德智慧之男；設欲求女，便生端正有相之女，宿植德本，眾人愛敬。無盡意，觀世音菩薩有如是力。若有眾生恭敬禮拜觀世音菩薩，福不唐捐，是故眾生皆應受持觀世音菩薩名號。

無盡意，若有人受持六十二億恒河沙菩薩名字，復盡形供養飲食、衣服、臥具、醫藥，於汝意云何？是善男子、善女人功德多不？無盡意言：甚多，世尊。佛言：若復有人受持觀世音菩薩名號，乃至一時禮拜供養，是二人福正等無異，於百千萬億劫不可窮盡。無盡意，受持觀世音菩薩名號，得如是無量無邊福德之利。

無盡意菩薩白佛言：世尊，觀世音菩薩云何遊此娑婆世界？云何而為眾生說法？方便之力，其事云何？

爾時無盡意菩薩以偈問曰：
世尊妙相具，我今重問彼，佛子何因緣，名為觀世音？
具足妙相尊，偈答無盡意：汝聽觀音行，善應諸方所。
弘誓深如海，歷劫不思議，侍多千億佛，發大清淨願。
我為汝略說，聞名及見身，心念不空過，能滅諸有苦。
假使興害意，推落大火坑，念彼觀音力，火坑變成池。
或漂流巨海，龍魚諸鬼難，念彼觀音力，波浪不能沒。
或在須彌峰，為人所推墮，念彼觀音力，如日虛空住。
或被惡人逐，墮落金剛山，念彼觀音力，不能損一毛。
或值怨賊繞，各執刀加害，念彼觀音力，咸即起慈心。
或遭王難苦，臨刑欲壽終，念彼觀音力，刀尋段段壞。
或囚禁枷鎖，手足被杻械，念彼觀音力，釋然得解脫。
咒詛諸毒藥，所欲害身者，念彼觀音力，還著於本人。
或遇惡羅剎，毒龍諸鬼等，念彼觀音力，時悉不敢害。
若惡獸圍繞，利牙爪可怖，念彼觀音力，疾走無邊方。
蚖蛇及蝮蠍，氣毒煙火燃，念彼觀音力，尋聲自回去。
雲雷鼓掣電，降雹澍大雨，念彼觀音力，應時得消散。
眾生被困厄，無量苦逼身，觀音妙智力，能救世間苦。
具足神通力，廣修智方便，十方諸國土，無剎不現身。
種種諸惡趣，地獄鬼畜生，生老病死苦，以漸悉令滅。
真觀清淨觀，廣大智慧觀，悲觀及慈觀，常願常瞻仰。
無垢清淨光，慧日破諸暗，能伏災風火，普明照世間。
悲體戒雷震，慈意妙大雲，澍甘露法雨，滅除煩惱焰。
諍訟經官處，怖畏軍陣中，念彼觀音力，眾怨悉退散。
妙音觀世音，梵音海潮音，勝彼世間音，是故須常念。
念念勿生疑，觀世音淨聖，於苦惱死厄，能為作依怙。
具一切功德，慈眼視眾生，福聚海無量，是故應頂禮。

爾時持地菩薩即從座起，前白佛言：世尊，若有眾生聞是觀世音菩薩品自在之業、普門示現神通力者，當知是人功德不少。佛說是普門品時，眾中八萬四千眾生皆發無等等阿耨多羅三藐三菩提心。

般若波羅蜜多心經

觀自在菩薩，行深般若波羅蜜多時，照見五蘊皆空，度一切苦厄。舍利子，色不異空，空不異色，色即是空，空即是色，受想行識亦復如是。舍利子，是諸法空相，不生不滅，不垢不淨，不增不減。是故空中無色，無受想行識，無眼耳鼻舌身意，無色聲香味觸法，無眼界乃至無意識界，無無明亦無無明盡，乃至無老死亦無老死盡，無苦集滅道，無智亦無得。以無所得故，菩提薩埵，依般若波羅蜜多故，心無罣礙，無罣礙故，無有恐怖，遠離顛倒夢想，究竟涅槃。三世諸佛，依般若波羅蜜多故，得阿耨多羅三藐三菩提。故知般若波羅蜜多，是大神咒，是大明咒，是無上咒，是無等等咒，能除一切苦，真實不虛。故說般若波羅蜜多咒，即說咒曰：揭諦揭諦，波羅揭諦，波羅僧揭諦，菩提薩婆訶。

般若波羅蜜多心經一卷

貞觀五年五月十八日竺奉明寫

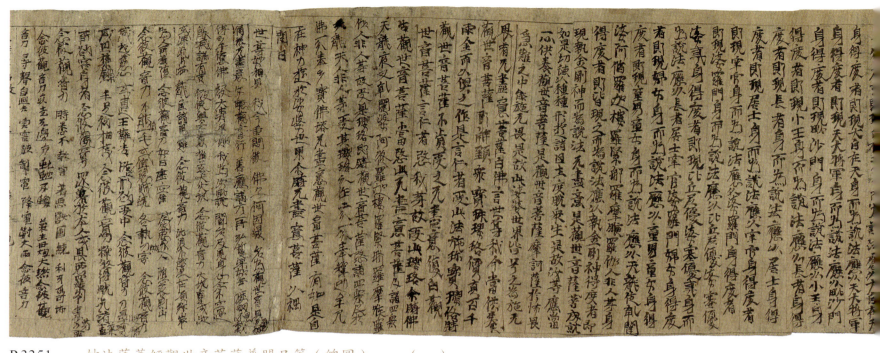

P.3351　　妙法蓮華經觀世音菩薩普門品等（總圖）　　（一）

P.3351　　妙法蓮華經觀世音菩薩普門品等（總圖）　　（二）

妙法蓮華經觀世音菩薩普門品第二十五

爾時無盡意菩薩即從座起偏袒右肩合掌向佛而作是言世尊觀世音菩薩以何因緣名觀世音佛告無盡意菩薩善男子若有無量百千萬億眾生受諸苦惱聞是觀世音菩薩一心稱名觀世音菩薩即時觀其音聲皆得解脫若有持是觀世音菩薩名者設入大火火不能燒由是菩薩威神力故若為大水所漂稱其名號即得淺處若有百千萬億眾生為求金銀琉璃車璩馬瑙珊瑚琥珀真珠等寶入於大海假使黑風吹其船舫飄墮羅剎鬼國其中若有乃至一人稱觀世音菩薩名者是諸人等皆得解脫羅剎之難以是因緣名觀世音若復有人臨當被害稱觀世音菩薩名者彼所執刀杖尋段段壞而得解脫若三千大千國土滿中夜叉羅剎欲來惱人聞其稱觀世音菩薩名者是諸惡鬼尚不能以惡眼視之

解脫。若三千大千國土滿中夜叉羅剎，欲來惱人，聞其
稱觀世音菩薩名者，是諸惡鬼尚不能以惡眼視之，
況復加害。設復有人，若有罪若無罪，杻械枷鎖
檢繫其身，稱觀世音菩薩名者，皆悉斷壞，即得
解脫。若三千大千國土，滿中怨賊，有一商主將諸商人齎
持重寶，經過嶮路，其中一人作是唱言：諸善男子，勿
得恐怖，汝等應當一心稱觀世音菩薩名號，是
菩薩能以無畏施於眾生，汝等若稱名者，於此怨賊
當得解脫。眾商人聞，俱發聲言：南無觀世音菩
薩。稱其名故，即得解脫。無盡意，觀世音菩薩摩
訶薩威神之力，巍巍如是。若有眾生多於婬
欲，常念恭敬觀世音菩薩，便得離欲。若多瞋恚，
念恭敬觀世音菩薩，便得離瞋。若多愚癡，常念觀世音菩
薩，有如是等大威神力，多所饒益，是故眾生常

恭敬觀世音菩薩便得離癡無盡意觀世音菩
薩有如是等大威神力多所饒益是故眾生常
應心念若有女人設欲求男禮拜供養觀世音
菩薩便生福德智慧之男設欲求女便生端正
有相之女宿植德本眾人愛敬無盡意觀世
音菩薩有如是力若有眾生恭敬禮拜觀世音
菩薩福不唐捐是故眾生皆應受持觀世音
菩薩名字無盡意若有人受持六十二億恒河沙
菩薩名字復盡形供養飲食衣服臥具醫藥
藥於汝意云何是善男子善女人功德多不無盡意
言甚多世尊佛言若復有人受持觀世音菩薩
乃至一時禮拜供養是二人福正等無異於百
千萬億劫不可窮盡無盡意受持觀世音菩薩
名號得如是無量無邊福德之利無盡意菩薩
白佛言世尊觀世音菩薩云何遊此娑婆

名号得如是無量無边福德之利無盡意（菩薩

薩菩薩白佛言世尊觀世音菩薩云何游（於）此娑婆

世界云何而為眾生說法方便之（力）其事云何佛

告無盡意菩薩善男子若有國土眾生應以佛

身得度者觀世音菩薩即現佛身而為說法

應以辟支佛身得度者即現辟支佛身而為說法

應以聲聞身得度者即現聲聞身而為說法

應以梵王身得度者即現梵王身而為說法

應以帝釋身得度者即現帝釋身而為說法

應以自在天身得度者即現自在天身而為說法

應以大自在天身得度者即現大自在天身而為說法

應以天大將軍身得度者即現天大將軍身而為說法

應以毗沙門身得度者即現毗沙門身而為說法

應以小王身得度者即現小王身而為說法

應以長者身得度者即現長者身而為說法

得度者即現小王身而為說法應以長者身得
度者即現長者身而為說法應以居士身得
度者即現居士身而為說法應以宰官身得
即現宰官身而為說法應以婆羅門身得度者
即現婆羅門身而為說法應以比丘比丘尼優婆
塞優婆夷身得度者即現比丘比丘尼優婆塞優
婆夷身得度者即現婦女身而為說法應以童男童女身得
者即現童男童女身而為說法應以天龍夜叉乾闥
婆阿修羅迦樓羅緊那羅摩睺羅伽人非人等身
得度者即皆現之而為說法應以執金剛神得度者即
現執金剛神而為說法無盡意是觀世音菩薩成就
如是功德以種種形遊諸國土度脫眾生是故汝等應當
一心供養觀世音菩薩是觀世音菩薩於怖畏
急難之中能施無畏是故此娑婆世界皆號之

P.3351　　1.妙法蓮華經觀世音菩薩普門品　　（10 — 5）

以供養觀世音菩薩是觀世音菩薩摩訶薩於怖畏

急難之中能施無畏是故此娑婆世界皆號之為施無

畏者無盡意菩薩白佛言世尊我今當供養

觀世音菩薩即解頸眾寶珠瓔珞價直百千

兩金而以與之作是言仁者受此法施珍寶瓔珞

觀世音菩薩不肯受之無盡意復白觀

世音菩薩言仁者愍我等故受此瓔珞

觀世音菩薩當愍此無盡意菩薩及諸四眾

天龍夜叉乾闥婆阿修羅迦樓羅緊那羅摩睺羅

伽人非人菩薩故受是瓔珞即時觀世音菩薩愍諸四眾及於

天龍人非人等受其瓔珞分作二分一分奉釋迦牟尼

佛一分奉多寶佛塔無盡意觀世音菩薩有如是自

在神力遊於娑婆世界爾今勝無盡寶菩薩以偈

問曰

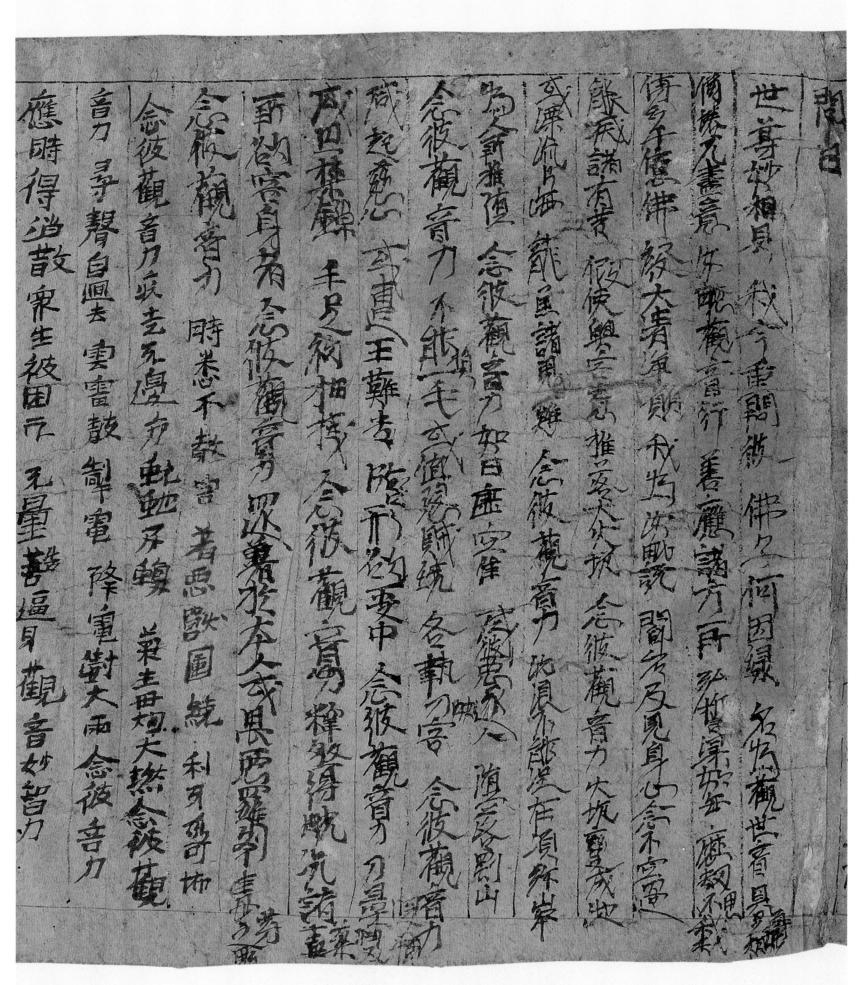

P.3351　　1.妙法蓮華經觀世音菩薩普門品　　（10—7）

音力 尋聲自迴去 雲雷鼓掣電 降雹澍大雨 念彼音力

應時得消散 衆生被困厄 無量苦逼身 觀音妙智力

能救世間苦 具足神通力 廣脩智方便 十方諸國土

无刹不現身 種種諸惡趣 地獄鬼畜生 生老病死苦

以漸悉令滅 真觀清淨觀 廣大智慧觀 悲觀及慈觀

當願常瞻仰 无垢清淨光 慧日破諸闇 能伏災風火

普明照世間 悲體戒雷震 慈意妙大雲 澍甘露法雨

滅除煩惱焰 諍訟經官處 怖畏軍陣中 念彼觀音力

衆怨悉退散 妙音觀世音 梵音海潮音 勝彼世間音

是故須常念 念念勿生疑 觀世音淨聖 於苦惱死厄

能為作依怙 具一切功德 慈眼視衆生 福聚海无量

是故應頂礼 尒時持地菩薩 即從座起 前白佛言世尊

若有衆生 聞是觀世音菩薩品 自在之業普門

示現神通力者 當知是人功德不少 佛說是普門

末觀神通力者 當知是人功德不少 佛說是普門

品勝郭中八万四千衆生皆發无等菩薩阿耨多羅三藐

三菩提心 妙法蓮華觀世音經一卷

般若波羅蜜多心經 觀自在菩薩 行深般若波羅

蜜多時 照見五蘊皆空 度一切苦厄 舍利子 色不異空

不異色 色即是空 空即是色 受想行識 亦復如

是 舍利子 是諸法空相 不生不滅 不垢不淨 不增不減

是故空中无色 无受想行識 无眼耳鼻舌身意

无色聲香味觸法 无眼界 乃至无意識界 无

无明 亦无无明盡 乃至无老死 亦无老死盡 无

苦集滅道 无智亦无得 以无所得故 菩提薩埵

依般若波羅蜜多 故心无罣礙 无罣礙 故无有恐怖

遠離顛倒夢想 究竟涅槃 三世諸佛 依般若波羅

蜜多 故得阿耨多羅三藐三菩提 故智般若波羅

蜜多 故得阿耨多羅三藐三菩提 故智般若蜜多若

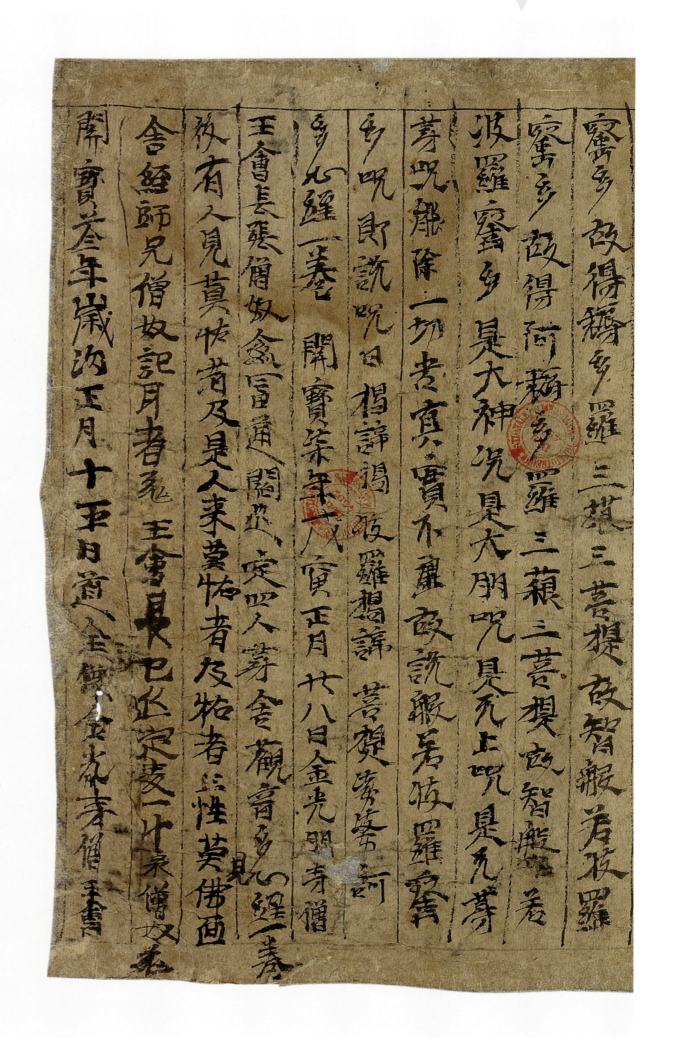

蜜多故得耨多羅三䂖三菩提故智般若波羅
蜜多故得阿耨多羅三藐三菩提故智般蜜若
波羅蜜多是大神呪是大明呪是无上呪是无等
苦呪能除一切苦真實不虛故說般若波羅蜜
多呪即說呪曰揭諦揭諦波羅揭諦菩薩婆訶
多心經一卷　開寶柒年戊寅正月十八日金光明寺僧
王會長張僧奴念□□關亡、定四人苦舍觀音心經一卷
故有人見真怕者及是人来買怕者其性英佛面
舍經師兄僧奴記月者毛王會長已巡定麥一斗粟僧奴妻
開寶叁年歲次正月十年日道人全銀□金光□僧王□

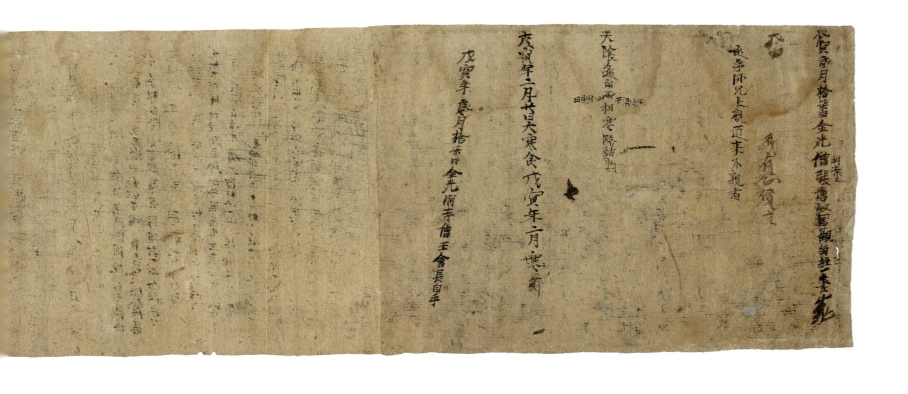

附寺
飛賀帝月拾書金光　僧張鷟文寫瑚絹一葉□□
　　　　　　　　　　　　　　　　　　　　戒有弘覽主
　　枉身師兄上親近末不觀者
　　　天嶺金命　兩相寒路結竹
　大順年二月廿日庚食戌實年肩寒藏
　戊寅年庚月拾　金光開寺僧王會長自年

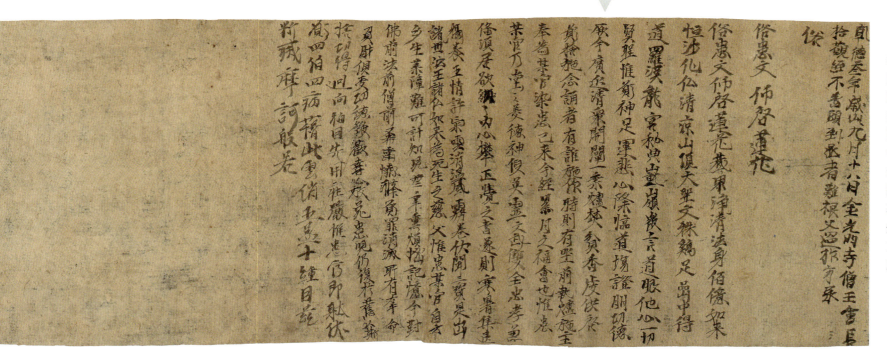

　　　　　　　　　　　　　　　　　　俗
　　　　　　　　　俗患文　師啓道花
　　　　　　　俗患文師啓蓮花葳東禪清法身佰傢如來
　　恒沙仙仏清凉山俱夫聖文殊鶏足當中得
　道羅漢龍宮䄂典垂嶺䅌言語眼他心仍
　賢𦀟惟萄神足連慈心除㷓首揚證朋功德
　承令廣佐清眾開關一柰爐挾人貿香庶供㷓
　前徐艷念誦者有誰旅依時則有聖前東爐王
　奉蔫禁方深志已來今經歷月之福會也惟㷓
　某室力當之葵德神復莫靈文㭠旛全出孝魚
　俗頃是敬願一內心擧一正慶之書慈則㷓昏喭遠
　偏𡮢主情許眾唁唁葳霸眷伏開一寶覓出
　諸世次王諸公攸来當㷓生之䔎　父惟㷓某方自求
　多生柰障難可許知覓世二車㷓煩惱記爐令對
　佛爾法前佛前希蕫㷓孫裔罪消滅　卽有苹命
　昇尉俱秀杋腳㷓歡蕫㷓兄忠卹仍後㷓荅蕫籍
　投望得迴向䄂日先用𤲬蕫惟㷓宮卿所獻伏
　籣四佰四禍稽此靈㷓帩書㷓十褈目旋
　將㷓麻許殷㷓

凱德㷓年嵗山九月十六日金光内寺僧王會長
　拾㷓綷絹不㷓頭到㷓者難模㷓㷓祗承承

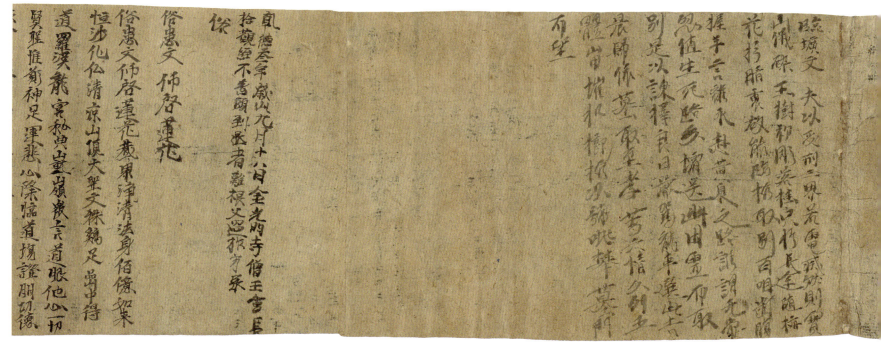

P.3351v　　離合十字詩圖等（總圖）　　（一）

第一一一册　伯三三四二至伯三三五四背

P.3351v　　離合十字詩圖等（總圖）　　（二）

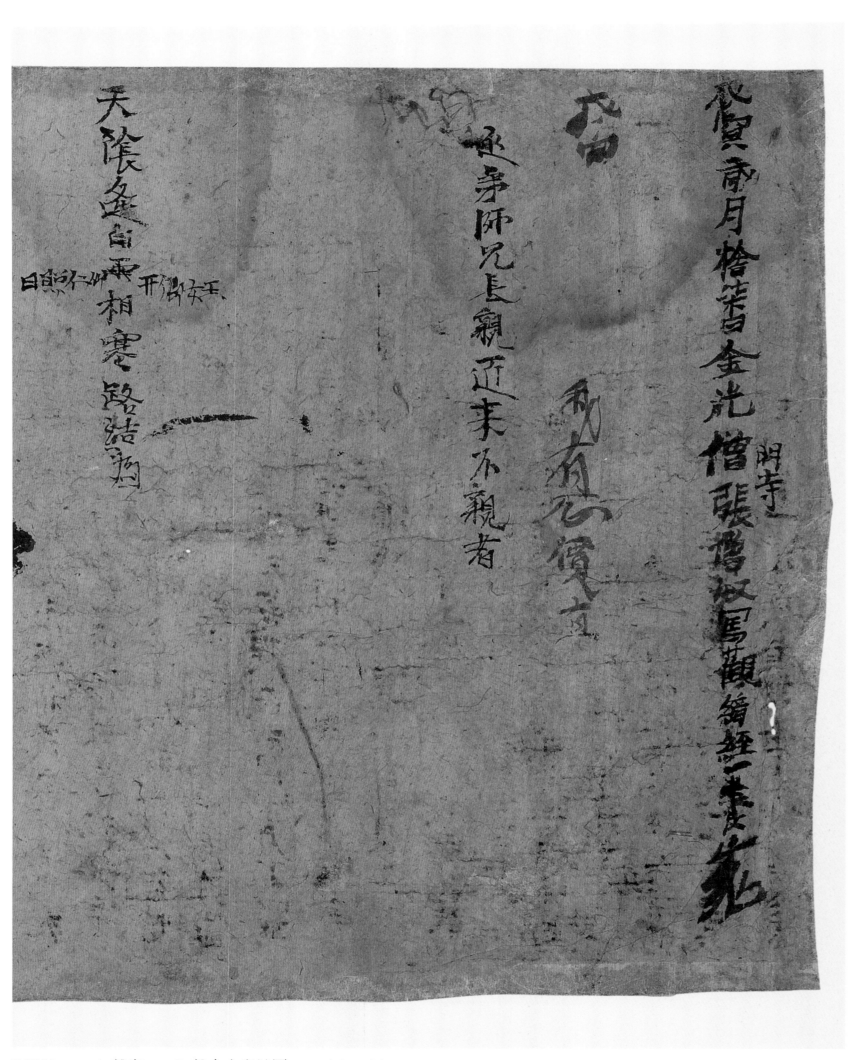

天陰多陰雨相寒路結冰

承守師兄長親近來不親者

敬賀歲月楷書金光僧張鴦叔寫觀經一卷
開寺

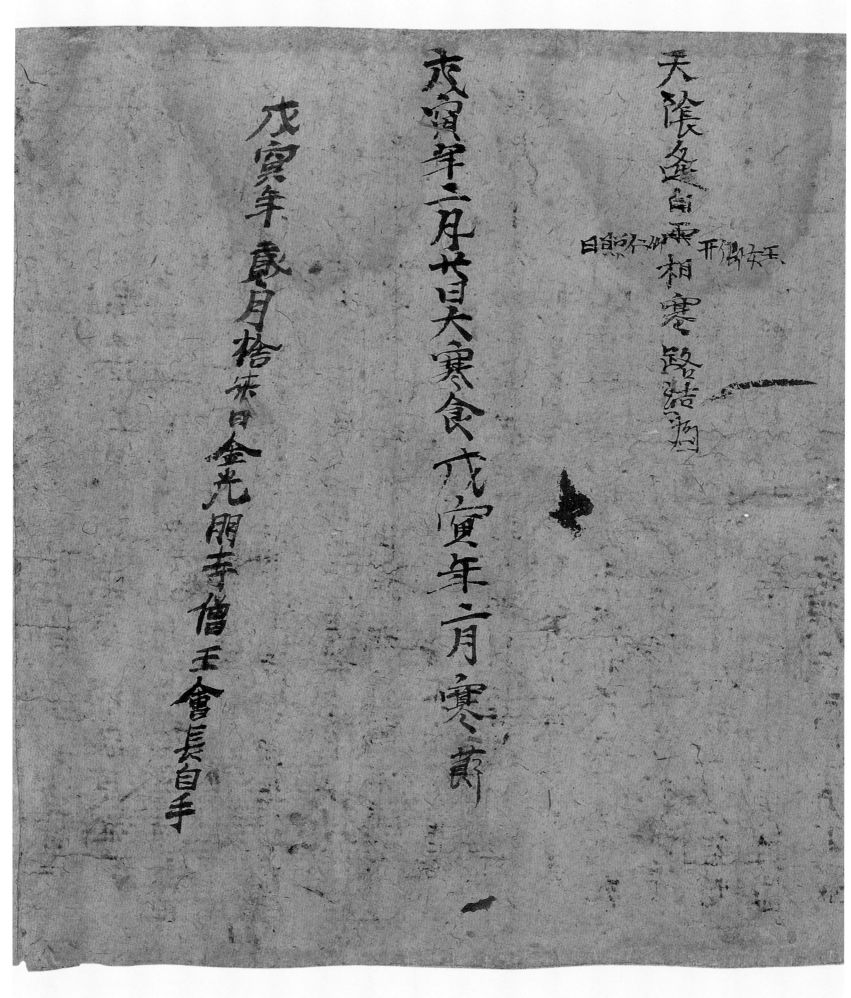

天陰遊前雨相寒路結洌

日的仁州开夋王

戊寅年二月廿日大寒食戊寅年二月寒蔄

戊寅年慶月拾來日金光明寺僧王會長自手

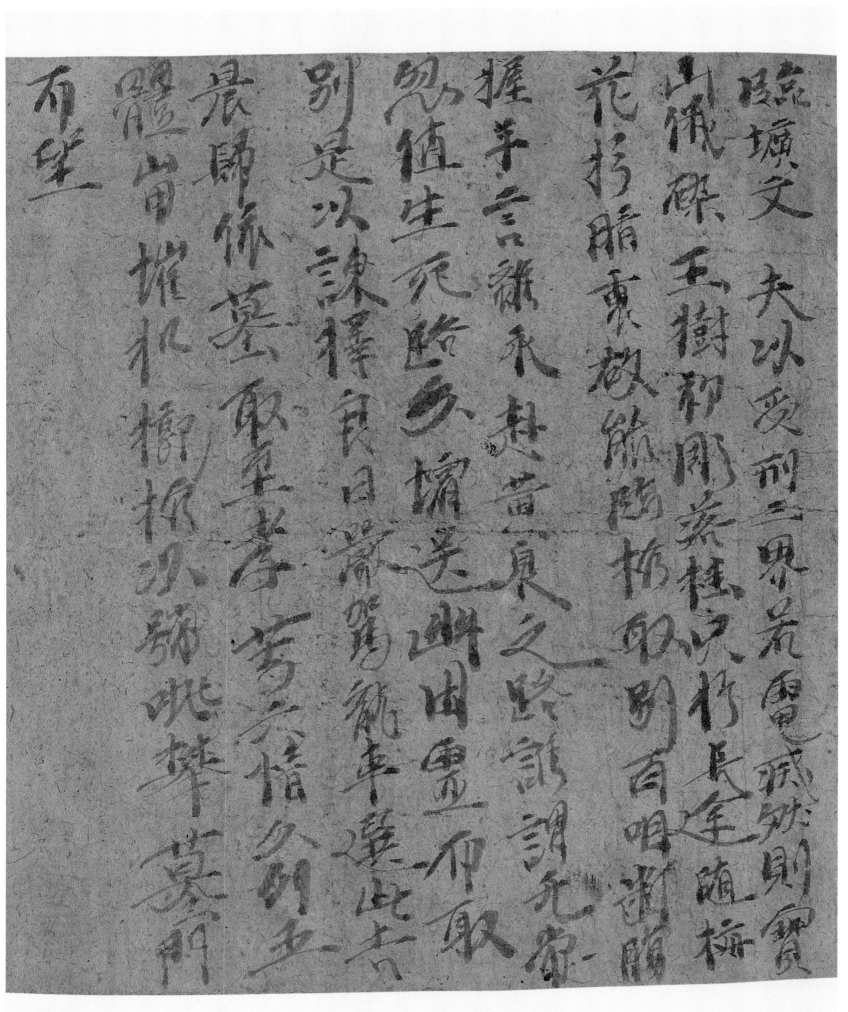

乾德叁年歲山九月十六日金光明寺僧王會長

拾顧經不香頭到匜者離根文照振方采

俗

俗患文　師啓蓮花

俗患文師啓蓮花葳東淨清法身佰億架

恒沙仏仏清凉山傾大　文株魏足　中得

道羅漢龍宮秘典嵓嶺　言道眼他心一切

奠　神足運悲心條　道場證朋切德

庚今廣　清眾開闡一乘爐　貧香　供養

厥今廣延清眾開闡一乘爐焚䣛香虔誠供養

貪捨施念誦者有誰施俸特則有坐前執爐施主

奉為某官染患已來今經累月之福會也惟患

某官乃堂之義練神偎英靈之威儀全忠孝無

僉須居欲綱之內心攀正覺之書遶則寒暑集遷

佩養王情許東雲消滅風霜卷伏開三寶見出

諸世法王諸佛邪來者死生之難父惟患某官自身

多生業障難可計知現世三羊重熏煩惱記憶今對

佛前法前僧前希冀懺摭頓罪消滅所有辛命

貪財俱受功德發嚴壽齡放免患現作復於舊新

捨功得迴向福目先用莊嚴惟患府即獻休

P.3351v　　3. 雜齋儀　　（6—5）

法國國家圖書館藏敦煌文獻

·298·

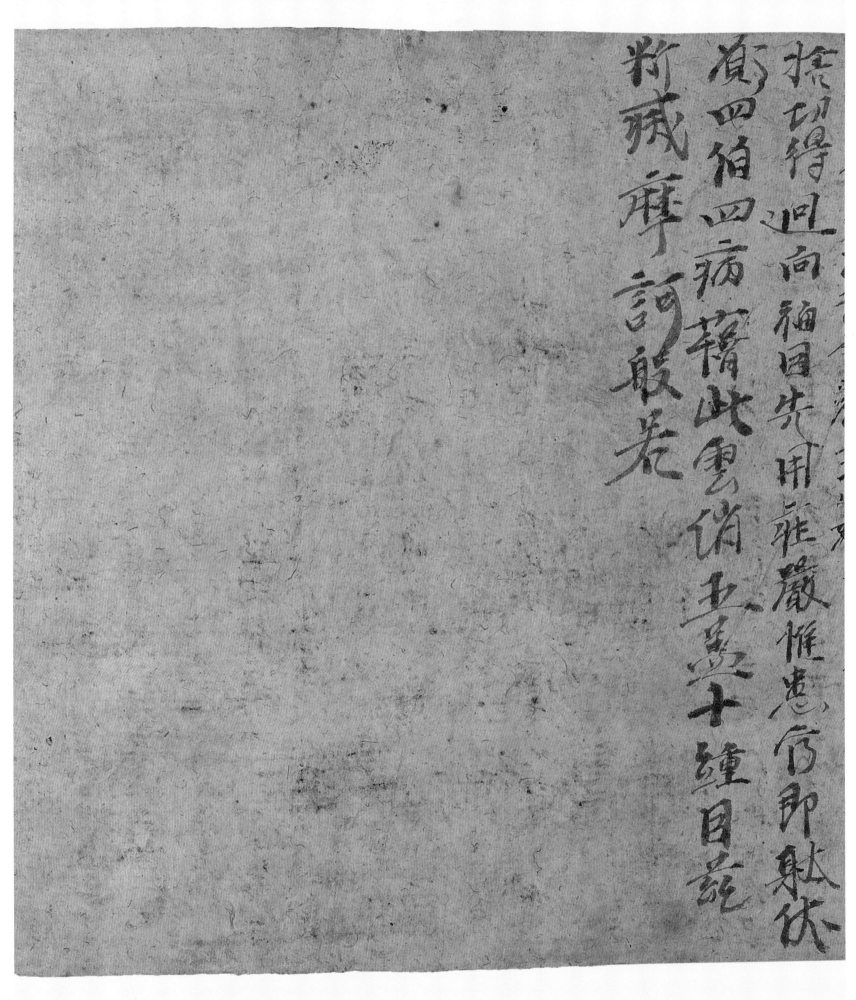

拾功德迴向稫曰先用莊嚴惟患官郎躯伏
高四伯四病藉此雲消□盍十鍾目乾
判藏摩訶般若

Bibliothèque nationale de France

Pelliot chinois 3352

Bibliothèque nationale de France

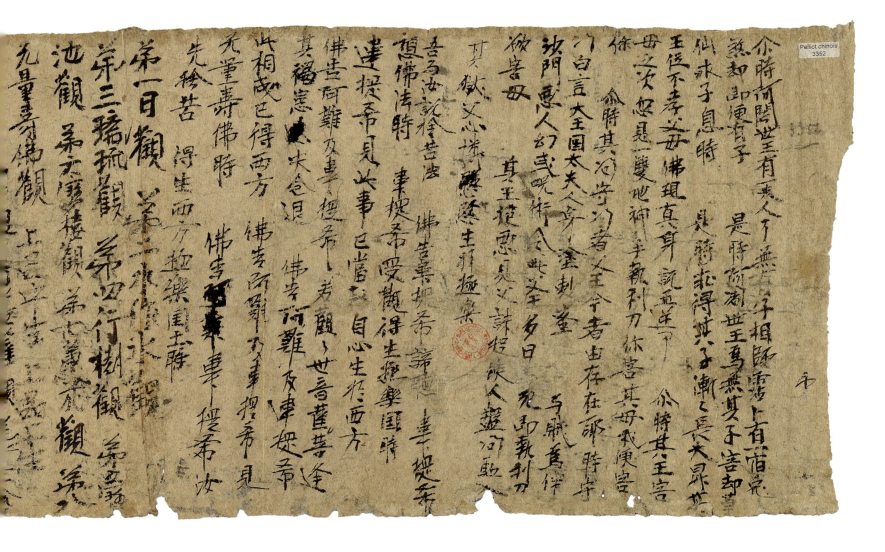

尔時阿闍世王有惡人不浮相師雲上有宿兒

慈却即便殺父

你求子息時

王位不壽立毋佛現真身說盡耶

是時阿闍世王為無其子善却毋

毋貪悉是一雙地神手氣利刀休

汝門惡人幻或咒作念此至多日

欲善毋

尔時其冈守幻者全令者出在在那時尔

尔時世王喜

其王捷惡見父誅捉次人盤河勒

其獄父心悵怅懷遂生於極樂

吾弖母說捨菩出

佛告襄坺希弟時

達授希見此事已當

佛受隨得生於極樂國土時

目心生於西方

佛告阿難及韋提希 若願々世音菩薩

其福憲心失念退

佛告阿難及韋捷希

此相成已得西方

佛告韋提希 汝

无量壽佛時

先珍苦　得生西方極樂國土時

第一日觀　第二水像觀 北觀

第三琉璃觀　第四行樹觀　第五

池觀　弟六普觀　第七蓮觀　觀樂

无量壽有佛觀

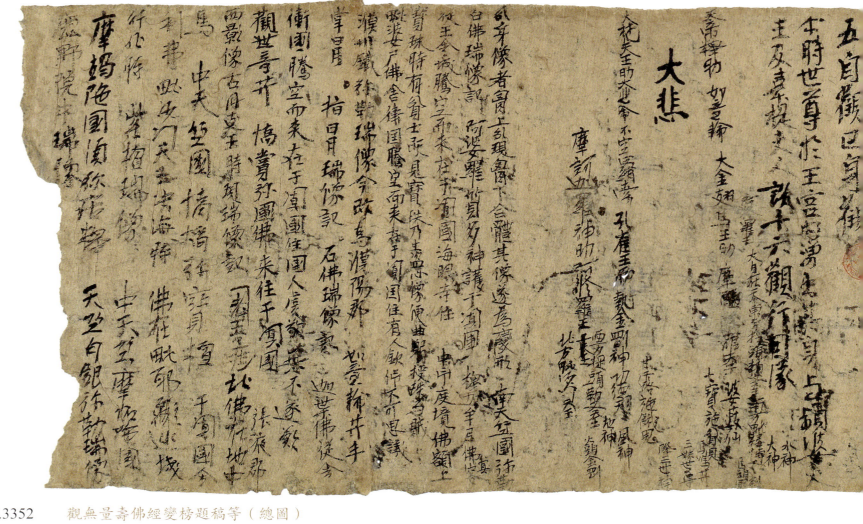

P.3352　　觀無量壽佛經變榜題稿等（總圖）

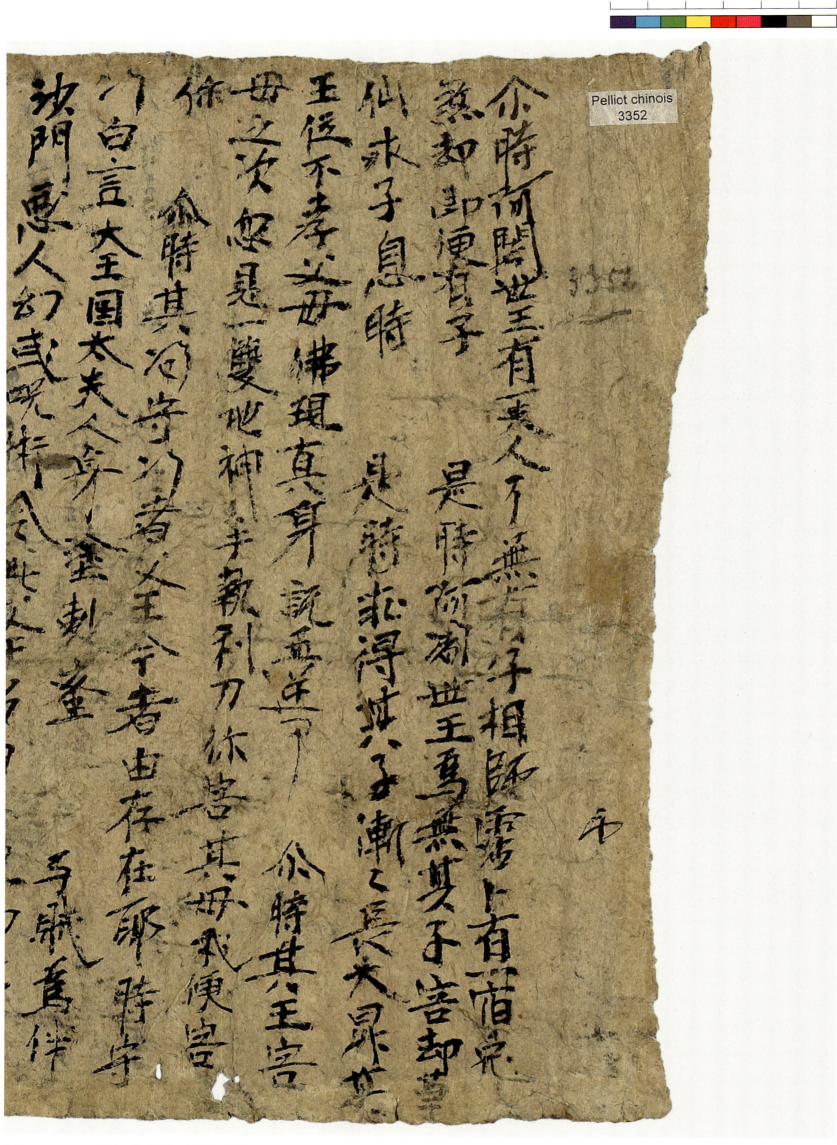

P.3352　　1.觀無量壽佛經變榜題稿　　　（6—1）

法國國家圖書館藏敦煌文獻

門白言大王圖太夫人今金刪董者生在郍時守

汝聞惡人幻或呪術令此金与賊為伴

欲善母其王座願見火即執利刀

其獄父心悚願逐生郍諛徐人河

吾兒汝就徐苦惱佛告韋提希韋提

想佛许特佛告韋提希受灌頂學國時

達獎希見此事已當目心生西方

其福憲尖令退佛告阿難及韋提

佛告阿難及韋芳顧世音菩薩全

此相成已得西方佛告阿難及韋提希見

无量壽佛時

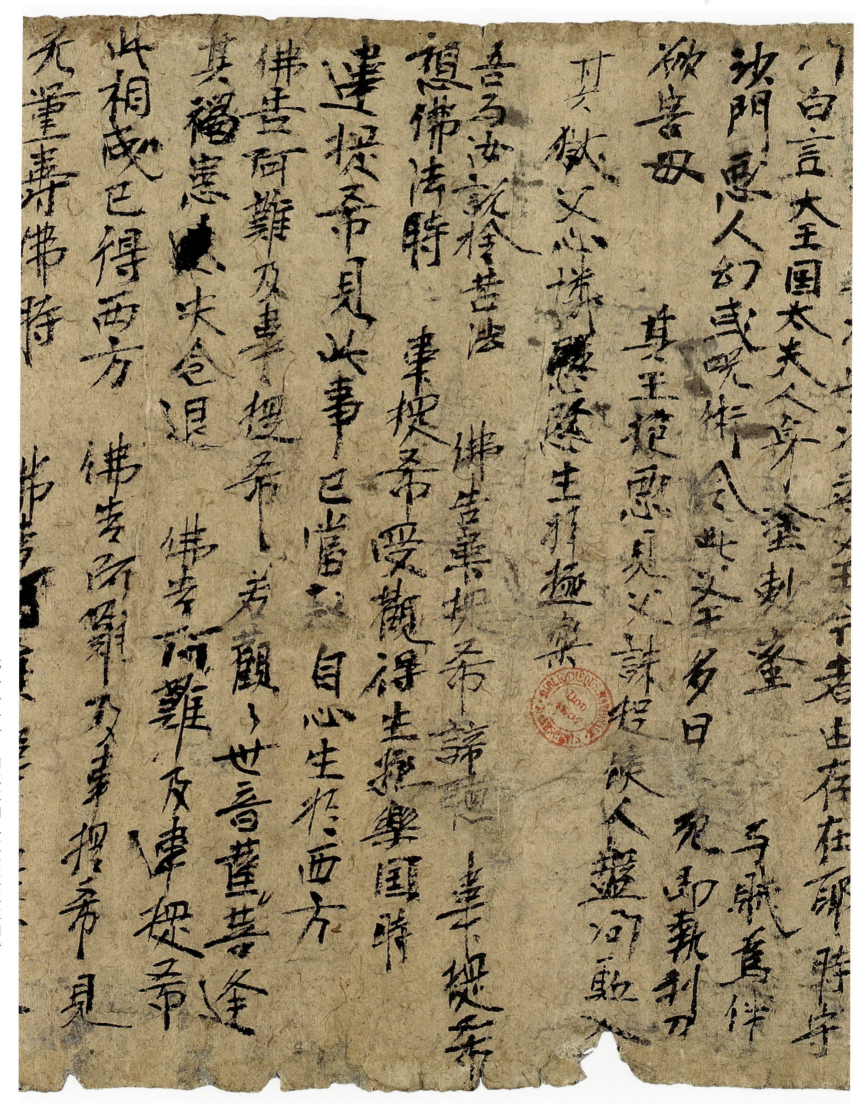

P.3352　1. 觀無量壽佛經變榜題稿　（6—2）

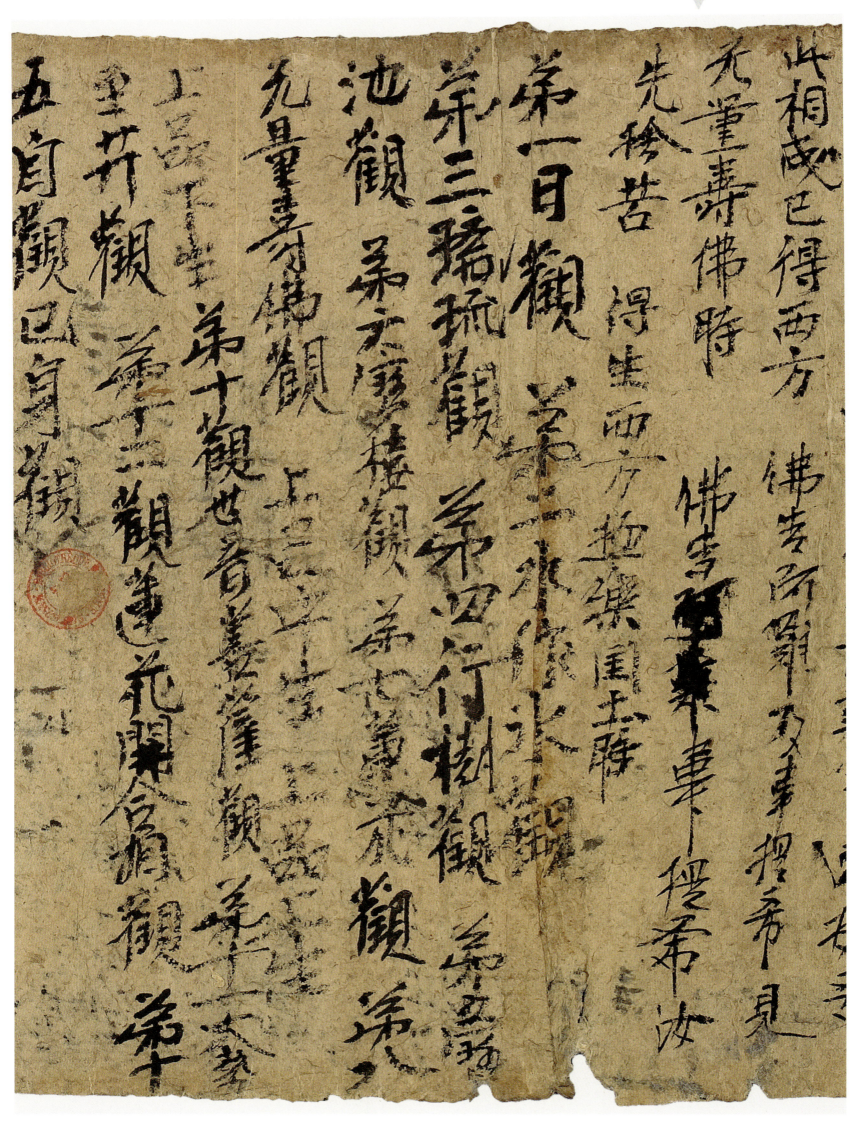

P.3352　　1.觀無量壽佛經變榜題稿　　（6—3）

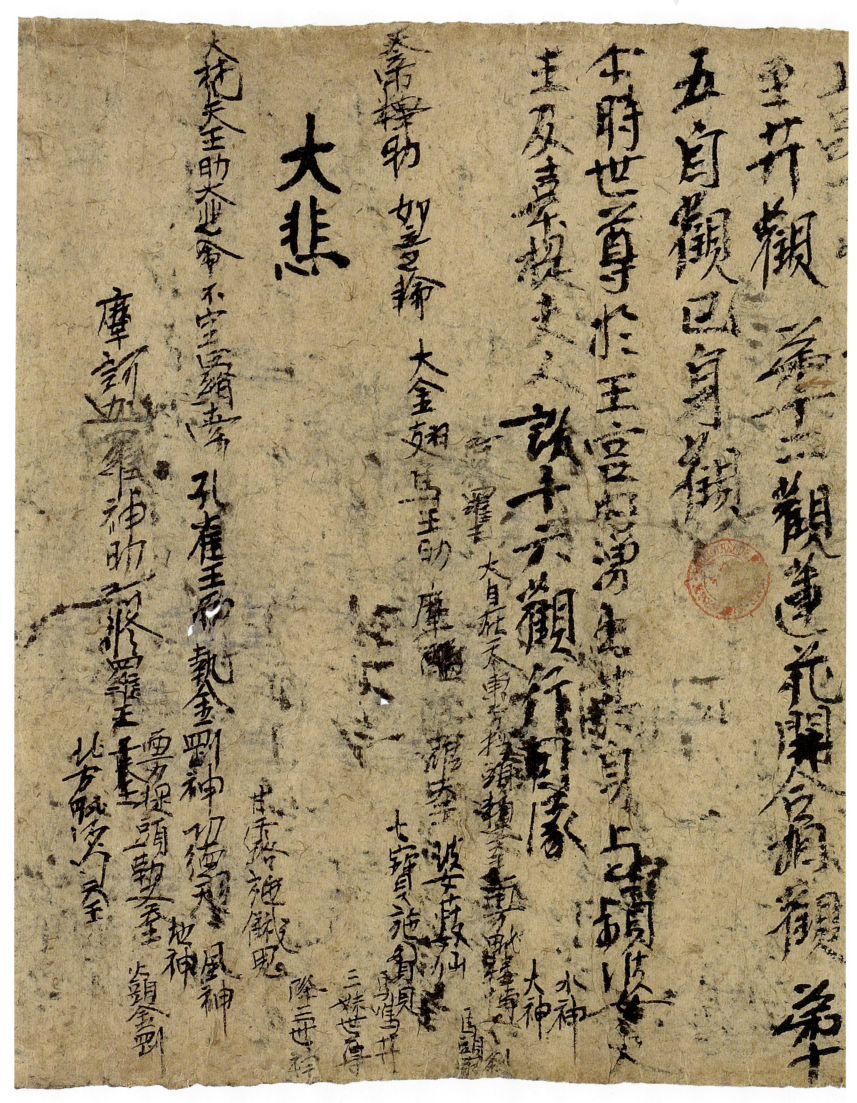

P.3352　　1. 觀無量壽佛經變榜題稿　　2. 千手千眼觀音經變榜題稿　　（6—4）

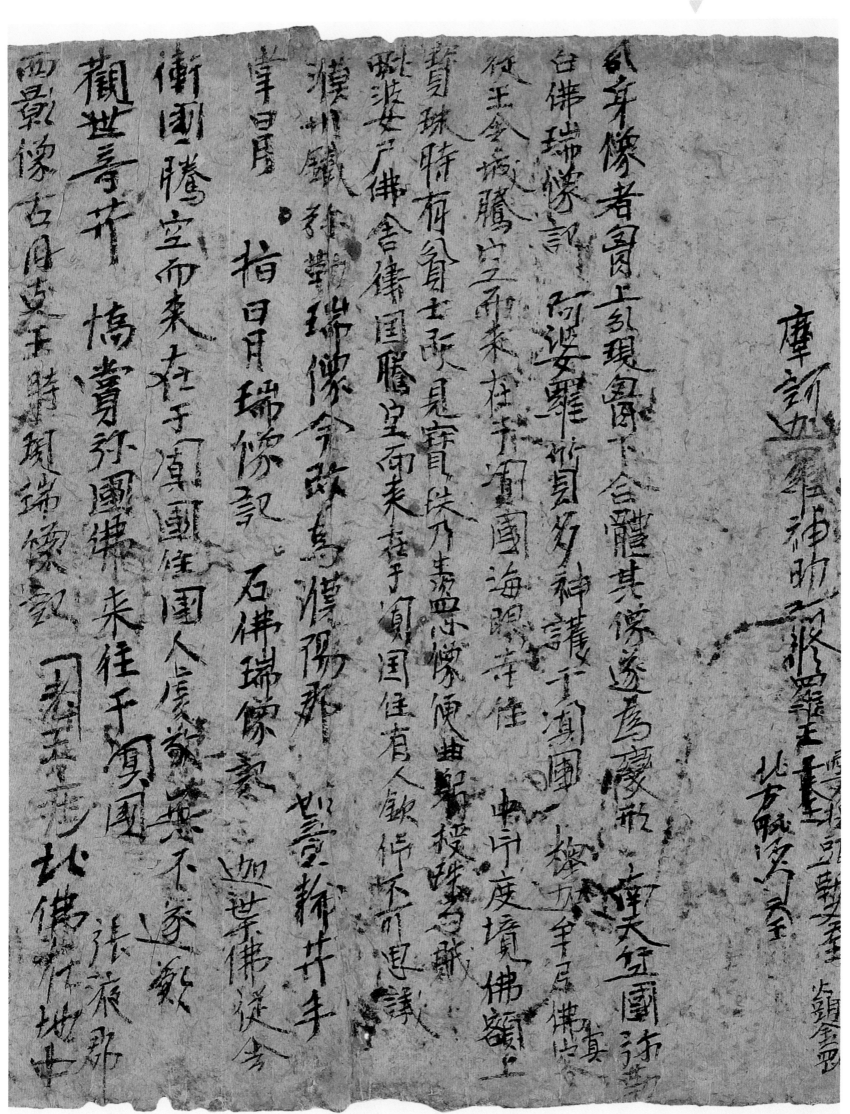

庫訶邏[口]神□毗訶羅王□□
東□□□□□□□□

威年像者當上乱現魯闍下合體其像遂爲疲疵南天竺國弥
白佛瑞像記阿婆羅佛當多神護于闐國像方半身石佛从
從王命病騰空而来在于闐國海隅幸住中心度境佛顏上
賓珠時有貧士乃是寶[口]乃主毒思懷便曲身授珠与藏
啒婆安尸佛舍利國騰空而来在于闐國住有人欽怖怀所思議
漢州鐵弥勒瑞像令故為漢陽邪
掌曰□ 指日月瑞像記 石佛瑞像□迦葉佛従舍
衛國騰空而来在于闐國人庶漸衰葉不家歿
觀世尊弃 憍賣弥國佛来往于闐國
西影像古月光主時頭瑞像記
北佛□□

張疢那

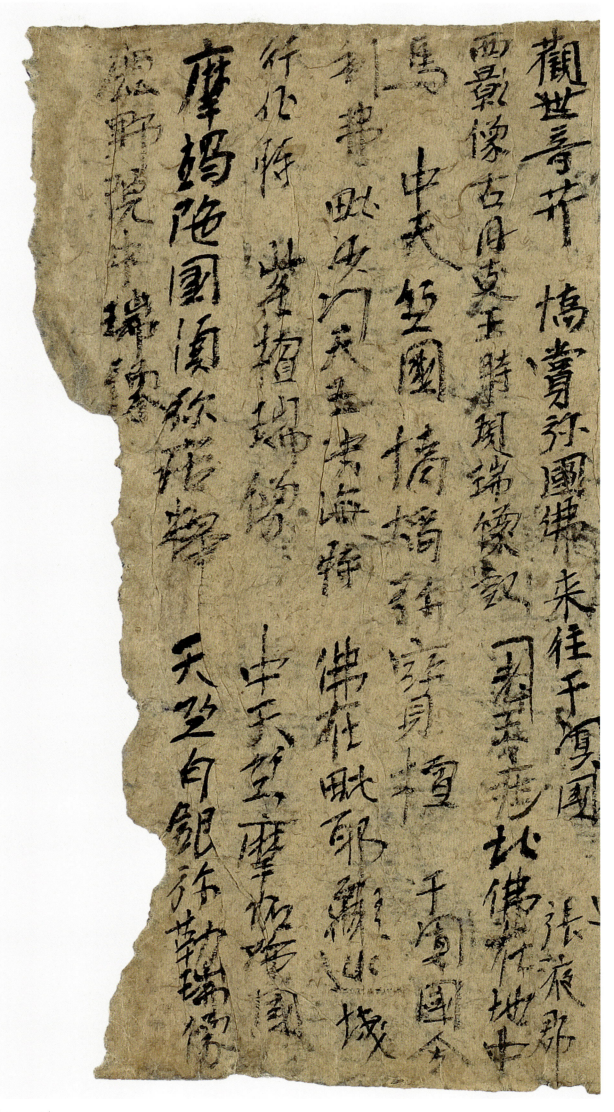

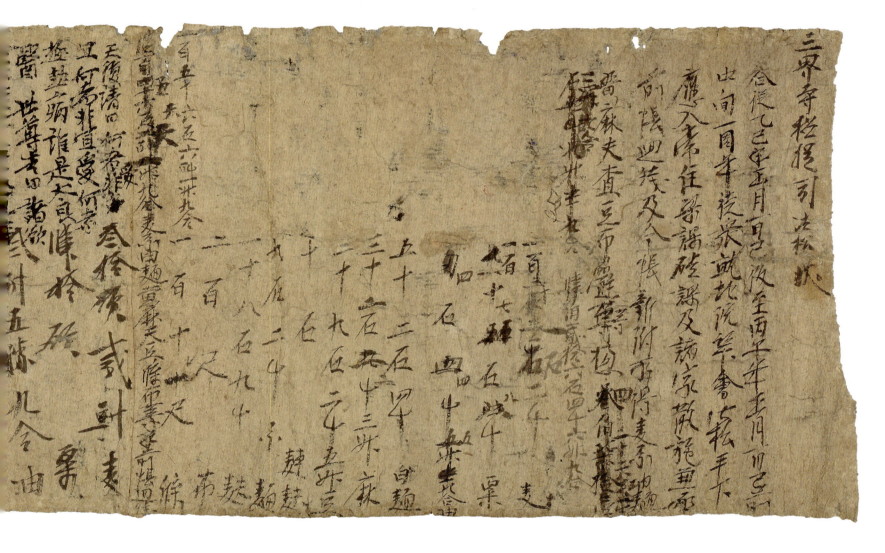

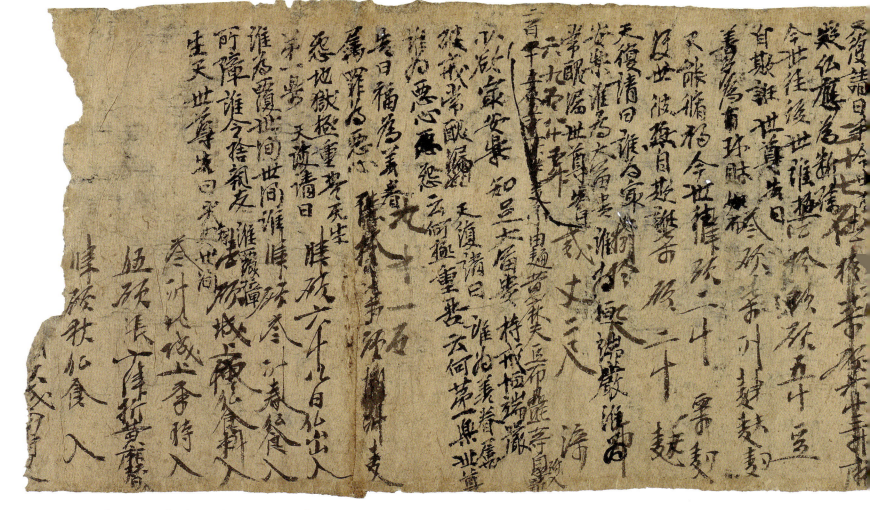

P.3352v　　後晉開運三年（946）沙州三界寺招提司法松手下諸色入破曆算會狀等（總圖）

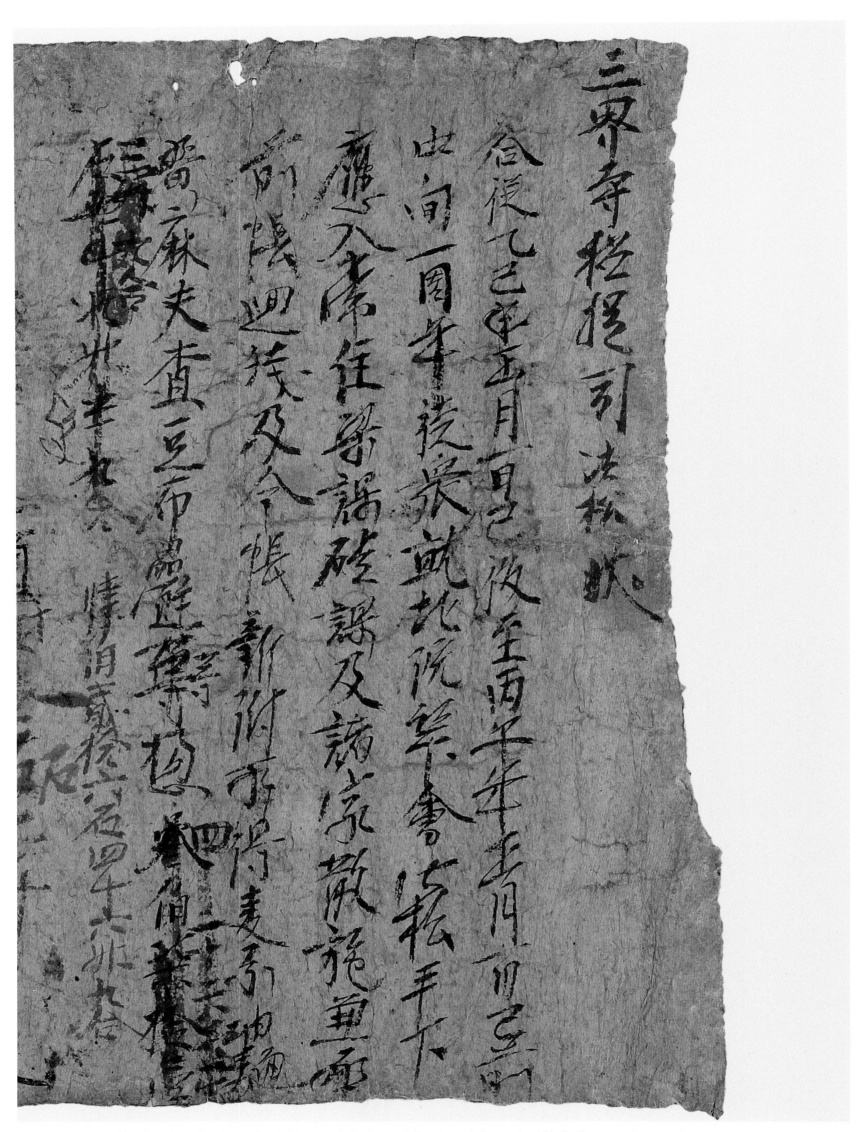

三界寺�96提司法松状

合後□乙年五月一日已次至丙午年正月□□

由囗閏一月年後農就地院榮書松平□

應入席任榮諳碎諜及諸凉散龍□□

前帳迴後及令入帳新附乃伄麥□

晉麻夫查豆囗而□遷轉□□

張□□□□□

法國國家圖書館藏敦煌文獻

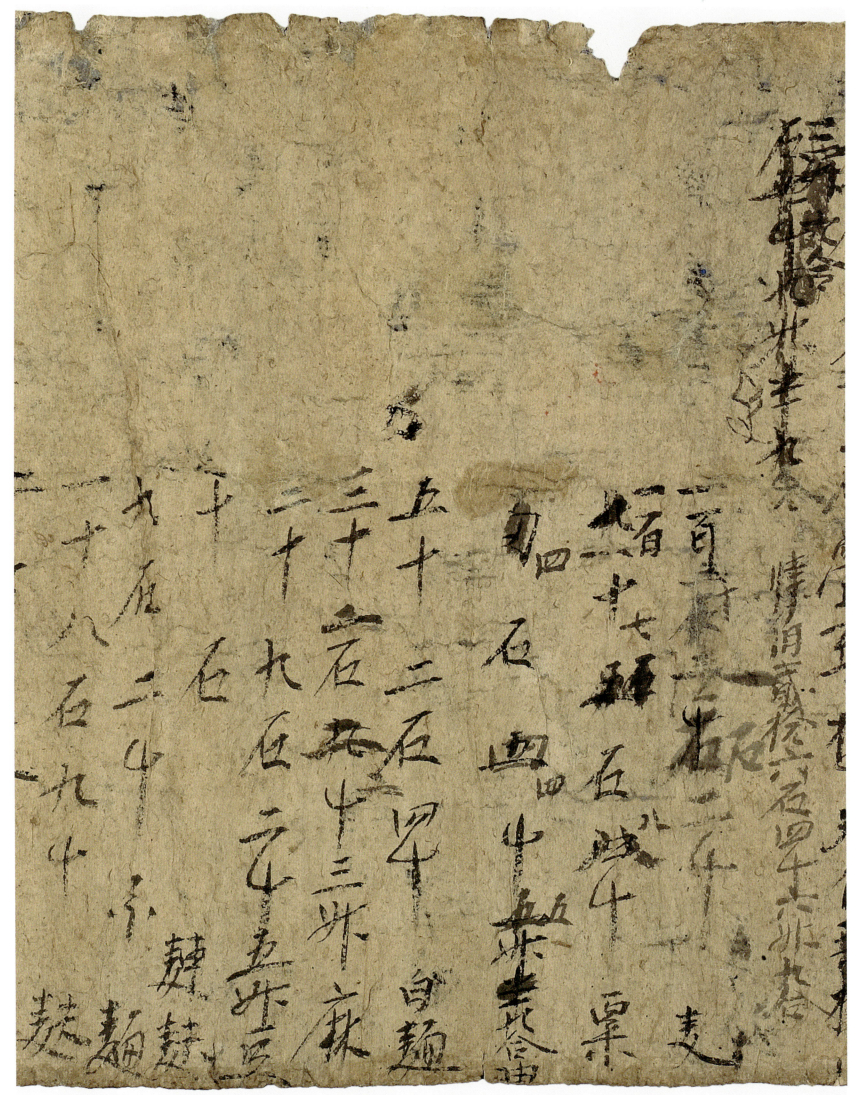

P.3352v　　　1. 後晉開運三年（946）沙州三界寺招提司法松手下諸色入破曆算會狀　　　（6—2）

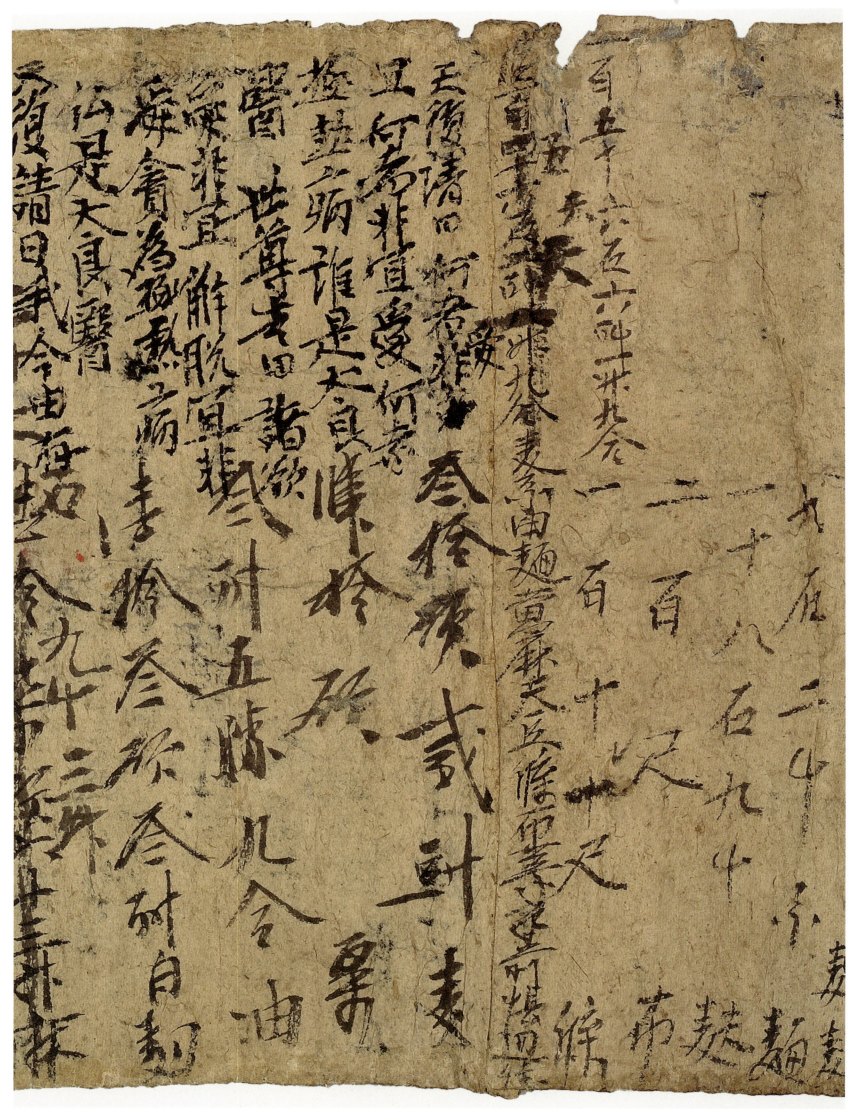

P.3352v　　　1. 後晉開運三年（946）沙州三界寺招提司法松手下諸色入破曆算會狀　　　2. 天請問經抄　　　（6—3）

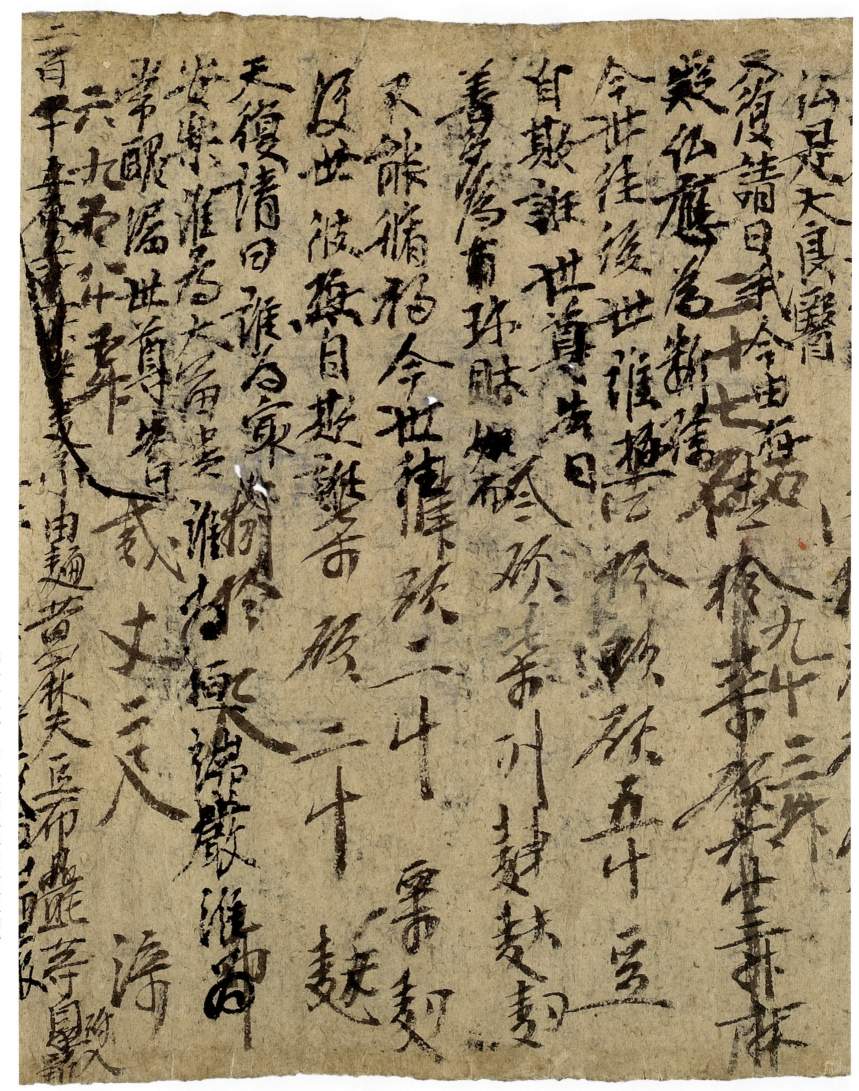

P.3352v　　1. 後晉開運三年（946）沙州三界寺招提司法松手下諸色入破曆算會狀　　2. 天請問經抄　　（6—4）

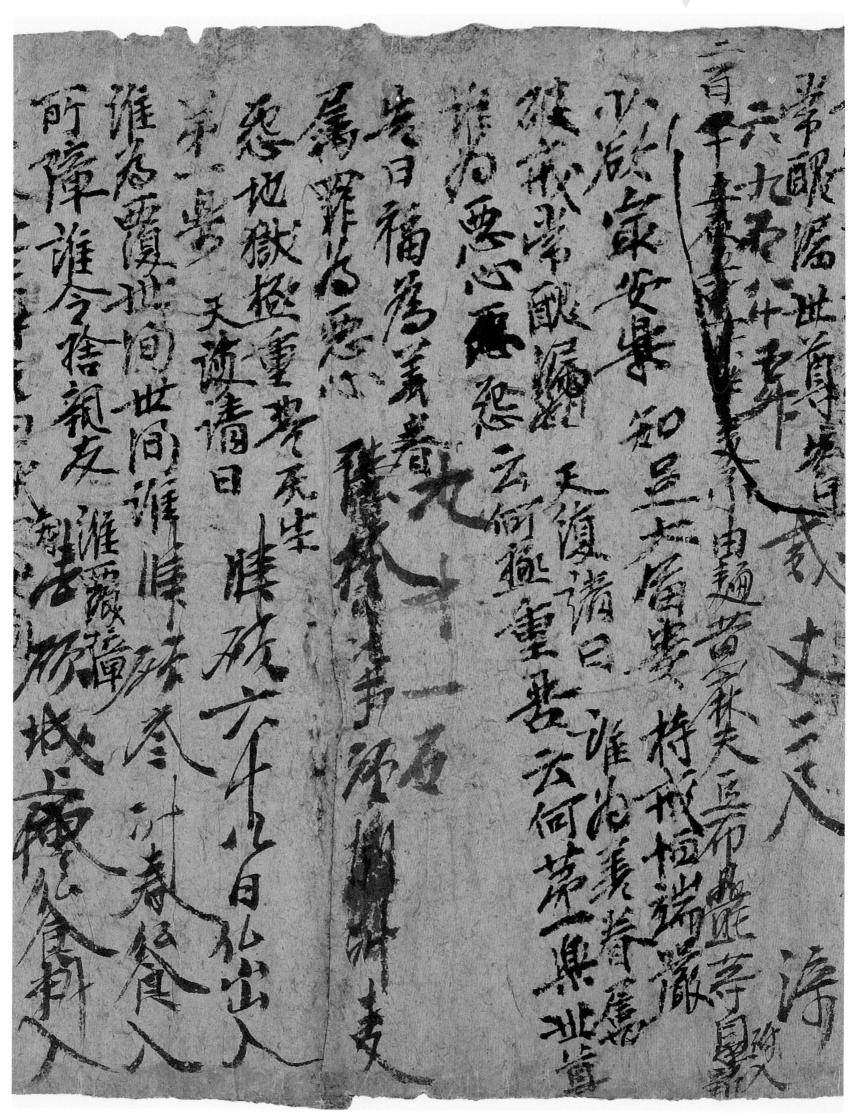

法國國家圖書館藏敦煌文獻

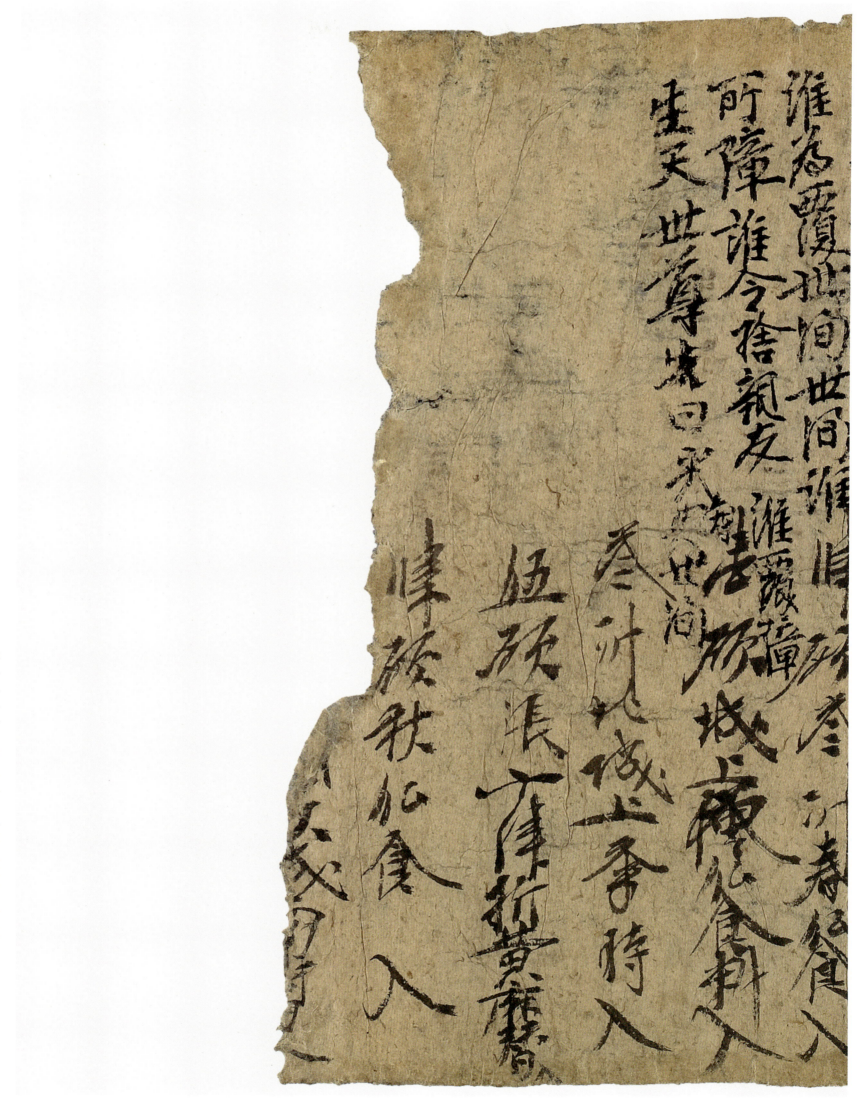

P.3352v　　1.後晉開運三年（946）沙州三界寺招提司法松手下諸色入破曆算會狀　　2.天請問經抄　　（6—6）

Pelliot chinois 3353

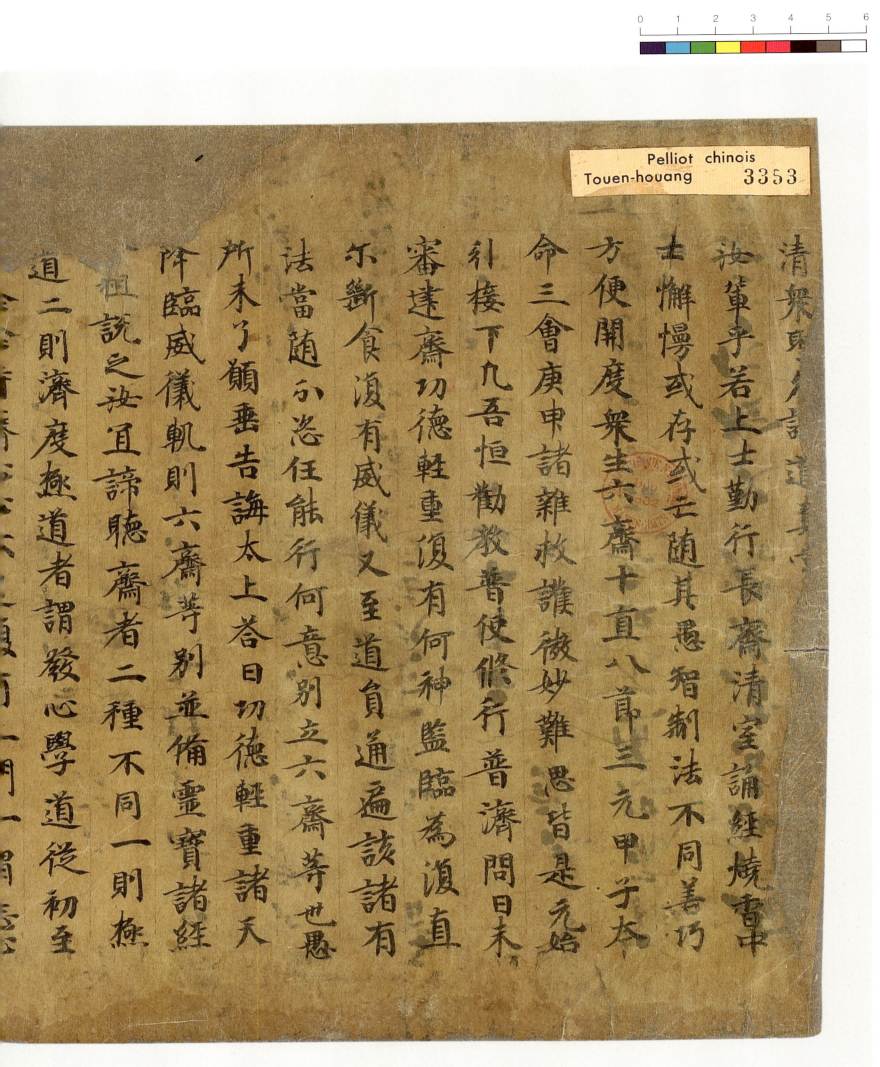

清眾耶多言道者

汝等若上士勤行長齋清堂諷經燒香中

士懈惕或存或亡隨其愚智制法不同善巧

方便開度眾生六齋十直八節三元甲子本

命三會庚申諸雜枚護微妙難思皆是元始

引接下凡吾恒勸教晉使修行普濟問曰未

審遠齋功德軒重復有何神監臨爲濱直

不斷食復有威儀又至道負通遍該諸有

法當隨示悉任能行何意別立六齋等世愚

所末了顓垂告誨太上答曰切德軒重諸天

許臨威儀軌則六齋等別並備靈寶諸經

桓說之汝且諦聽齋者二種不同一則極

逍二則濟度趣道者謂發心學道從初至

法國國家圖書館藏敦煌文獻

死灰同於枯木滅念唯一而已滅心者

隨念隨忘神行不係歸心於寂直至道場

濟度者謂迴心至道翹想玄真頂

窮災消末此又有二種

心者二槍財虔心者唯

礼拜唯求於道捨此

營饌供具屈請道

命至真內泯六塵

神於道克成勝果

度災皆隨其分力

時美達齋之日諸

三界五帝一切威靈

脆空步虛燒香散花

高音法令洛玉字

三界五帝一切威靈

飛空步虛燒香散花

若書諸天金格玉字受

者至是之辰吾持遣三

行人間矣故正月青帝

万眾遶前持幢與神仙

閒條錄罪福三月黃帝

萬眾執幡把錄與神仙兵馬

純察罪福五月赤帝三兂脉

飛空步虛與天仙兵馬仙童玉女同下人間案

行罪福七月白帝七兂傳送將軍七億万眾

與天丁力士同下人間書其罪福九月上元一

兂天魁將軍五億万眾揮靈案節與切曹使

者玉童玉女同下人間抄其善惡十一月黑帝

三億万眾

間

元十天靈官神仙兵馬无央數眾與上聖高
尊妙行真人同下人間考定罪福七月十五
日為中元九地靈官神仙兵馬无量數眾與
名山大洞府和仙兵馬同下人間校誡罪福十
月十五日為下元九江水帝十二河源溪谷大
神與湯谷神王水府靈官同下人間校定罪
福立春日元始遣慶仙上聖天尊將始青天
君神仙兵馬无央數眾教化人間開度眾生
春分之日元始遣玉寶皇上天尊將青靈始
老帝君神仙兵馬无量數眾教化人間開度
眾生立夏日元始遣好生度命天尊將始丹
天君神仙兵馬無量等眾教化人間開度群
品夏至日元始遣玄真万福天尊將丹靈真
帝君神山兵馬无量聖眾教化人間開度

天君神仙兵馬無量數報孝子人間開度君

品夏至日元始遣玄真万福天尊將丹靈真

老帝君神仙兵馬无量聖眾教化人間開度

眾生立秋日元始遣大靈虛皇天尊將始素

天君神仙兵馬无量聖眾教化人間開度群

品秋分日元始遣大妙至極天尊將皓靈皇老

帝君神仙兵馬無量數眾教化人間開度群品

立冬日元始遣大華天尊將始玄天君神

仙兵馬無量數眾教化人間開度群品冬至日

元始遣玄上玉晨天尊將五靈玄老帝君神仙

兵馬无量等眾教化人間開度群品皆從仙

仙童玉女南外北外四司五帝達蔣執節燒香

散花龍興龍駕遍滿虛空或長或剋或大或

小或九聖或雲或雨或風或露或鳥或獸

使者下八日元始北方天與北斗司煞鬼及赤車

使者下十四日元始東北天與太一使者及典

司使者下十五日元始東方天與天帝及天地

水三官并監司使者下十八日元始東南天與

天一及賦曹使者下廿三日元始南方天與太一

八神使者及荷章侍從下廿四日元始西南天

與北辰及守宅三將軍下廿八日元始西方天

與下太一及天公使者下廿九日元始下元天與

太一及諸官將軍下卅日元上元天與

天帝使者下皆與諸天眾聖至真

玉女四司五帝五升監司遵蕭持幢

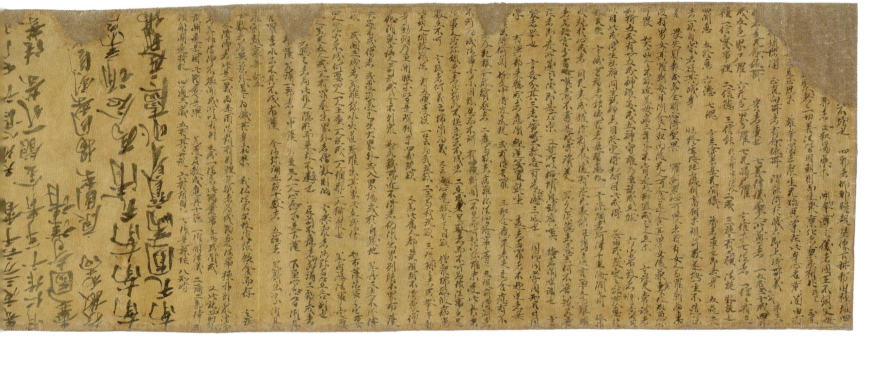

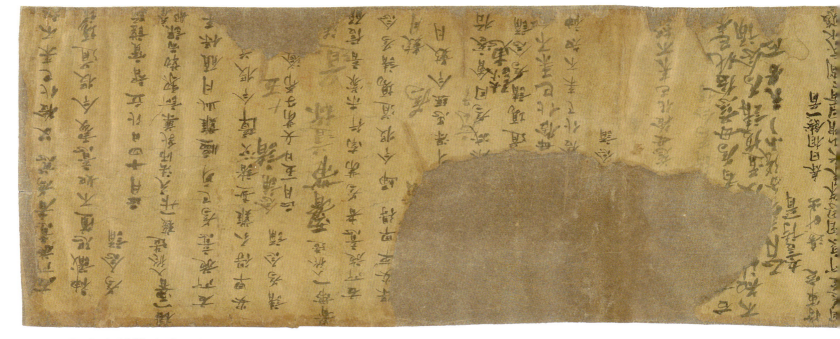

P.3353v　　1.四分律疏释　　（7—2）

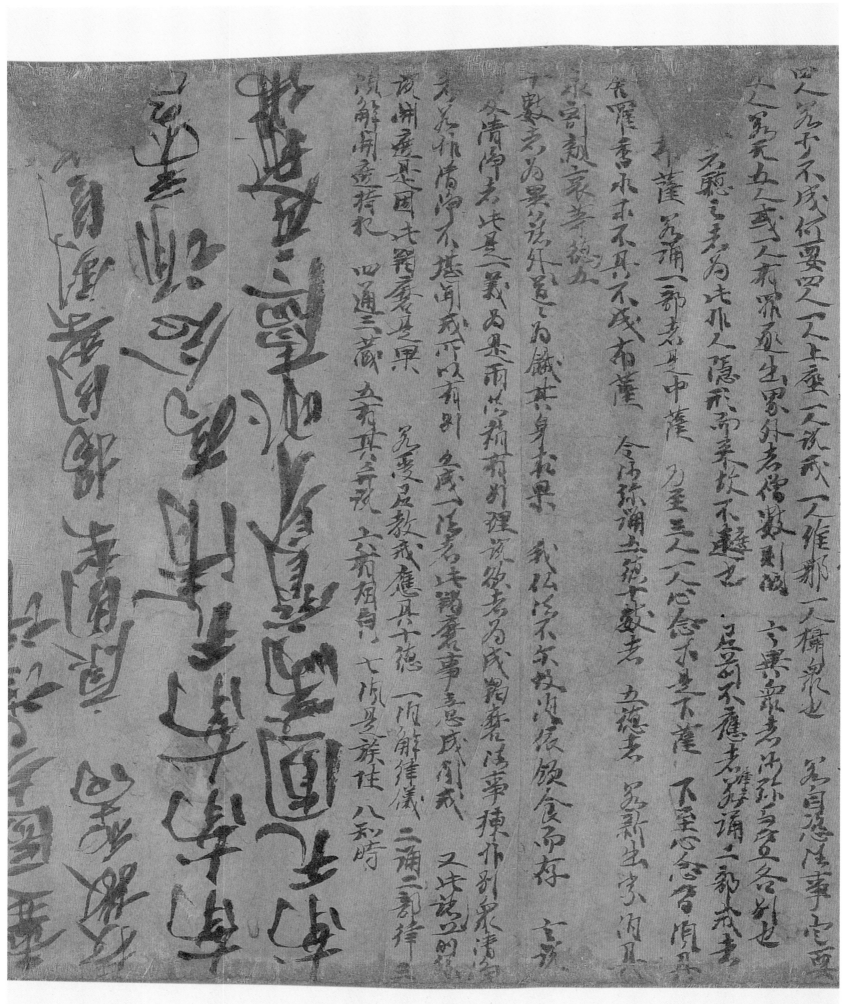

P.3353v　　1. 四分律疏釋　　2. 雜寫　　（7—3）

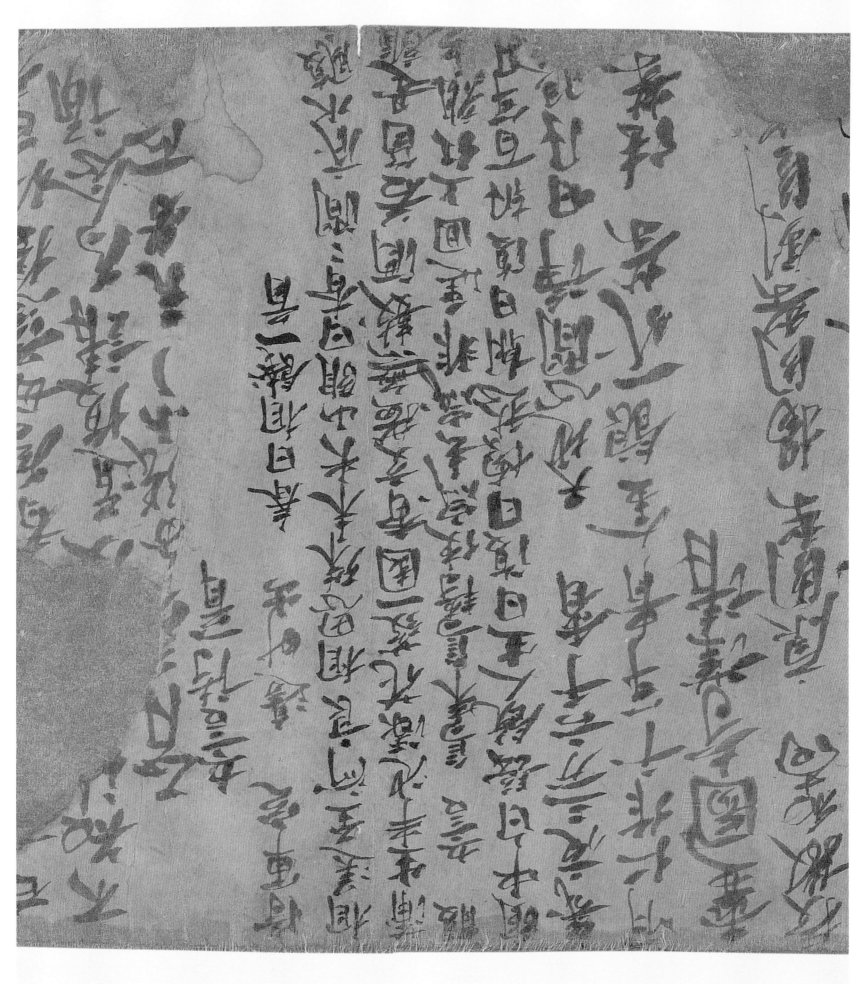

P.3353v　　2. 雜寫　　3. 五言詩四首　　4. 施捨疏　　（7 — 4）

P.3353v　　4.施捨疏　　（7—5）

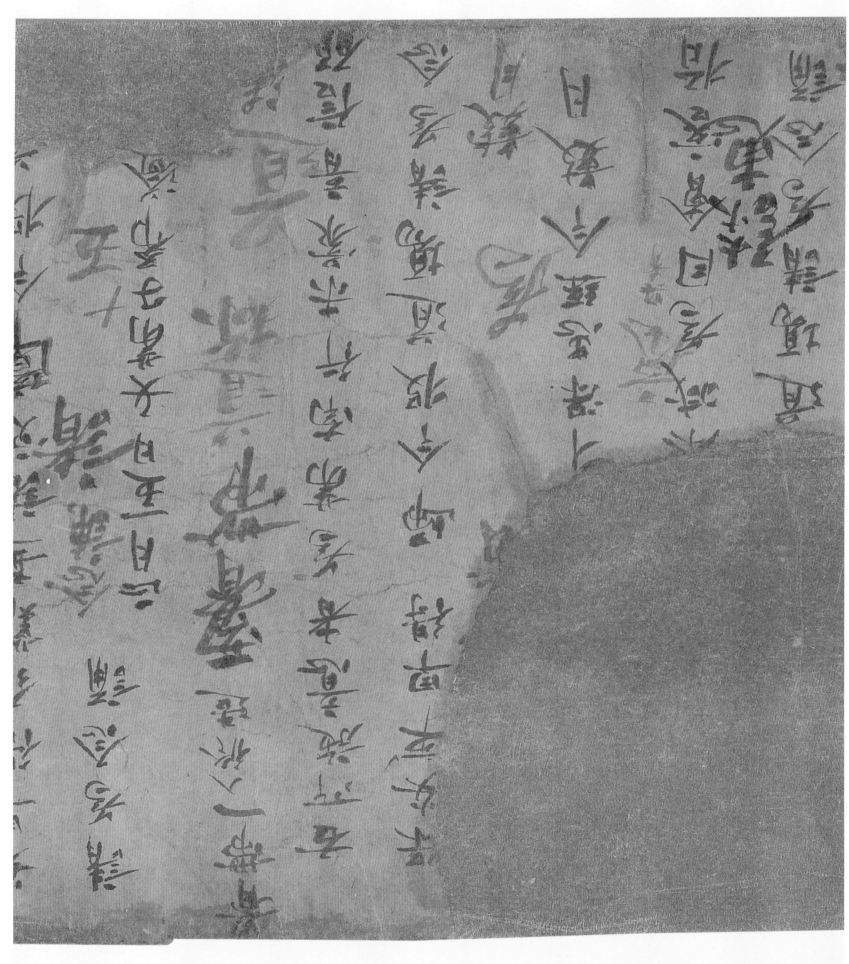

P.3353v　　4. 施捨疏　　（7—6）

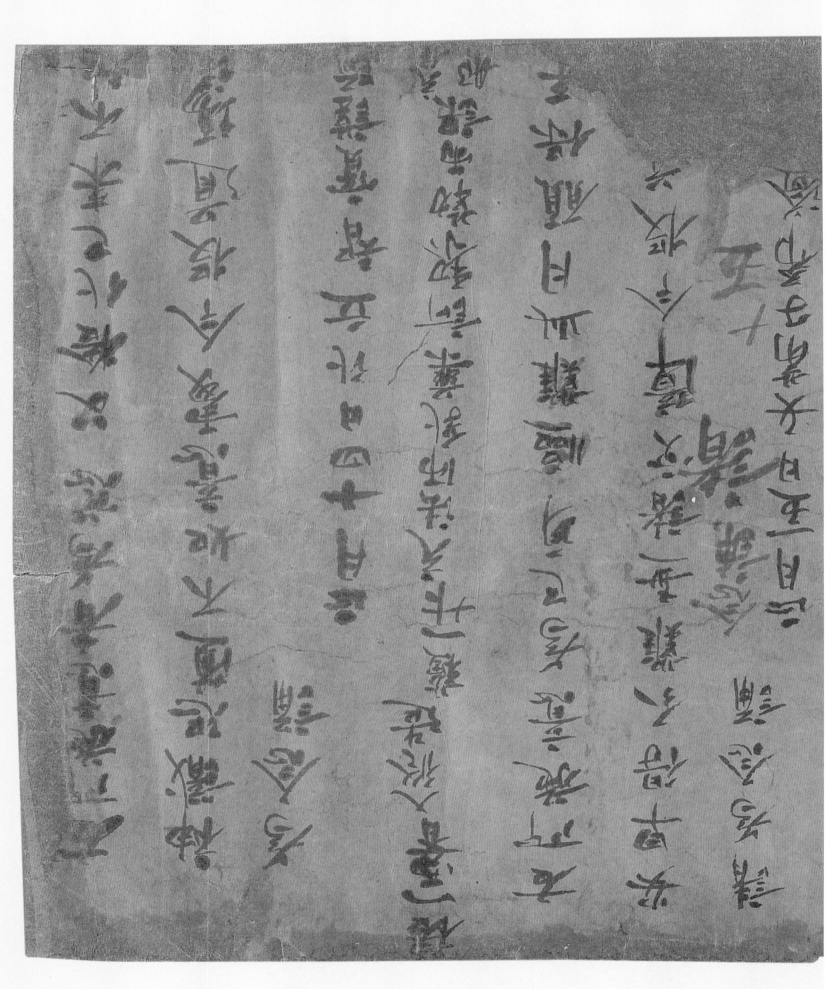

P.3353v　　4.施捨疏　　（7—7）

Pelliot chinois 3354

一段陸畝永業　城西七里高渠　東渠　西枏枏枏　屋死後

一段伍畝永業　城西七里高渠　東思楚　西曹善　南渠　北妣

一段畝二畝永業一畝口分　城西七里高渠　東思楚　西渠　南渠　北張秦郎

一段陸畝口分　城西十里平渠　東曰遷　西暮　南官田　北張顏

戶主曹思礼載伍拾陸歲　隊副　下中戶空　闕元十一載九月十六日棟甲頭和習茶曾高祖廉銘　課戶見不輸

母孫載陸拾歲　宣天寶五載帳後死空

妻張載伍拾捌歲　職賣妻空

弟令休載壹拾捌歲　白丁　天寶五載帳後死空

3354

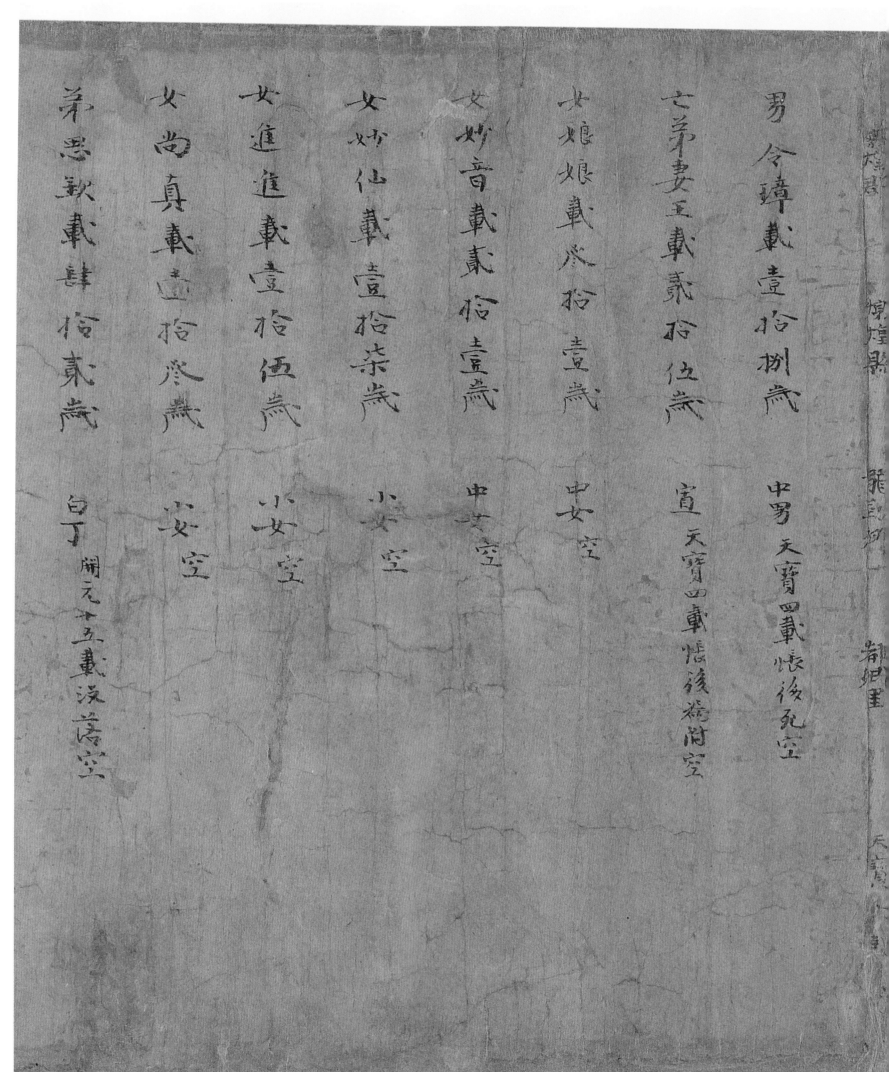

男令璋載壹拾捌歲　中男　天寶□載懷後死空

亡弟妻王載貳拾伍歲　宣天寶四載懷後橋附空

女㜷娘載叄拾壹歲　中女空

女妙音載貳拾壹歲　中女空

女妙仙載壹拾柒歲　小女空

女進進載壹拾伍歲　小女空

女尚真載壹拾叄歲　小女空

弟思歡載肆拾貳歲　白丁開元十五載沒落蕃

第一一一册　伯三三四二至伯三三五四背

弟悲歡載肆拾柒歲

亡兄男瓚璋載貳拾叁歲　白丁　開元廿五載沒落空

亡兄男瓚玉載壹拾柒歲　上柱國子　故父德達上柱國舊昰景雲元載十月廿二日檢甲頭　獎天寶四載帳後漏附曾高祖庿父達空

妹妙法載肆拾叁歲　小男　天寶四載帳後漏附空
　　　　　　　　中女空

合應受田叁佰陸拾肆畝
　　陸拾貳畝已受
　　三佰二畝未受

一段拾伍畝永業　城西十五里高渠　東渠　西薗宅　南鄭思福七合
　　　　　　　　　　　　　　　　　六十畝永業　叚□□　一叚佳園宅

一院陸畝永業　城西十里白土渠　東自田　西渠　南渠　北渠

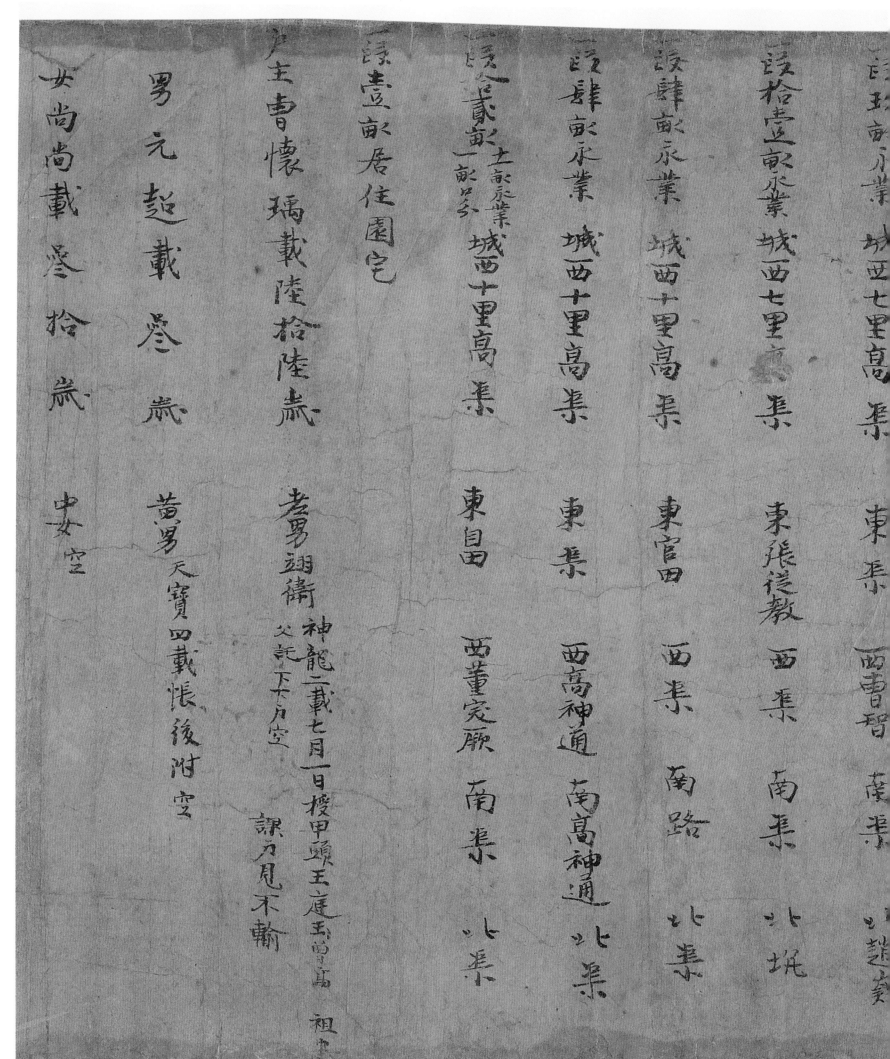

段拾壹畝永業　城西七里高渠　東張從教　西渠　南渠　北坈

段辨畝永業　城西十里高渠　東渠　西高神通　南高神通　北渠

段辨畝永業　城西十里高渠　東官田　西渠　南路　北渠

段壹畝永業　城西十里高渠　東渠　西董定廠　南渠　北渠

一段壹畝居住園宅

戶主曹懷瑀載陸拾陸歲　者矛翊衛　神龍二載七月一日椄甲頭王庭玉當高祖　父託下　課乃見不輸

男元起載叁歲　黃男　天寶四載帳後附空

女尚尚載叁拾歲　中女空

P.3354　　　唐天寶六載（747）燉煌郡燉煌縣龍勒鄉都鄉里籍　　（19—2）

女尚尚載叁拾歲 安空

女妙真載壹拾肆歲 中女空

女仙仙載貳拾貳歲 中女空

女仙仙載壹拾歲 中女空

女介仙載壹拾伍歲 小女空

女介介載壹拾壹歲 安空

一段壹畝口分 城西七里陰安渠 東洮 西渠 南渠 北張慶

一段陸畝口分 城西七里陰安渠 東渠 西渠 南帝寶 北渠

戶主劉智　新載貳拾玖歲　白丁　下下戶空

課戶見輸

一段棗畝普佳園宅城要里隆安渠

一段伍畝口分　城西五里隆安渠

一段壹畝口分　城西七里平渠

一段柒畝口分　城西七里平渠

一段肆畝口分　城西十里平渠

一段壹畝口分　城西十里平渠

一段拾肆畝口分　城西十里平渠

一段陸畝口分　城西七里隆安渠

一段陸畝口分　城西七里隆安渠

一段陸畝口分　城西七里隆安渠

東井　西路　南張鐵　北渠

東渠　西渠　南張懷德　北張蓬惠

東渠　西路　南路　北舍

東自田　西路　南路　北舍

東自田　西自田　南自田　北舍

東自田　西自田　南自田　北舍

東渠　西劉負　南賈奉睪　北渠

東路　西渠　南路　北王奇仁

東城　西自田　南城　北...

戶主劉智新載叁拾玖歲　白丁下下方空　課戶見輸

祖妣王載陸拾玖歲　老宜空

母索載肆拾玖歲　宜空

妻王載貳拾壹歲　丁妻　天寶三載籍後漏附空

敦煌郡　敦煌縣　龍勒鄉　鄱郍里　天寶□載籍

弟知古載壹拾柒歲　小男空

妹仙去載貳拾玖歲　中女空

妹正載柒歲　小女空

合應受田壹頃陸拾叄畝

陸拾捌畝已受 十柒畝永業 卅七畝口分 壹畝居住園宅
九十五畝未受

壹叚柒畝永業 城西七里平渠 東賈阿本 西渠 南渠 北自田

壹叚拾畝口分 城西七里平渠 東舍 西墓 南史豚明 北路

壹叚柒畝口分 城西七里平渠 東渠 西仏畱 南渠 北李懷忠

壹叚陸畝口分 城西十里平渠 東渠 西渠 南渠 北劉善政

壹叚壹畝口分 城西十里平渠 東毘思亮 西渠 南渠 北張思恭

壹叚壹畝居住園宅

戶主陰懷祖載捌拾伍歲 老男 久視元載全家沒落下山不空 不詳戶

...田五畝壹畝永業未受

P.3354　　唐天寶六載（747）燉煌郡燉煌縣龍勒鄉都鄉里籍　　　（19—4）

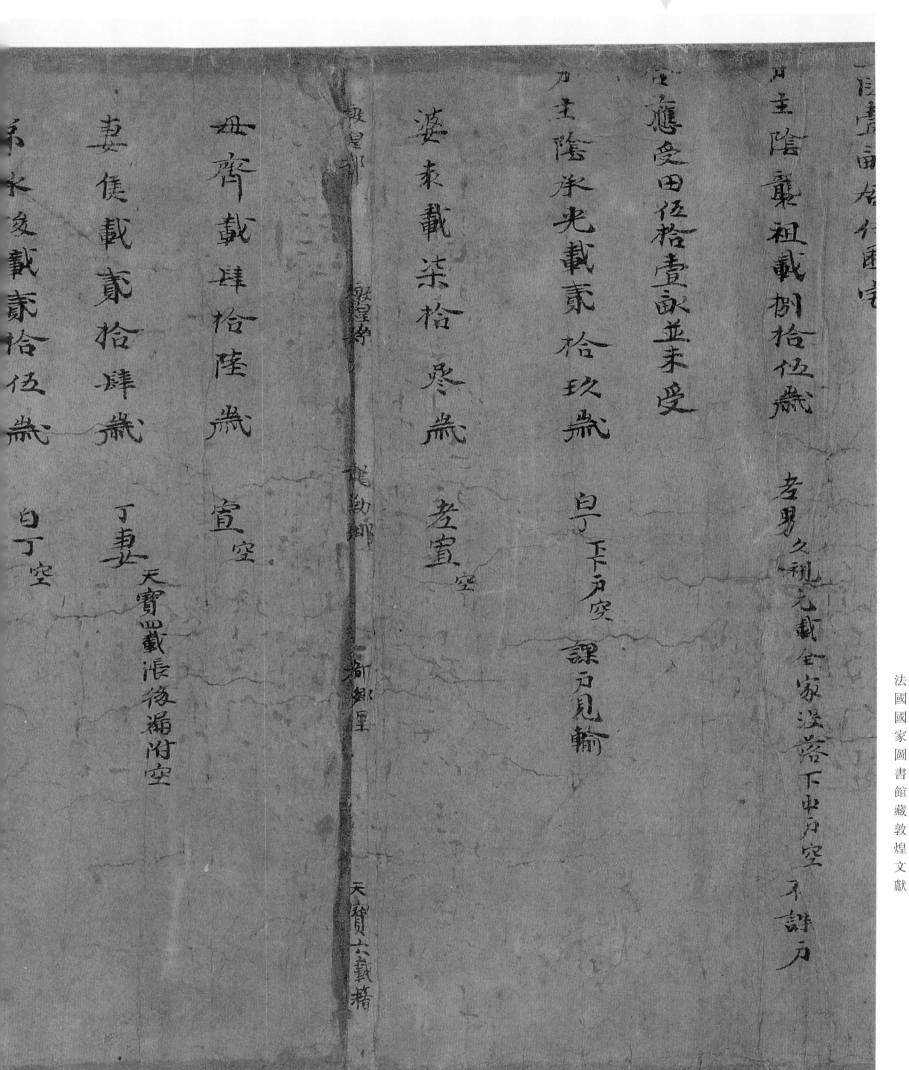

法國國家圖書館藏敦煌文獻

妹惠日載　賣拾　　　生

合應受田壹頃陸拾壹畝

肆拾玖畝巳受　卅畝永業　七畝已死
　　　　　　　二畝居住園宅
二頃二十三畝未受

一段伍畝永業　城西七里陰安渠　東渠　西渠　南渠　北宋阿達

一段貳畝永業　城西七里陰安渠　東渠　西渠　南陰元嗣　北舍

一段陸畝永業　城西七里陰安渠　東楊鄉　西路　南韓伏德　北渠

一段陸畝永業　城西七里陰安渠　東陰昱　西胡女　南自田　北渠

一段陸畝永業　城西十里胡渠　東毛徹　西毛徹　南毛海藏　北渠

一段陸畝永業　城西七里陰安渠　東宋必興　西胡女女　南胡女女　北渠

一段拾伍畝　九畝永業　城西七里陰安渠　東阿嚴　西路　南蘇才頭　北嚴

一段拾伍畝 九畝永業 六畝口分 城西七里陰公渠 棗两嚴 西路 南蘇孝頭 北齡

一段壹畝口分 城西七里陰渠安渠 東自 西宋堪仁 南舍 北場

一段貳畝居住園宅

敦煌郡

敦煌縣

龍勒鄉

戶主徐庭芝載壹拾柒歲 小男 天寶五載帳後福附代姊承戶下下戶空不課戶

姊仙仙載肆拾柒歲 安 空

婆劉載柒拾伍歲 老寡 空

母馬載肆拾樹歲 宜 空

右件 □ 載柒合 □ 歲 中女空

合應受田壹頃壹拾貳畝

叁拾畝已受　捌拾貳畝未受

廿畝永業　二十畝口分

姑錦　東載肆拾柒歲　　中女

一段壹畝永業　城西十里高渠　東路　西徐行素　南路　北園

一段伍畝永業　城西十里高渠　東曹武眷　西徐備　南渠　北路

一段陸畝永業　城西十里高渠　東孫感德　西渠　南張奉節　北汜玄俊

一段貳畝永業　城西十里高渠　東渠　西路　南徐備　北徐備

一段壹畝永業　城西十里高渠　東渠　西路　南參孫智生　北茹行素

一段叁畝永業　城西十里高渠　東渠　西退田　南昌　北大野數仁

一段拾貳畝　三畝永業　二畝口分　城東卅里鄉　東渠　西退田　南昌　北大野數仁

一段拾貳畝　　壽昌城尉對

戶主

開元七載三月廿九日授　甲頭吳慶廣曾信禮

P.3354　　唐天寶六載（747）燉煌郡燉煌縣龍勒鄉都鄉里籍　　（19—6）

一段捌畝訴□□田十□□□　東□　西路　南□□智生　□□行□□

一段叁畝訴永業　城東卅里鄉東渠　東渠　西退田　南昌　北大野奴仁

戶主程思楚載肆拾柒歲　衛士武騎尉　欠德下中戶空　開元廿七載三月廿九日授甲頭吳慶審、曾信禎牒　課戶見輸

敦煌鄉　敦煌縣　龍勒鄉　鄭鈍軍　天寶六載籍

母白載柒拾叁歲　老宣　天寶四載帳後死空

妻馬載叁拾陸歲　職資妻空

妻常載叁拾貳歲　職資妻空

妻鄭載肆拾壹歲　職資妻　天寶五載帳後漏附空

男進子載貳拾貳歲　黃男　天寶五載帳後附空

女仙兒 車壹拾柒歲　小女

女妃妃 載叁拾 歲　黃女　天寶四載帳後附空

弟思農 載叁拾玖歲　衛士

農妻鄭 載壹拾柒歲　衛士妻　空

農妻鄭 載叁拾壹歲　衛士妻　天寶四載帳後漏附空

農男元奉 載叁歲　黃男　天寶四載帳後漏附空

農女妃王 載貳歲　黃女　天寶五載帳後附空

弟思太 載叁拾伍歲　昌　空

太妻李 載壹拾玖歲　丁妻　天寶三載籍後漏附空

P.3354　　唐天寶六載（747）燉煌郡燉煌縣龍勒鄉都鄉里籍　　（19—7）

弟思太載零拾伍歲　皇空

大妻李載壹拾玖歲　丁妻　天寶三載籍後漏附空

敦煌縣　敦煌鄉　龍勒鄉　鄭郊里　天寶六載籍

太妻白載貳拾捌歲　丁妻　天寶五載懷後漏附空

妹迴子載肆拾歲　中女空

妹沙門載零拾壹歲　中女空

合應受田零頃陸拾伍畝
　　　二頃八十六畝未受

　　　　已受玖畝永業　李畝永業　千八畝口分　一畝居住園宅

陸拾伍畝永業　城西七里平渠　東路　　西程懷素　南程懷素北坐祗生

　　　拾肆畝永業　戌五七里平渠　東各　西□土　日五載□上□□□

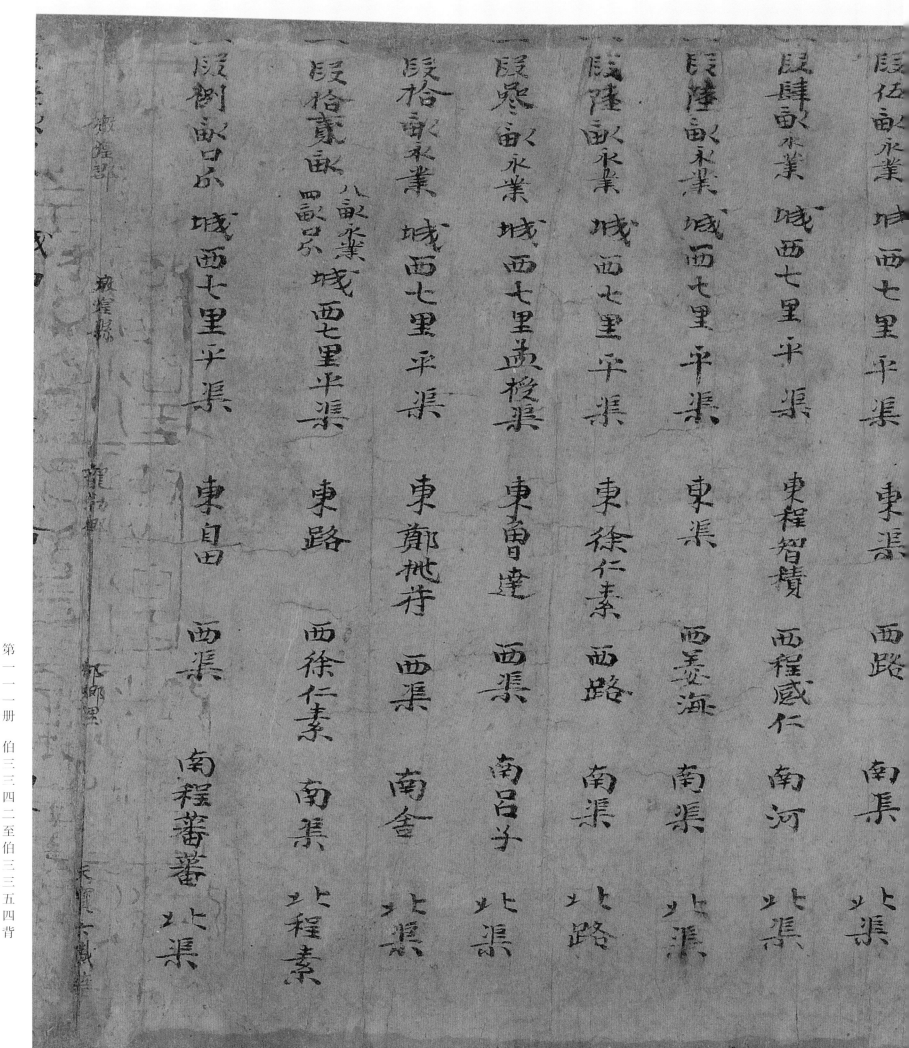

一段伍畝永業　　　　　　西七里平渠　　　　　東　　　　　　　　西路　　　　南具　　　　北渠

一段肆畝永業　城西七里平渠　　　　　東程智積　　　　　西程感仁　　　　南河　　　　北渠

一段陸畝永業　城西七里平渠　　　　　東渠　　　　　西菱海　　　　南渠　　　　北渠

一段陸畝永業　城西七里平渠　　　　　東徐仁素　　　　　西路　　　　南渠　　　　北路

一段陸畝永業　城西七里孟授渠　　　　　東曹達　　　　　西渠　　　　南昌子　　　　北渠

一段叁畝永業　城西七里平渠　　　　　東鄭地待　　　　　西渠　　　　南舍　　　　北渠

一段拾畝永業　城西七里平渠　　　　　東路　　　　　西徐仁素　　　　南渠　　　　北程素

一段拾貳畝　八畝永業　四畝口分　城西七里平渠　　　　　東昌田　　　　　西渠　　　　南程蕃蕃　　　　北渠

一段捌畝口分　城西七里平渠

燉煌郡　燉煌縣　龍勒鄉　都鄉里　天寶六載籍

P.3354　　　唐天寶六載（747）燉煌郡燉煌縣龍勒鄉都鄉里籍　　　（19—8）

叚陸郎口分　　　城西七里平渠　東路　西程蕃　南路　北舍

叚壹畝居住園宅

戶主程什住載荼拾捌歲　老男翔衛　景雲二載二月三日揬甲頭張玄均曾留　租安父母　課戶見不輸
下中戶空

妻茹載陸拾壹歲　藏貿妻空

妻王載肆拾荼歲　藏貿妻空

妾茹阿炒載伍拾荼歲　藏貿妻空

男奉仙載貳拾壹歲　中男　天寶四載帳後死空

男鶴子載壹拾伍歲　男　天寶貳載帳後死空

女去良載五合冬壹歲　安空

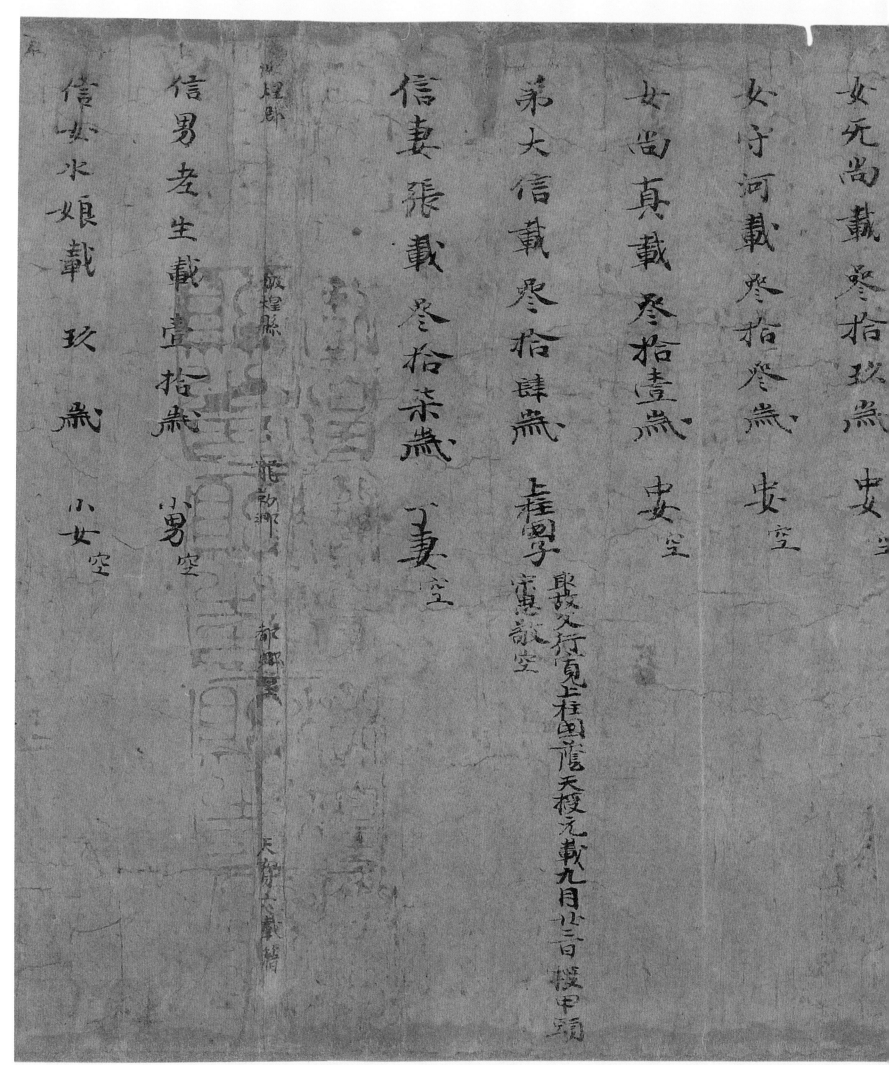

女死尚載叁拾玖歲 安空

女守河載叁拾叁歲 安空

女尚真載叁拾壹歲 安空

弟大信載叁拾肆歲 產學 憲敦空

信妻張載叁拾柒歲 妻空

信男老生載壹拾歲 小男空

信女水娘載玖歲 小女空

敦煌縣 龍勒鄉 都鄉里

天寶六載籍

叚叔父行見上桂田龍天授元載九月廿三日授甲頭

信安水娘　載玖歳　小女空

信收老生　載貳歳　黃安　天寶五載悵核附空

合應受田壹頃伍拾伍畝

九十畝未受

陸拾肆畝已受　卌畝永業　二十五畝居　九畝園宅田

一段壹畝永業　城西四十里平渠　東路　西宋靖　南渠　北路

一段玖畝永業　城西四十里平渠　東渠　西渠　南白田　北路

一段肆畝永業　城西七里孟授渠　東懷義　西懷住　南渠　北河

一段玖畝永業　城西七里平渠　東渠　西仁貞　南渠　北貫奉

一段伍畝永業　城西七里平渠　東渠　西渠　南河　北渠

一段柒畝永業　戌西七里平渠　東舍　西真　南□共　北真

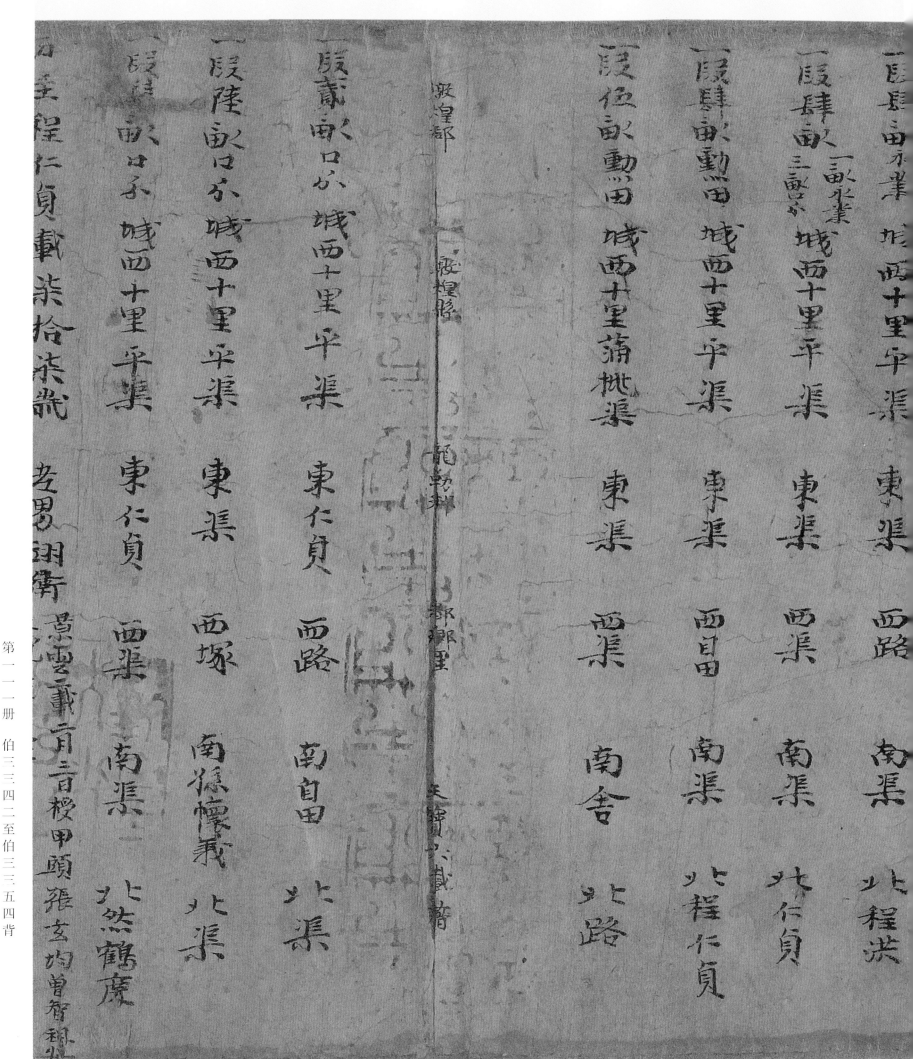

一段参畝　　業　　城西十里平渠　東渠　西路　南渠　北程洪

一段肆畝　三畝業　城西十里平渠　東渠　西渠　南渠　北仁貞

一段肆畝勳田　城西十里平渠　東渠　西目田　南渠　北程仁貞

一段伍畝勳田　城西十里蒲桃渠　東渠　西渠　南舍　北路

燉煌郡

燉煌縣

龍勒鄉

都鄉里

天寶六載籍

一段貳畝口分　城西十里平渠　東仁貞　西路　南自田　北渠

一段陸畝口分　城西十里平渠　東渠　西塚　南縣懷義　北渠

一段　畝口分　城西十里平渠　東仁貞　西渠　南渠　北然鶴慶

段陸畝　口分　城西十里平渠

西至程仁貞載柒拾柒畝　老男羽衛

恩雲載貳百三樹甲頭雅玄內曾智郡

P.3354　　　唐天寶六載（747）燉煌郡燉煌縣龍勒鄉都鄉里籍　　　（19—10）

応□敦口禾域西四十里平桑 東仁貞 西渠 南渠 北烋鶴廣

万玉程仁貞載柒拾柒歲 老男翊衛昌□□軍二百□校甲頭雅玄□曾智□文寛下下戶空 不課戶

妻宋載陸拾玖歲 職資妻空

妻安載陸拾壹歲 職資妻 天寶五載帳後編附空

男大辟載壹拾歲 小男 天寶三載籍後死退

女縣先載肆拾伍歲 中女空

女放純載肆拾叁歲 中女空

女妙果載肆拾壹歲 中女空

女法力載叁拾叁歲 中女空

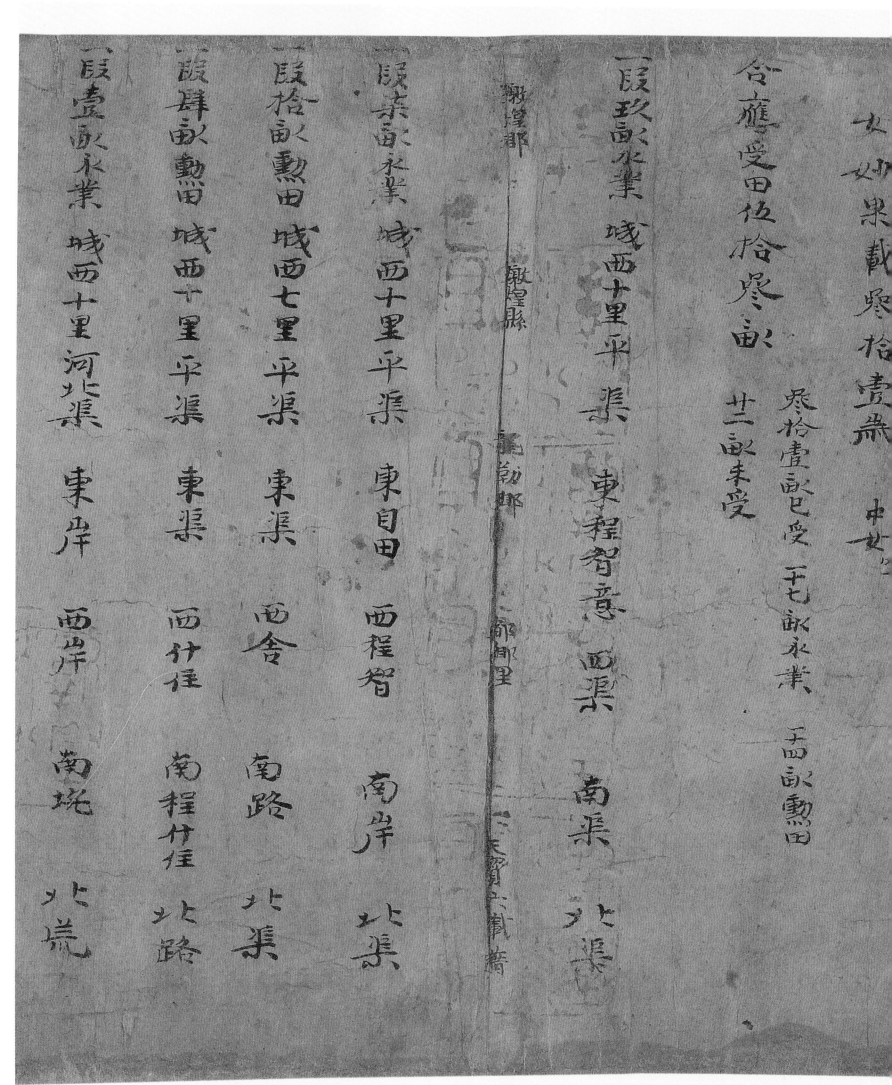

谷應受田伍拾畝　盡拾畝巳受　廿七畝永業、　廿四畝勳田
廿二畝未受

敦煌郡
敦煌縣
龍勒鄉
都鄉里
天寶六載籍

女如果載盡拾壹歲　中女

一段玖畝永業　城西十里平渠　東程智意　西渠　南渠　北渠

一段柒畝永業　城西十里平渠　東目田　西程智　南岸　北渠

一段拾畝勳田　城西七里平渠　東渠　西舍　南路　北渠

一段肆畝勳田　城西十里平渠　東渠　西什往　南程什往　北路

一段壹畝永業　城西十里河北渠　東岸　西岸　南坈　北荒

P.3354　　唐天寶六載（747）燉煌郡燉煌縣龍勒鄉都鄉里籍　　（19—11）

·357·

一段壹畝永業　城西十里河北渠　東岸　西岸　南坑　北荒

戶主程大忠載伍拾壹歲　上柱國　下中戶空　開元廿七載十月二日錄甲頭盧思元曾通租□□□　不課戶

妻張載伍拾零歲　職貰妻　空

妻宋載肆拾貳歲　職貰妻　天寶貳載帳後滿附空

男思瓊載壹拾陸歲　小男　轉前籍載廿天寶五載帳後貞蔵訖實空

男思諫載伍歲　小男　天寶三載籍後死空

男思讓載叁歲　黃男　天寶五載帳後附空

女仙伍載叁拾歲　中女空

女仙仙載壹拾陸歲　小女空

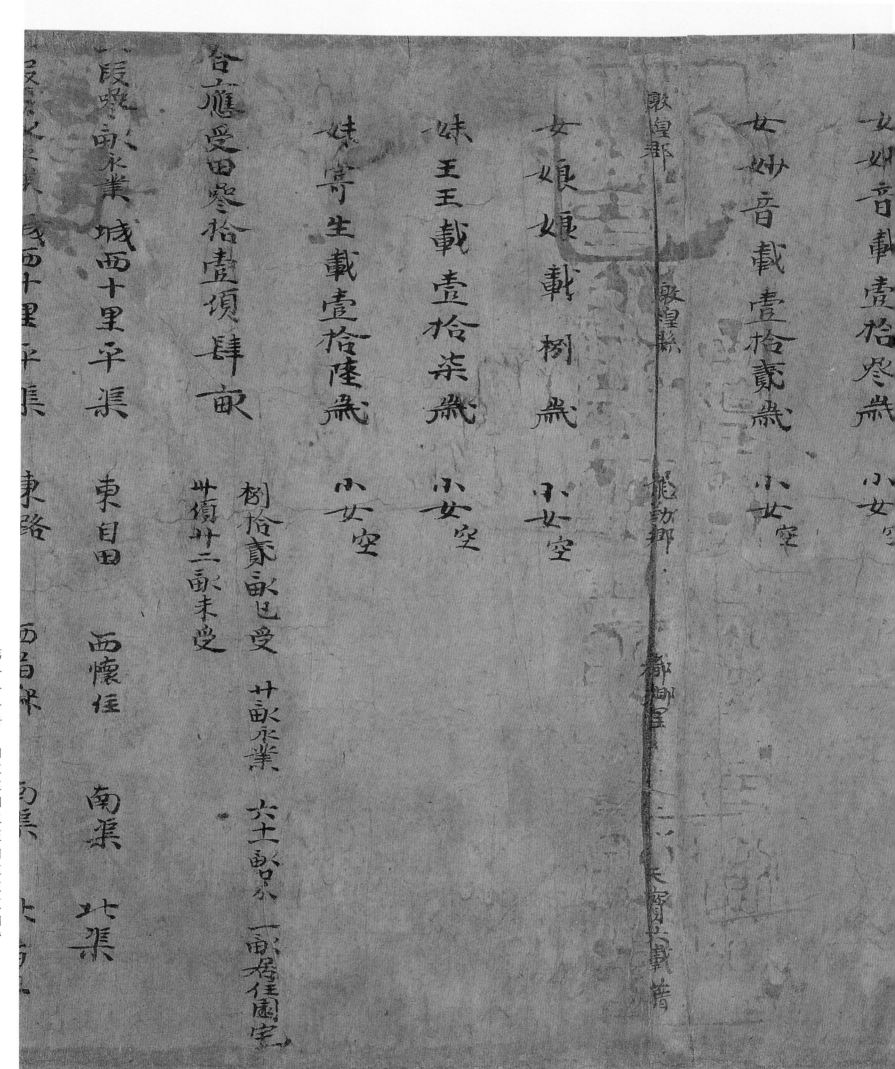

女姏音載壹拾叁歲　小女

敦煌郡　敦煌縣　龍勒鄉　都鄉里　　　天寶六載籍

女姏音載壹拾貳歲　小女空

女娘娘載捌歲　小女空

妹王王載壹拾柒歲　小女空

妹寄生載壹拾陸歲　小女空

合應受田叁拾壹頃肆畝
捌拾貳畝已受　廿畝永業　六十畝口分　一畝居住園宅
廿貳畝未受

段叄畝永業　城西十里平渠　東自田　西懷住　南渠　北渠

城西四十里平渠　東路　西昌渠　北渠

P.3354　　　唐天寶六載（747）燉煌郡燉煌縣龍勒鄉都鄉里籍　　　（19—12）

一段柒畝永業　城西十里平渠　東目田　西懷住　南渠　北渠

一段肆畝永業　城西五里孟授渠　東懷住　西行寬　南渠　北渠

一段□畝永業　城西十里平渠　東路　西苗宰　南渠　北苗宰

一段菜畝永業　城西五里孟授渠　東程崇壽　西五　南程行寬　北河

一段菜畝　二畝異　城西四十里平渠　東程大康　西君　南路　北君

一段菜畝口分　城西四十里平渠　東然鶴慶　西程惠　南渠　北闍思思

一段拾畝口分　城西四十里平渠　東渠　西程惠　南渠　北石

一段貳拾畝口分　城西四十里孟授渠　東渠　西王貨　南顏表　北石

一段捨畝口分　城西十里平渠　東剗貨　西王貨　南顏表　北鄭表

一段菜畝口分　城西七里平渠　東渠　西目田　南目田　北渠

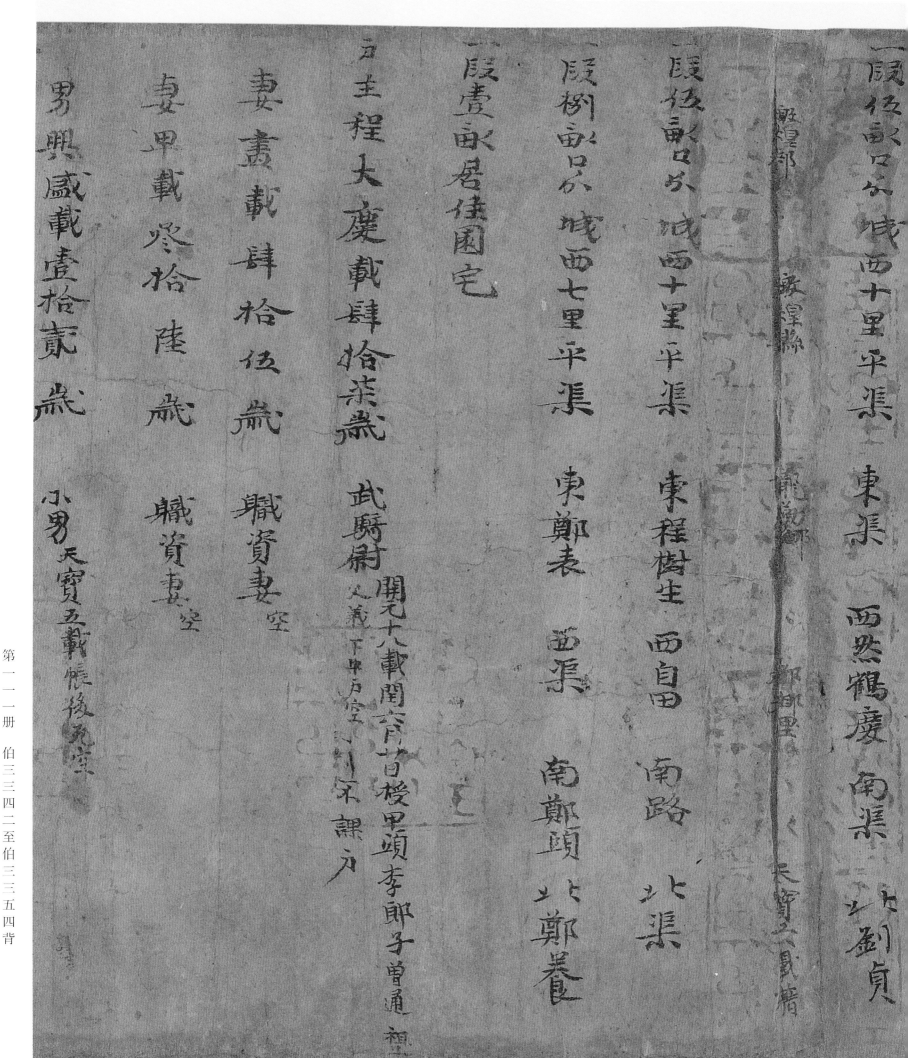

一段伍畝口分城西十里平渠　東渠　西然鶴慶　南渠　北劉貞

敦煌郡　敦煌縣　龍勒鄉　都鄉里　天寶六載籍

一段伍畝口分城西十里平渠　東程樹生　西自田　南路　北渠

一段捌畝口分城西七里平渠　東鄭表　西渠　南鄭頤　北鄭養

一段壹畝居住園宅

五主程大慶載肆拾柒歲　武騎尉　開元十八載閏□□□□李郎子曾通禪

妻晝載肆拾伍歲　職資妻　空

妻甲載肆拾陸歲　職資妻　空

妻甲載叁拾陸歲　職資　妻空

男興盛載壹拾貳歲　小男　天寶五載帳後死空

P.3354　　唐天寶六載（747）燉煌郡燉煌縣龍勒鄉都鄉里籍　　（19—13）

男興盛載壹拾貳歲　小男　天寶五載帳後死訖

男興俊載參歲　黃男　天寶四載帳後附空

男奉進載貳歲　黃男　天寶五載帳後附空

女光兀載壹拾壹歲　小女　空

妹真真載參拾參歲　中女　空

妹堡壬載貳拾貳歲　中女　空

合應受田壹頃陸拾參畝

　　　　　　　　　　陸拾捌畝已受　廿畝永業　卌捌畝口分　一畝居住園宅

　　　　　　　九十五畝未受

一段肆畝永業　城西七里平渠　東自田　西舍　南王智　北山岸

一段捌畝口分永業　城西十里平渠　東程伏生　西程忠　南路　北君

一段柒畝永業　城西十里平渠　東然慶　西渠　南闍慶　北渠

一段貳畝一畝永業一畝口分　城西十里平渠　東趙崇仙　西園　南岸　北渠

一段拾畝口分　城西五里孟授渠　東李大咸　西程大昂　南書武相　北河

一段拾陸畝口分　城西十里平渠　東程什住　西舍　南渠　北渠

一段壹畝居住園宅

戶主程智意　載肆拾玖歲　衛士飛騎尉　父住下中白空　開元七載五月廿三日懊甲頭貢子曾迀祖平　不課戶

弟鄭載肆拾伍歲　職資　妻空

妻庠載叁拾陸歲　職資　妻空

P.3354　　　唐天寶六載（747）燉煌郡燉煌縣龍勒鄉都鄉里籍　　　（19—14）

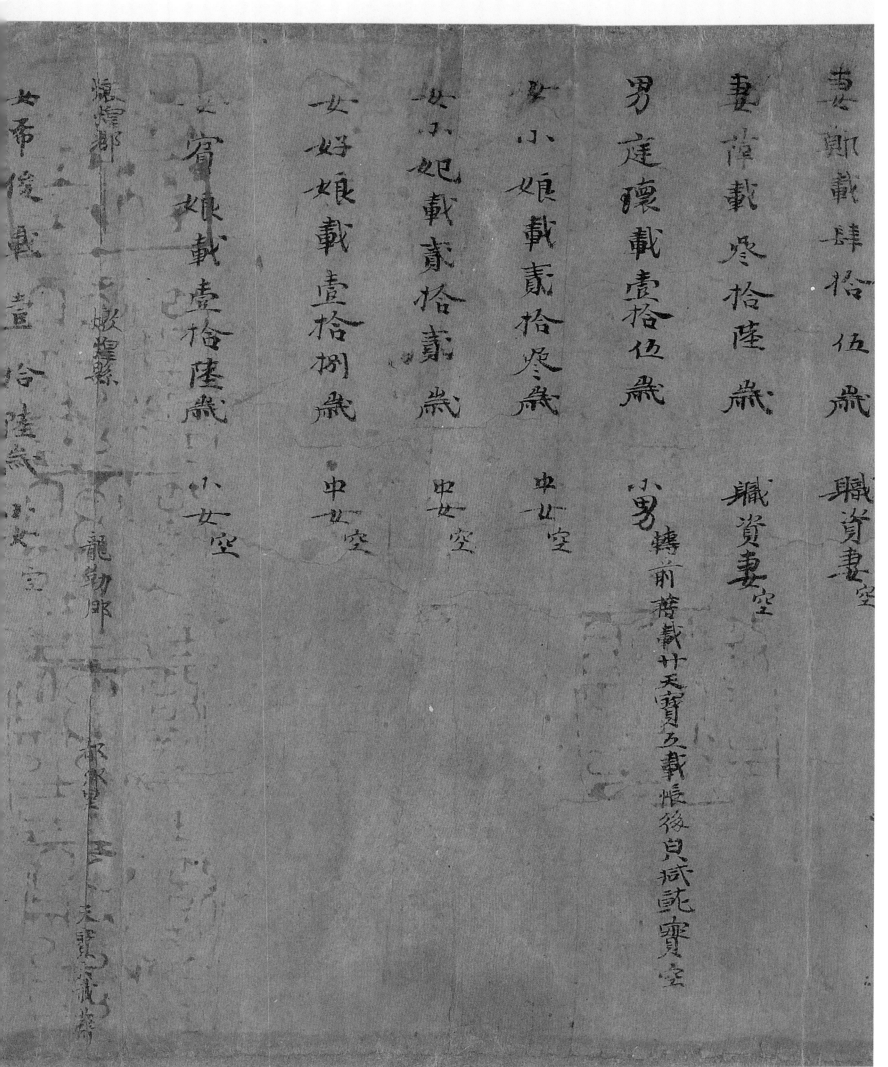

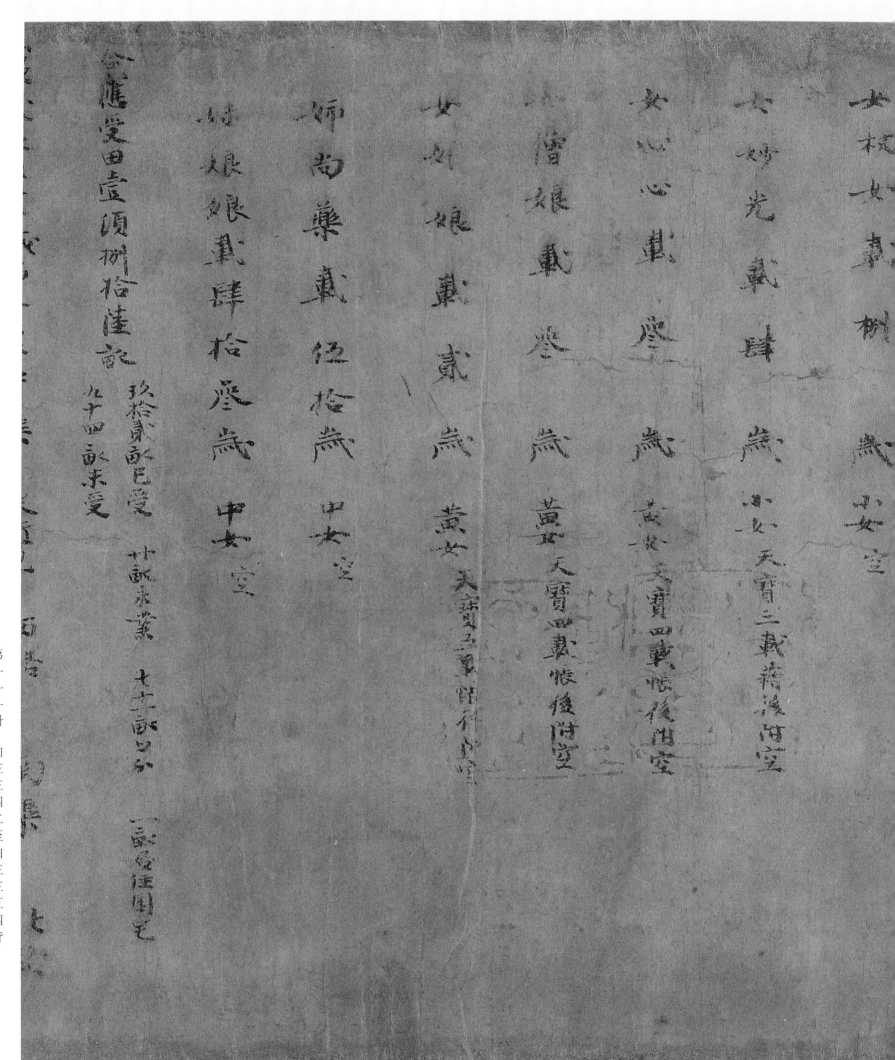

P.3354　　唐天寶六載（747）燉煌郡燉煌縣龍勒鄉都鄉里籍　　（19—15）

合應受田壹頃捌拾漆畝

　　玖拾貳畝已受　　廿貳畝永業　　一畝居住園宅
　　　　　　　　　　九十四畝末受

一段貳畝永業　城西四十里平渠　東行寬　西路　南渠　北路

一段□畝永業　城西四十里平渠　東程大慈　西程仁園　南渠　北渠

一段□畝永業　城西四十里平渠　東路　西程行寬　南路　北渠

一段□畝永業　城西五里孟授渠　東程淡禍　西程大慈　南渠　北渠

一段□畝永業　城西四十里平渠　東程寬　西路　南臨　北鄭渠

　　　墩煌縣　　墩煌縣　龍勒鄉　郝悌鄉　天□末業□□

一段□畝永業　城西五里孟授渠　東程寬　西石　南渠　北河

　　墩煌郡

一段拾貳畝□永業　城西十里武都渠　東行寬　西渠　南石　北壕
　　　一畝永業

段肆畝口分　坳西十里　平渠　東鄭懷諫　西渠　南王祐興　北□

段拾懷畝口分　城西十里平渠　東陸仁慶　西賈遂璋　南王祐生　北渠

段拾柒畝口分　城西十里平渠　東渠　西自田　南鄭懷諫　北自田

段貳畝口分　城西七里平渠　東路　西自田　南路　北渠

段柒畝口分　城西七里平渠　東係懷義　西路　南自田　北岸

段樹畝口分　城西五里孟授渠　東官田　西程大惠　南渠　北河

段拾畝口分　城西七里平渠　東渠　西渠　南渠　北鄭向頭

段肆畝口分　城西七里平渠　東渠　西渠　南鄭懷諫　北渠

段拾畝口分　城西七里平渠　東渠　西自田　南鄭懷諫　北自田

段伍畝口分　城西七里武都渠　東陰舍王　西宗延芝　南渠　北自田

P.3354　　　唐天寶六載（747）燉煌郡燉煌縣龍勒鄉都鄉里籍　　　（19—16）

一段伍畝已 城西七里武都渠 東陰舍王 西宋波立 南渠 北自田

一段壹畝已居住園宅

戶主劉感德載柒拾肆歲 老男 延載元載金家沒落下申月空 〇課戶

合應受田伍拾畝居宅並未受

敦煌郡 敦煌縣 龍勒鄉 郡鄉里 天寶六載籍

戶主父祖伍尚載叁拾陸歲 中男 下下戶空 不課口

妹媚妃載肆拾捌歲 中女 空

胡匏受 七畝家業 一畝居住園宅

合應受田伍拾畝已 卅三畝未受

既陸口業□城西十里高渠　東路　西渠　南公共暗曹北暗曹

口段傷□南未業□城西十里高渠　東公共暗曹　西胡子　南舍　北渠

□應書□□住園宅

戶主杜懷奉載肆拾伍歲　上柱國　開元十七載十月二日授甲頭盧思元曾開祖□父奴下下戶空　不課□

亡兄男崇真載叄拾柒歲　衛士武騎尉　開元十九載閏六月廿日授里頭李壽明　曾開祖奴父頭空

真男欽論載卅歲　小男　元寧三載蒲後元空

真女玉兒載壹拾叄歲　小女空

真女玉兒載壹拾貳歲　小女空

亡兄女法仙載貳拾捌歲　中女空

亡兄女法仙載貳拾捌歲　中女空

亡兄妻汜載肆拾陸歲　宜空

亡兄男崇賓載貳拾柒歲　其空

敦煌鄉　一十二家丁課　龍勒鄉　郡郡里　天寶六載籍

亡兄妻張載叁拾陸歲　宜空

昌渠生載壹拾伍歲　小男空

男令璋載柒歲　小男　天寶□載籍後死空

弟崇敬載貳拾歲　中男　天寶三載籍後死突

帝吉成載肆拾叁歲　出世空

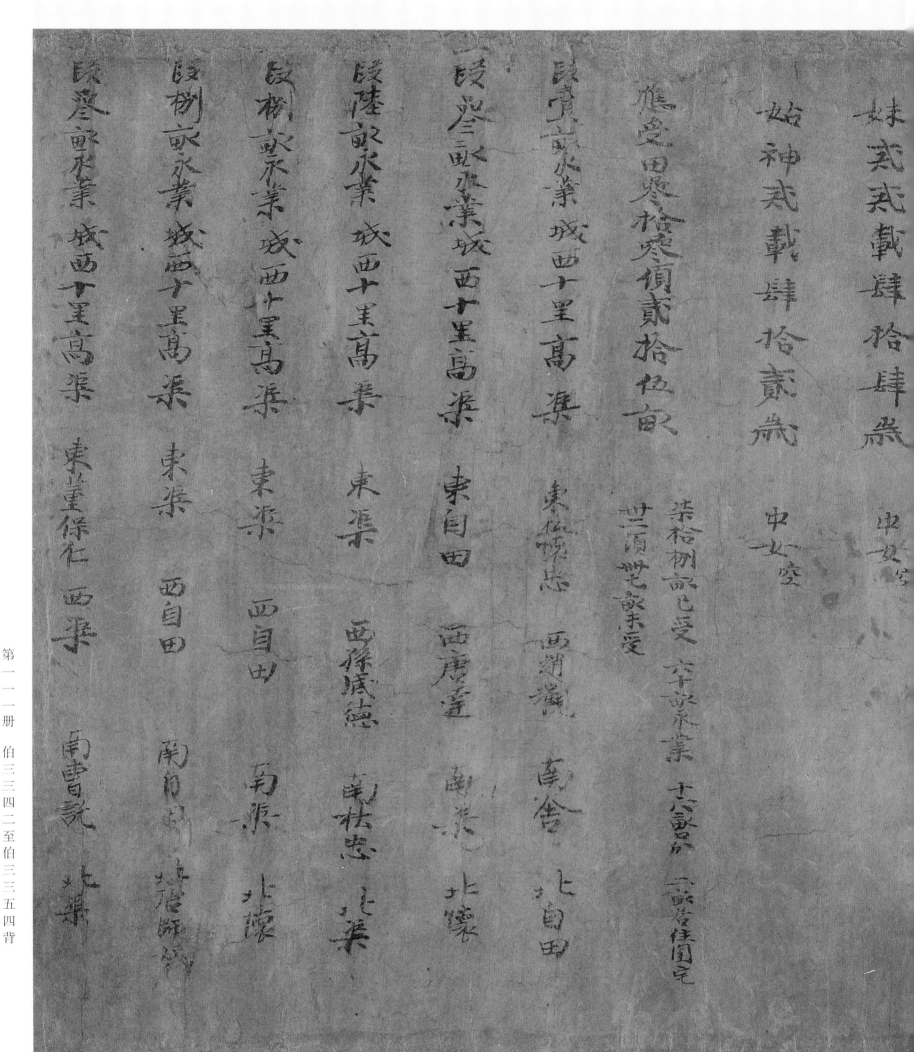

妹戎戎載肆拾肆歲　　中女
　　　　　　　　　　　中女空
始神戎載肆拾貳歲　中女
　　　　　　　　　　中女空
應受田叁頃陸頃貳拾伍畝　　柒拾柒畝部已受　　空訖永業
　　　　　　　　　　世頁世芝畝未受　　十六畝分　一畝居住園宅
一段壹畝永業城西十里高渠　東松悰忠　西趙巖　　南舍　北自田
　　　　　　　　　　　　東自田　　西唐達　　南张　北壞
一段壹畝永業城西十里高渠　東自田　西孫威德　南松忠　北自田
　　　　　　　　　　　　東渠　西自田　南自田　北壞
一段陸畝永業城西十里高渠　東渠　西自田　南渠　北渠
一段柒畝永業城西十里高渠　東渠　西自田　南自田　北自田
一段壹畝永業城西十里高渠　東董保仁　西渠　南曹慌　北渠

珉舉畎水業　城西十里高渠　東並重係仁　西渠

南曹訛　北渠

小南水業　城西十里胡渠　秦唐　西岸　南路　北曹行感

段舉畎水業　城西十里高渠　東當係住　西渠　南孫楚寶九常住

汜伍邯水業　城西七里陰安渠　棗善濮　西後汲子　南沙　北渠

浚柔邯水業　城西七里高渠　東渠　西渠　南渠　北曹瑞

清敏水業　城西七里高渠　東渠　西渠　南白田　北曹瑞

饉款水業　城西七里黃俊渠　東吾　西河　南渠　北河

法稻柔邱　二畎水業　城西七里貞仏當渠　東任義　西路　南渠

　十六永公　城西

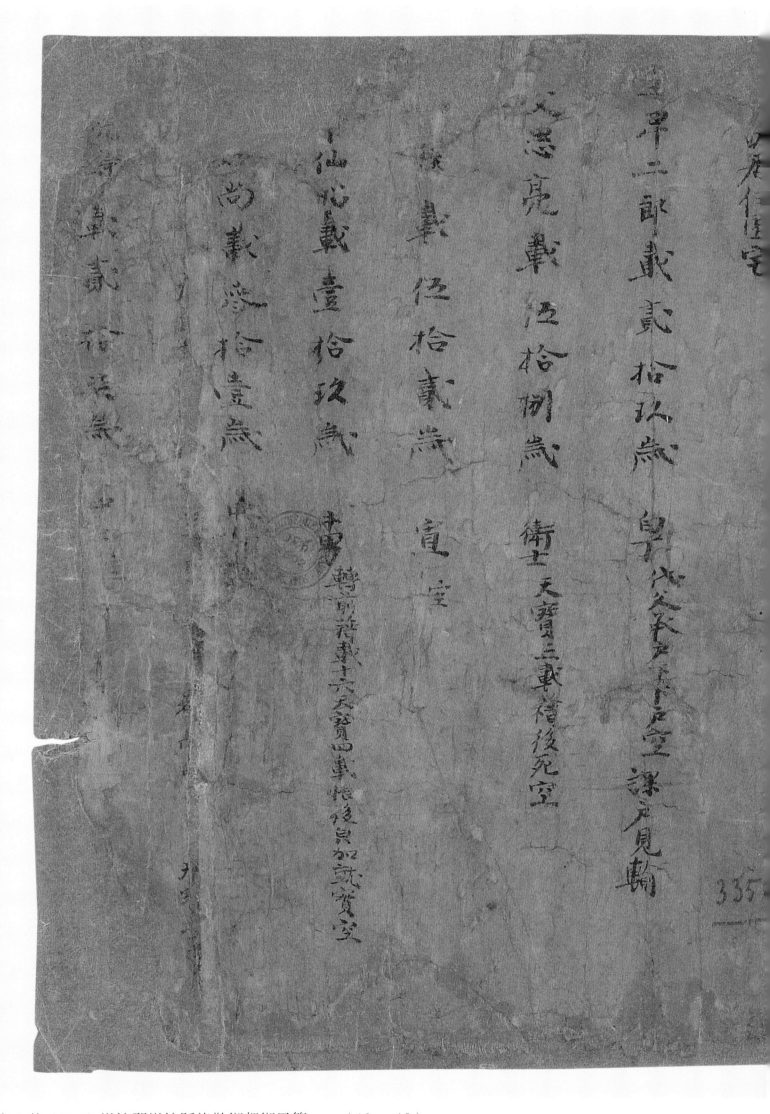

P.3354　　　唐天寶六載（747）燉煌郡燉煌縣龍勒鄉都鄉里籍　　　（19 — 19）

P.3354v　　佛經集抄（總圖）　　　　（一）

P.3354v　　佛經集抄（總圖）　　　　（二）

P.3354v　　佛經集抄（總圖）　　　　（三）

P.3354v　　佛經集抄（總圖）　　　（五）

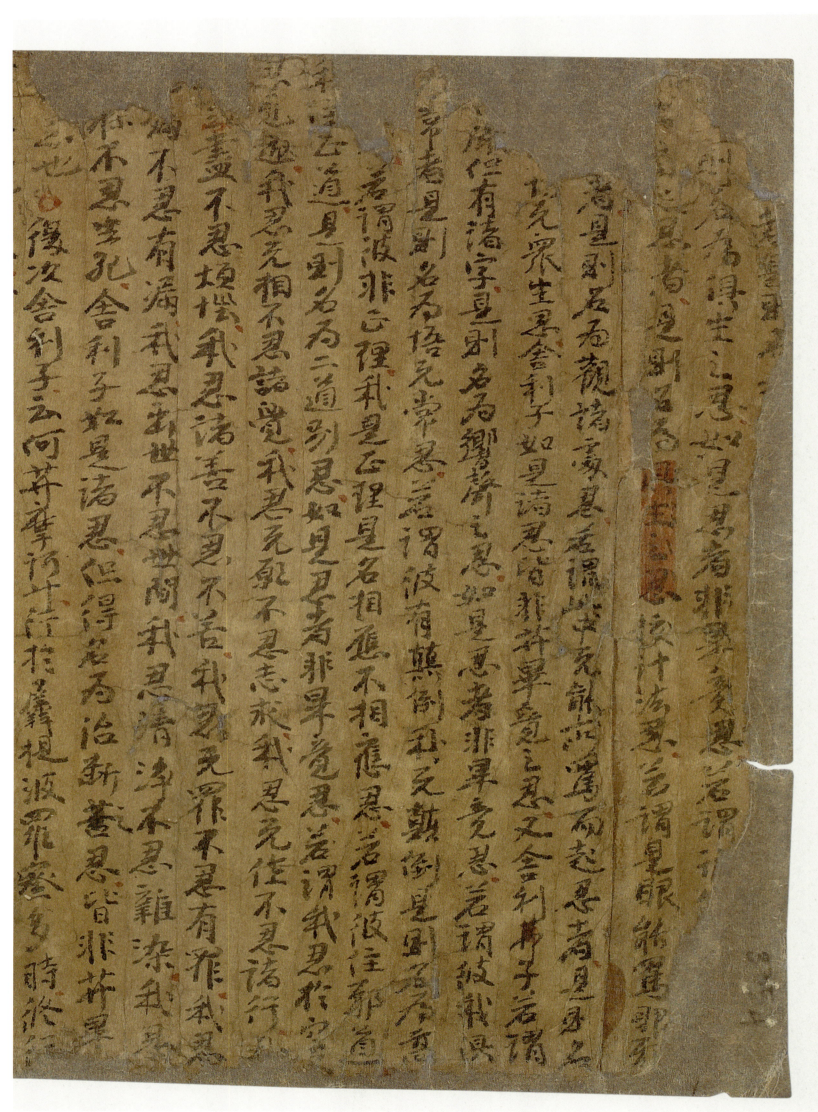

P.3354v　　佛經集抄　　（44—1）

舍利子如是諸忍從得覺為治所善忍皆非於無
復次舍利子云何菩薩摩訶薩行十方於菩提波羅蜜多時於此
舍利子菩薩順空不減諸見於無增於無增無
菩薩順空不減求乾於無乾性亦無增
減諸行於無作性亦無增減善薩順空不減
善薩順空不減於彼善性亦無增善薩順空
非性亦無增菩薩如是乃至若順空不減無
畫菩薩順空不減善性亦無增畫性亦
生死於涅槃性亦無
生死於涅槃性亦無增
生善薩順空不減生死於涅槃性亦無增
而生忍者即名菩薩摩訶薩行十方畢竟之忍舍利子初滿
等相而生忍者即名菩薩摩訶薩行十方畢竟之忍舍利子初滿
所生非已生非現生無有增量可生起無生起故別無有
能生非所生非已生非現生無有增量可生起無生起故別無有
如此無畫者即名善薩摩訶薩行十方畢竟之忍舍利子一初滿演
是有為亦非無為起故亦無有畫如是忍即名菩薩摩訶薩行十方無
是有為亦非無為起故亦無有畫忍無殖無增於無長春無藏無裏無
有作為亦無起故由起故不無有畫如是忍無殖無增於無長春無藏無裏
如是忍者名為菩薩摩訶薩行般若波羅蜜多
如是忍者名為菩薩摩訶薩行十方菩提故行十方菩
忍之菩提故行十方菩提波羅蜜多圓滿既舍利子菩
如是忍者名為菩薩摩訶薩行十方菩提波羅蜜多圓滿既舍利子菩

舍利子菩薩摩訶薩為成就般若波羅蜜多故應如是住如是學般若波羅蜜多

如是忍者名為菩薩摩訶薩此善現菩提波羅蜜多精懃修學行布行善不為諸餘

摩訶十與住如是菩提薩埵滅羅蜜多精懃修學行布行善不為諸餘圓滿成就舍利子菩薩

眾天子之以稼亂久亦不為異道耶論所能摧伏

菩薩摩訶薩耶波羅蜜多品（第三十二）爾時佛告舍利子彼過去世諸現王如

眾法中詳儀童子芥藏訶十與往詳儀童子芥藏訶十於彼佛時教久

於擐言行孤孤耶波羅蜜多故精懃不懈於行正道舍利子彼二芥行滿

進聘於千歲中為至未曾

中未曾起念敬卧息心於千歲中未曾起念破樂卧寢心於千歲中未曾再

一返使身蹲踞惟除後利若食飲時後就座坐於千歲中未曾再食

日止一食已曰一摶飯水一粲於千歲中未曾起念敬樂人食心如謂我合

地為飢渴願盡芥念初元有坐於千歲中未曾一返過

堂欽敬於千歲中未曾起念稱量飲食鹹此味此甘此苦此辛醉

天眾初元思慮於千歲中每乞食時一心正念未曾觀彼授食人

堂飲噉敂於千歲中未曾起念稱量飲食鹹此喰此甘此苦辛酢

天愛初元界慶於千歲中每乞食時忍念未曾觀彼棱食人

瞻覩於千歲中唇心誰与我食為丈夫邪為婦人邪乃王童男童女省不

曾起念緣親里覺若父若母兄弟姊妹及餘眷屬梁緣念於千歲中一而

弟曾再場於千歲中未曾一念起於欲覺恚覺惱覺於千歲中未

中未曾起念於所居家菽思覺心於千歲中未曾起念仰觀虛空

日月星宿雲霞之題於千歲中未曾起念以身體滑若澀若樹若草

亦中未曾起念以諸膏油用塗支體於千歲中未曾起念懈怠嬾墯

於千歲中未曾起念身心疲倦於千歲中未曾起念何時當證何時

之心唯興是念我今於行何禪多羅三狼三善提何時當證何時當

得於千歲中未曾起念逐身心痛悈於千歲中未曾起念我破荊棘稚塗坦

王時来弘上以其神力于平持去於波天宣起军塔波衆寶庄嚴

而為洪若於千歲中難有天王若來若去願心都无去来之想於千

中未曾起念從愊龍壽星長景蠡送文逆為王壽景蠡伀一歲

而為供養於千歲中難有天至若來若去而心都無去來之想於十
中未曾起念從濕熱高至清涼處於千歲
中於嚴寒時未曾起念履霜享煖衣而取溫過於千歲中行如是等陰固精進時須
就世間元卷之語舍利子且三界於千歲中行如是等陰固精進時須
亦藏名惡魔興壞亂故如我令者去現世間相惡魔羅軍藏人念佛
舍利子彼時惡魔興壞亂故於律儀菩薩所往行道仰郤利刀
遍其行處念時徉儀菩於彼刀道徹夾本心生利忍退遍主想
正便即退悔救火音聲在藏返唱言咄我高重我令如阿往於彼
覺舍利子時彼芽所藏當聲惡告三千大千世界於上空中有百千
興拘胝天寬鏡徒儀聞是芽懷念者聲即共同時語芽言如汝令
香菩告之將涼舍舍利子如是天聲惟律儀聞彼徉律儀
於諸天賢及世芽普告大聲初不聞之余時律儀芽聞天語已菩薩
陛固大精遍破前行從芽輯其念不保習遍舍利子時彼芽菩薩
河中深寬黎已住如是威緣行如是物行於賀昆道還起如昆大悲

瑠璃大精遍破像前行從弃輦其心不係習翻舍利子時彼苾蒭
阿十溼竟悉曰往如見感緣行於賀處道近起如望大悲
興彼如見蒭根精遍未曾休憊後次舍利弗於彼二於汝溼中行
那斯郭波羅寒多故俱戍就見感緣行近大此蒭蒭弗於千蒭往空閑
帳於溼遍念盡是正後蒭現王如來方入涅槃余時謫天使來告訴
男女盡不知郭如來今者已般涅槃時二大士既聞哭告野後往詣
縣跟王如來溫縣康一既到彼已合掌而䖏聽師如來曾捨極
慇憇慕溼主救重作是念言如來玉世大慈悲者復護諸眾生同
於舍宅如阿一旦遠般涅槃合我等類无依无怙舍利子見二大士立望
前溼悚悫御七日七夜曼不衿憂不惓遂立念溼往生梵世
既受梵身得宿命智力少大神通從上來下至溫縣會為縣跟王
如來雁乙芉覺兩有舍利起窒塘波珎寶妙物極世之珍展四十
氣方得戍就以諸輪盖安施其上舍利子時二垜為彼如來起
寧俦波已心文歡臺合掌而立䖏其福相倍加欣慶如是天經七

气方便或次諸輪王盍安施其上舍利子時二萃為彼如來起

窣堵波己心大歡喜合掌而立瞻其福相倍加欣慶如是天經之

千歲方始致礼因余命汝俱主瞻部州中大轉輪王家震末后胎令

利子彼初生之便憶過去所經諸事作如是言我於今者而當受住殆

上菩一不放逸法復以伽他而自誡曰我今堂豪輪王家豪多財令食

皆如意於極故逸當捐捨豪求元上佛菩提勤苦修妙佛菩提我菩提

炎豊豈逹須臾頃窟者於斯不欣樂勤求佛菩提財寶金殷及王位

寶不生樂為利言誐證菩提二者二候捨欲求家從行脱如語尤行

于昔過去元量劫躭湎五欲為功德二君主天上及人中來當作波生知

散故薩摭數及王位二父每要屬亦財寶乃捨國城大軍豪多家勤永證菩

蔡[菩]菩五十卷般若波罷蜜多品○後次舍利子苦薩摩訶㾗依行眼苦婆

多行并行者膺於如是大苦藏故妙法門鄭重識開受持讀誦恩作其義

甬莚亘趣後為他人廣分刮諭是行資糧舍利子云何苦薩摩訶於苦

法而起正行舍利子苦於法起正行者如諭諒行建立而住是經於法而起正行

通達前趣復為他人廣分別說是行資糧舍利子云何菩薩訶薩於如是

法而起正行舍利子菩薩於法起正行者謂如說終行建立而住是經於法而起正行

何以故舍利子若菩薩於法起正行即名邪行元奏元任執取法人由如是法能隨順而離必元

是處何以故是那行人於法元行尚雖生疑元任用故況取法行而非那行是故

應當不取諸法而行云何正行天舍利子若於諸法不取不捨不生不滅是名正行於至

諸法不輕蔑者是名正行天舍利子若於諸法而有違礙是名正行於

若於諸法元含元散是名正行若於我等諸法若有是處元有於法而

可見聞亦元可說如是一切諸法非可得見非可執取何以故一切諸法猶是一

相所謂元相又舍利子一切諸法悕本元相若有菩薩如是則元相思應

可說何以故元相有相故不可說言此為元相舍利子若有

菩薩於此能悟如是一切法相即是元相不可得見不可執取如法了知是名

正行於菩薩訶薩如是正行已當於諸法澄入元違照明三慧燈

舍利子是名菩薩訶薩若波羅審多正行之相介時世尊欲重宣此義

而說頌曰菩薩若於法不起執元執取行相

而說頌曰：安住正行能敬者，於菩薩藏善決定，此於法不起執，无執取行相
如是證得諸法不為空，非於諸法得平等，又非空法有所執，无執正行相如是
於法无取亦无捨，亦非取法以為法，无取是名諸法相，无取正行相如是，若於諸法
智无礙，此智无所不楽境，於其境智无所執，諸法正行相如是，智者安
住无離德，於法起勤精進，若能依正軌則行，尔時當入清淨門，是清淨門
通諸法，亦有情諸欲解，智者雖知无所觀，而能演說如是法，於其深廣
義當於深義除決擇，隨順无礙行法行，明知多聞如大海，於彼聞法諸文字
究竟无能證得者，以彼文義俱无邊，重覺正行恒无動。復次舍利子，菩薩
摩訶薩修行般若波羅蜜多時，於菩薩藏微妙法門殷重聽聞，乃至為他如
法說已，當知是菩薩摩訶薩於一切法獲得光明，能破一切无明黑闇及諸翳障。
舍利子，如是光明即為智慧，何以故，善不善法皆能明了，如實知故。是菩薩
摩訶薩如是法獲明慧已，乃至命難衆苦因緣，決定不造諸不善法。舍利
子，是菩薩摩訶薩為欲永滅不善法故，通達聞法，極善通達，既通達已，是
則說為今年在家寂靜。如是舍利子，是名菩薩摩訶薩修行般若波羅蜜多時
於行之相。尔時世尊欲重宣此義而說頌曰：如人入闇室，雖復燃燈光明

法國國家圖書館藏敦煌文獻

卽說爲今於是舍利子是名菩薩摩訶薩於行般若波羅蜜多時
吾行之相今於時世尊故重宣此義而說頌曰　如人入闇室
雖有衆色像　非明眼所見　當知住有人　內具諸明解　不開於心源
善男善女等　多聞解諸法　多開捨光義
善薩修長聞　聞解憎長慧　當能於淨義　得義常招衆　聽聞得本止
逢遇法逼般　淨法竟相應　證得第一樂　聞菩薩已　正法善安住
爲雙失光明　行善提妙行　復次舍利子若菩薩摩訶薩爲欲於行般若波羅
鑒多故於能要持於藏輕乙行人所深起般心善知識相眠生想
又於大井藏燉妙法門信復尋水今山法門轉憶明淨今舍利子見
苹摩訶薩竹石水井藏故救生信故榮勵正勤捨偽其心含言安佳
足菩摩訶薩竹於四正斷方便於彼一切中得天淳守如是舍利子聞
若苹薩摩訶薩於般若波塞多正行之相今時世尊故重宣此義而說頌
母　所請論法者　阿爲善知識　荼發於問法　安住於今行　故解常先退
精進常萬善　淨惠常於持　於洧常安佳　自荼達諸法　亦垂於拾行

精進涅槃常勤、淨惠常勤持、於習常安住、自然速達諸法彼岸、速於修行
於智觀於法、具兩論俱說、習者令別句、趣義善加學、於白黑品等
常於常遠離、心曾元歉俟、於法無退沒、身故並輕安、速得心輕盡
出開悟憶智、習情元退念、智恒展念遠、了知淨稿法、過學於元上法
乘積令慧刀、了眾生欲解、自學於長夜、學法正尋邊、極進智清靜
了眾生欲解、自學叢長夜、樂正尋遠、極進輔清靜、了眾被解、善藏
解悅開宗、隨次舍利子於某所代於行般若波羅蜜多時於某藏
於物消門、覺善求通達覺慧、隨是清靜善法明門、諸法學位
盡於學、舍利子若有□某草木諸藥於法隨學違作舍三因□□二錄
隨發心見何等為二所謂涅池間、奇承於以內自如理住意後思惟
從池開奇如理住意為阿等想尋重思惟若有樂雲從相應行諸
芳芽末曾聞大芽藏藏妙法門又眾從開習法律教但於三寶
地中生知是相當知是人以場力故起增上場我諸是人不能解於生
種種見法過惑學既不能諸越惚芳苦盡得脫彼五門
種病危法越苦者無為無得脫彼五門

地中生和望相當知是人以愿力故起增上愿我說是人不能解脫生

老病死慈歎憂苦諸熱惱等既不能說熱惱等苦豈得脫彼五門

生死有之流溺派轉不息且諸衆生實非解脫而便自謂我已解脫

竟未離苦而復自謂而離衆苦是故如來依見是人故如實說法言

能從他隨順聽聞是則解脫諸老苦復作是言如我先聞諸佛

伽梵說多聞解了法多聞不造惡多聞捨元義多聞得涅槃

善聽博長聞　聞博長慧　慧能於淨戒　得義第一樂　是舍利子諸苓薩

得義已證見法涅槃　聞法得慧　證得苓一樂　毗柰耶教授重聽聞

河中如是是當於大苓藏教妙法門及已座法毗柰耶教授重聽聞

其持讀誦愛為他人敷演開示復次舍利子若諸会誠於苓藏

敷妙法門雖復稍聞而不如理方便作意當知是人於彼寂道不能二行

是故如来依見人故沦云法要作如是言若欲解脫生老病死當其

內自如理思惟諸苓等應如是等故子舍利子云何名為如理方便何等

叶如理作意而離諸戲學会利子苓種詞叶如理方便者元有一法若会意

雜可以故如如理方便非方便故又舍利子苓摩訶叶若有安住如理方便

卅如理作意而能修學。舍利子。若摩訶衍如理方便者元有一處。若合意
雜。何以故。如理方便非方便故。又舍利子。若摩訶衍有安住如理方便
及作意者。若如此相識是言音聲。而此意聲而性元所起亦不轉起。又由彼
故而敢重聲。何以故彼一切皆不可得。故又復並觀是音聲。崩深後深
從何而生。從往何而如是觀察了不可得。又更推求如此聲者有在已說為
在今論有在當論。又重推求如是聲音義之而論義合所論若當而論
如是聲者若為斷故已論。若為斷故當論如是聲。
若為證故已論若為證故當論是若如是一初尋求聲之都元
得者又更觀察時是名如理方便。作意重故如理方便若摩訶此如
摩訶此如是正觀察。復次舍利子云何菩摩訶此法理觀觀諸法等云何
是類進具終學。復次舍利子是卅菩薩卅觀一初法自性無學是則名為如理正觀若
學應舍利子是卅菩薩卅觀一初法入平等性是則名為正觀
觀諸法畢竟空而是則名為如理正觀若觀諸法畢竟元生是則
若觀諸法畢竟元生是則名為如理正觀若觀諸法畢竟元
若觀諸法畢竟不起是為正觀若觀諸法畢竟元減

若觀諸法畢竟无生是則名為如理正觀若觀諸法畢竟无

名為如理正觀若觀諸法畢竟无起是為正觀若觀諸法无起者直如是觀

名曰觀舍利子是并摩訶大位是觀時亦不見有能觀之者直如是觀

所謂非觀故若有并華法是觀者名如理觀若他觀者名非於此

復次舍利子云何名摩訶訶薩學如理方便舍利子譬如理方便者无有法非於此

法有思惟故如理方便者非於此法而生淨專如理方便者不為諸法所縛

眼門如理方便者无有而斷故分法故歎勤精進如理方便不為諸法

勇勵正懃舍利子并摩訶訶薩已如是見如其所見正觀諸法

舍利子云何名為如其所見正觀諸法舍利子謂无所見名觀諸法何等

為无所見邦舍利子无所見者名為无生无起无无趣為

名无所照是故如來依見云法說如是言若有并華一切行見无生是

趣入正性決定夫云見者謂能趣入正性決定舍利子波并華性是思惟何因緣

故當得趣入正性決定舍利子并華如見學若觀我見为平等者即

是一何諸法平等若住是觀當知趣入正性決定諸法并華欲趣入

正性決定者當於如是大并華藏教如法門段重臨關覺村讀誦研窮

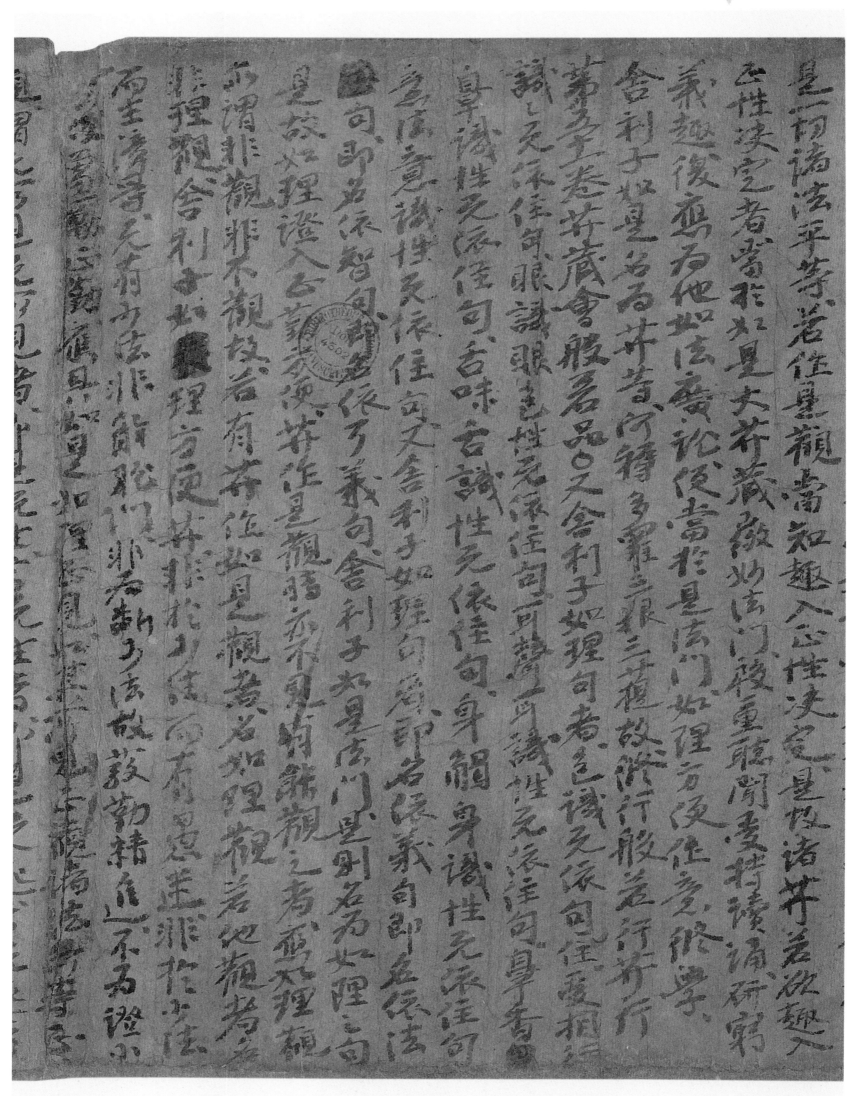

是二何諸法平等若住是觀當知趣入正性決定諸菩薩趣入
正性決定者當於如是大菩薩敬勤勉法門殷重極開意持讀誦研窮
義趣後亦為他如法廣論復當於是法門如理方便修意終學
舍利子如是名為菩薩何等多羅三藐三菩提故於行般若行
第六卷菩薩會般若品○又舍利子如理句者意誠無依句住行
誠之無依行句眼色性無依住句可聲一耳誠性無依住句
鼻誠性無依住句舌味舌誠性無依住句身觸身誠性無依住句
意法意誠性無依住句舍利子如理句者即名無依住法
何即名依智身即依菩提便菩薩便舍利子如是法門是智理之句
是故如理證入云菩薩便舍利子是觀猶非不明觀之者亦無智理觀
是謂非觀若不觀故若有菩薩作如是觀為名如理觀若住觀者
不謂非觀故若有菩薩作如是觀為名如理觀若他觀者
非理觀舍利子如此理方便菩薩非於此法
而生淨等無有為法非住顧聞如非於此法而有是退走非於此法
而住清等無有為法非住顧聞如非於此法故發勤精進不為證不

観謂元二見者即是元生者即見之起云元起者
名元二照故舍利子如是次第轉法廣如前説乃至名為其後行般若
波羅蜜多故○復次舍利子其應作是観諸法二所謂我如理故則観諸
舍利子是其應作是観諸法亦復元我舍利子其注是観者名如理観全
生元我故則観諸法亦復元我舍利子其注是観者名如理観
利子云何其行如理方便舍利子是其不観如理方生死性與彼如理○
縣性共相交雜従如是観是別名為如理有受亦得名為如理正観舍利子
當知其舉此元此有一期如理方便消於元量衆生處起若衆生處
不二無捨於諸法不破壊是名諸法如理方便舍利子其應作如是相如理
胡如是如理證入如是理観審如是如理正見等流是名若如是如理二義
舎利子其應當如是終行正行皆而成滿眼若波羅蜜多故
復次舍利子其行般若時二有眼若前性皆散不二一切有為行
法而共高正舍利子二何等諸法不二與二同正舍利子二所謂如是般若者不二

復須舍利子菩薩行般若若時而有般若若自住諸教不興一切有為行
法而共同心舍利子何等諸法不興同心舍利子所謂如是般若若不隨
死明而共同心不與諸行而共同心乃至不與老死而共同心舍利子不隨
般若不與身見而共同心乃至不與身見為本六十二見趣而共同心
如是般若不與高慢而共同心不與不為而共同心不與世間心隨
而共同心舍利子如是般若不與薀界處法而共同心不與如是學
所隨住意而共同心舍利子菩薩行般若若時不與如是無量無邊而遠有全
行住而共同心舍利子如是名為於行般若若之相續如是學

第二六六卷文殊授記會○是時
殘法速得阿褥女程耶所嚴淨佛剎於是世尊為啟調伏諸亲
校一初眾生行大乘故以脉志樂菩女程心云阿名名之脉志樂菩心
生故為於是悠惟過若故往詰重詳於大眾中而告之言善男子
芬茂跪一法速得阿褥女程隨以勤嚴淨佛剎若善男子阿謂一法此芬
應住是詰若有以教芬程心若乃至徵惡終克不作阿以不住謂諸貧嗔
應及以從家義周代菩曰愿惟若乃至微惡

應住是說若有發菩提心者乃至微玅終更不作何以故不作諸入境順
廣及以在家處儀調戲志當遠離若在家已不復為家於世五欲利益等
盡煙以家以後行志当何由家以既於行法謂世間諸攝入一切諸法云何以

悟一切諸法謂蘊界身身為云何悟入謂觀蘊章五蘊亦滅如行相
免以有如是悟時不見悟入死覺死思一切諸別志守鄉滅若於諸攝
如是悟入即為悟入一切諸法如是名為家以隨行法并如是後以行的如是

捨離一切眾生何以故是其如自以觀而眾生說而亦不着法及死空
善男子其為於成就一法速得阿耨菩提亦令佛剎具足圓滿諸法
時權過谷亓浮元生思眾生菩提心一万四千天遠三處離旋

佛法志以圓滿何故不實何得以權文殊言善男子死有圓滿諸佛
更證以觀何以故已圓滿故不是死證師子吼猛言云何圓滿諸佛
守守志。余時師子吼并自文殊師利言仁者已滿已三十地及如来十力一輸

法真以虛空云无有二吾男子如汝以言云以圓滿諸佛法者如是圓
法郡谷言佛法圓滿如真如圓滿如虛空圓滿妙是佛
滿身玊諸圓滿佛法圓滿亦復如是師子吼怪言何者是菩見圓

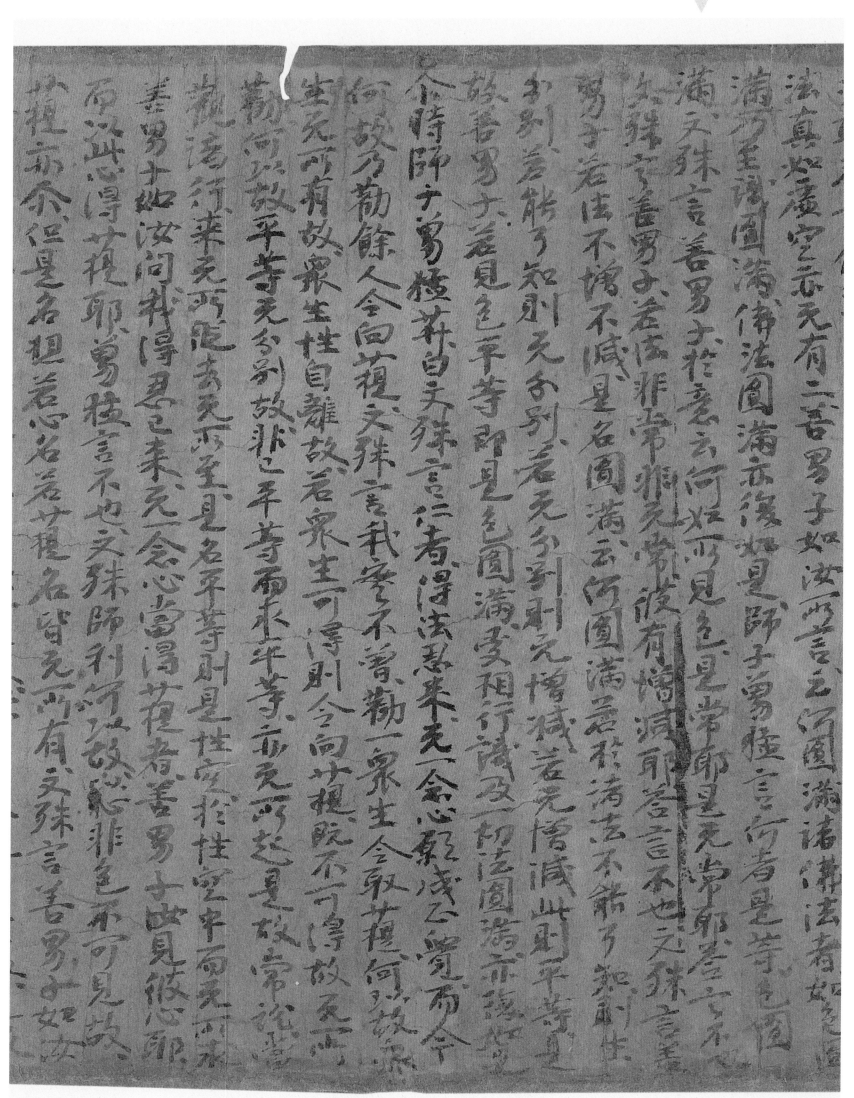

法真必虛空云无有二善男子如汝所言云何圓滿諸佛法者如是
滿乃至諸佛法圓滿亦復如是歸子善極言何者是善男
滿文殊言善男子於意云何性而見是色是歸子善極言何者是无
如殊云善男子義法非常猶是常彼有幡洞那答言不也文殊言善
男子若法不增不減是名圓滿云何圓滿諸法秋滿法不能乃知别生
若别无分别若无分别是名圓滿愛相行減及一切法圓滿亦復如是
故善男子若見色平等即見色圓滿增減若无增減此即平等善
不時師十方極井自文殊言二者浮法悉來无一念心眾成乙覺而今
何故乃勒餘人令回復文殊言我豈不曾勒一眾生令敢菩何故眾
生无所有故眾生性自離故若眾生可得則令向復院不可浮故无所
勒何以故平等无分别故非是平等而求平等亦无所起是故常論菩
觀諸行來天所距表无至見名平等卻是性欲於性空中而无所求
差男十如汝问我浮忍已來无一念心當得菩提男子由見彼恐耶
而滅心得菩提耶勒言不也文殊師利何以故恐非色不可見故
坐得菩提名皆无所有文殊言善男子如汝

而況此得菩提耶，勇猛言不也。文殊師利何故恐怖是耶何見頗
亦復爾今既是名担若恐名若菩提名皆无所有文殊言善男子如汝
說我不生一念得菩提者是豈竟說何以故心本来无所生故是故
无生既无有生何得阿耨師子勇猛問言證人者彼顏細智亦不不成
我諸法中无繫着者名平等證言證人勇猛言云何名得平等證入者
言如是見既可得別是名證入若如是見然行滿於一切處中无一時可
逮離種之性亦不着一是名證入若己異證諸法无相即了彼相即後
相要早心亦不歎着是則名為圓滿證入勇猛言云何法故說无
言善男子世間言說名之為得諸聖何得非言能說何法故說无
依亦離言說故復次善男子以无得而非得說名為得
言言男子世當自问文殊師利者當得何等法
時師子勇猛菩薩△白佛言世尊善哉善哉說文殊師利所得佛智
劉云嚴文殊師利時彼汝何問其所得佛剎得
不求非程耶六不也何以故菩薩有所求非程菩剎无所得剎有令
聚若有所言別有生生則有前前菩若有所發終不於言

不求十種耶云不也何以故若有以求則有諸著若有所著則有念

諸若有以求則有生生則有憂若有以求終不能淨

而有出離善男子我與十我而是故不求此種何以故此種不可得故之故不

藏善男子汝問我何等得佛性我仁者得者我不能論何況對於如

來一切智者論句佛刹功得得諸願即為菩首讚巴法

菩薩七十七巻

復次菩薩摩訶薩善知五陰善知四入十八界十二因緣則能成就元餘

已智得元依已故則於一切法不念不令別以不念不令別名眾生說法破

一切見念於身見善戍就此第三法則於河病病不退轉不退轉人時世尊

偈頌曰云知五陰十二入畢空云別十界通達十二緣不住於五陰

知身是虛誑於諸內外人念知其性空畢知諸法聲為人說是故菩

智慧轉高大○復次菩薩摩訶薩結義一智沈藏菩薩能隨學元所

數犯行等是菩薩學一切法是菩薩學一切法得一切

法習如見法智得元分別智覺慧故能知一切事云何一切聲菩薩

初內集一切內外事何故善內名凡所有受可入覺者憂猶

一切身於十二因緣生因平立有世若殼名彩胃此限共同覺若身是

稠內業一切內外事可故無內名凡所有愛可入貪者復損
身從十二因緣生是中但有世俗假名所謂此眼此耳此身意是
名為內是法凡夫以此貪著故名之而作是言我當得如眼不作是覺眼
得是貪身苦身意不住如是鼻舌身意是中但以此所起業緣有
界報生是故名內其中無列凡夫貪著者謂是眼等皆名為內
復次冒接耶內名名□二此業虛誑諸凡夫人貪著愛取而生淨顛
如來於此隆秦逆來從童知之而不食香云何知之不住之貪著業
於此法中不住歸誰不住歸耶愛結此眼不住歸耶眼不作此
阿□故體不可得故若有愛法則生苦惱、生故則無有樂見故於
法有愛皆愛若惱若愛苦惱則不離苦冒樓耶誰捨眼身等
無有入意若有副有出意是故如來於徑中說是眼空無
我無我所本性自爾鼻舌身意是空無我無所本性自尔是
性無性如塵花作無壞如是法性若諸佛生若佛不生
是性常住如是於諸法生□無生是性常住云阿名無生及無生智是
是言若有佛生若佛不生是性常住如來於諸法無生智是

是性常住如来於諸法生　　是不生故如来於諸語為性
是言若有佛不生是性常住云何名無生及無生智是
無如来況有二諦謂世諦第一義諦如来於此若相謂是無無有相
無即是無相智者如是無為是無相智無相智無相智
知無為法寂如是歸義知無利知無生無相智
知無為於是智中而不生相智者離諸相得嘉一義利無
住元壞若人有住即是無無性無壞相是無無壞
無無常法無有人住無有相無敢無有人住無無壞無當
樓那是名何祥多羅三狠三菩提不壞相何等是諸佛何祥此提謂諸
来無無得是當壞那何佛言世尊一切法是諸如来無無得佛言當
如是當樓那一切法是諸佛世提而是世復不名一切法是言一切法是諸佛論
者但是世俗諸名言而說不精進者難知所以者何不精進者
不能於習諸法平等若不平等諸佛有住中無無等無樓那以

不能於習諸法平等若不平等則與佛諍富樓那何人不能於行平
等富樓那一切世間行不平等諸佛有中亦等亦元不等富樓那以
是道得何得此視以是因緣我経中説一切諸法於云位中皆入必空是名此
呈此視門是故富樓那一切法皆是因緣我経中説一切諸法於云位中皆入必空是名此
是諸佛阿耨多羅三藐亦不空亦不空亦入文字示系人文字亦入語言亦示系入語言
何以故世尊我令從佛開説見経於諸法中普得決定亮明世尊我
今如是於諸法中得決定亮明於一事中知一切事知一切事中知一事今
暗佛讀富樓那言善哉富樓那汝能知見疾入諸僚初法利
第八十二卷郁伽長者會 ○ 後次長者住家芊婆蕴衮於沙門行羅
當親近淨戒速行沙門婆羅門依此令使不見其過若見沙門越於儀
行不護不敬又佛如来是應供正遍覺戒行所動定慧薩脱知見所動
袈裟不有濘濁一初陳結皆悲捨離先聖之幢倍生恭敬於彼此没
生大悲心彼不瞳為如此惡行諸佛世尊訖不輕末学非是彼過是結使
不寒不調不次不知作此非法如世尊説之法中有於此佛法中有見象若狩

不療不調不決不和住此非法如世尊論不輕未樂非是彼過是結使人

以活使故須達是惡此佛法中有於惡法見人能出則有是處若行

結世尊之說人則不能妄輕量人則為自傷如來一切智非我所知見故

不應嗔嫌容波復次長者在家林若入僧迦藍門往五體敬礼此

後乃入書如是觀此裏即是空行之處元相行處元作行處善進善捨

四覓行處且正行正往所安之處我當何時捨於家怖我當何時往

是行應生如是故出家心元有在家於集處元上正道在家多塵汗出家

空閑林徐集得成元上正道在家多憒汙出家調好在家具縛出家

元得在家多塵出家捨離在家憂橋出家善橋在家沒於愛欲

求活出家遠離在家凡俱出家智得在家邪命出家淨命在家

衆惡掃撥出家雜撥在家輕縛出家解脫在家恐畏出家歡喜在家

在家適尉出家元詩在家多害出家元害在家頓熱出家元熱在

法國國家圖書館藏敦煌文獻

在家諂□出家無諂在家多□□□在家多憂出家無憂在家
家多求索出家無求樂在家掉動出家無動在家煩惱出家在
家怯弱出家無怯在家下賤出家尊貴在家熾然出家元滅靜在
在家利他出家自利在家元刺出家元閙精業出家結樂出家藏
興在家憎刺出家無刺在家戍出家盛大法在家不調出家
調伏在家雜戒出家護戒小法出家盛大法在家不調出家不相須
覺聖門調出家佛門讚在家乳血海出家乾調在家憙出
家麤慶在家求深伏出家淨伏在家知足出家麤憙出
恨不自在出家己人諸根自在在家狂逸出家不逸在家不相須
要家迴餘途在家慎善出家林項在家閙實出家明耀在家之人
出家相□□□出家正直在家多愛出家元愛在家之力出家論曲
害家相□□在家平觀出家二觀在家生犯□生出家
俱出家俱等在家二惠出家元惠如是長者在家漸次思念
我恒河沙等誤於大施為諸界生一旦悲施善調法中主出家心皇別眼

我恒河沙等誤於大施為諸眾生一日悲施若調法中主出家悉是剃除
鬢施之量是我今應當覺悟從戒聞彼入僧坊礼如來塔生於三想
我亦當得如是供養亦當得級一切眾生盤於舍利我如是入於温練
行如是捕進疾得阿耨菩提故作一切諸事已如佛如是入於温練
是入僧坊觀於一切諸比丘行誰是多聞誰是說法誰是持律誰是捕
持阿舍何等比丘持芣藏誰是阿練若阿等比丘少欲乞食者
晝掃衣獨處離欲誰是修行誰是坐禪誰是誉眾誰是寺主
悲觀行逆誰人欲不主識阿若在寺廟及往聚落有所言說若諸
子業蓋有此丘之於兄弟兩病藥而須遍應給与不会起瞋何故諸天及
大有婬嫉結應惜讓彼凡夫人心非阿羅漢凡夫起過非阿羅漢彼近
夕聞而終開故親近論法者於行決定近持律者調伏結使不慎犯中顥
近持於芳藏人心於覺行六彼波羅塞及從可使近練若於毗尼學獨處
親近於行欲學端坐若有此丘未定位者須衣施衣須鉢施鉢物
彼此巳教无上心何以故此非腾妻時法橋彼如是長者在家非如是
知彼此之行若有沙門闍誌諸覺而和今之捨於身命守護如是

彼地名教元上心阿嗽故此非勝豪勝法槁彼如是長者在家并如是
如沔門之行若有功門鬪諍諍覽而和合之拾於身令守護居處
長者在家并起病以点悔自捨由四令彼二病藏長者在家并末聞
施心末发清池施己心悔一向善本以菩道心而為上首長者在家并住在
者及諸長者一初同聲歡喜讚歎三帝有世尊我等如觀在家多過去家渡
猶末和出家初徳世尊初徳現法亦渀得懵勝法余耶郎惶
大維頓世尊教我等郎得去家論是語己佛告長者玉家其鄭
一向淨行時諸長者白言世尊聲如壁教唯聽我等聽我等一
當如教行佛告孫勒苊一初淨莘渀受夫令豊聯者為家受戒強
爾平長者杜敎觀心余晤諸長者白言世尊己論區家郎過厦肥
說世家中有王蔵間功徳之行諸阿莘善初阔大王家礼拜起佳徒莘
逸二佛書告長者善思念之當為汝說去家莘迩然果是似茁怪行
唯然郎论佛二長者塁如是學我以何緣捨莘去家者
发莘故勤加精進如救頭然令應徑於四聖罫運是善家去莘者

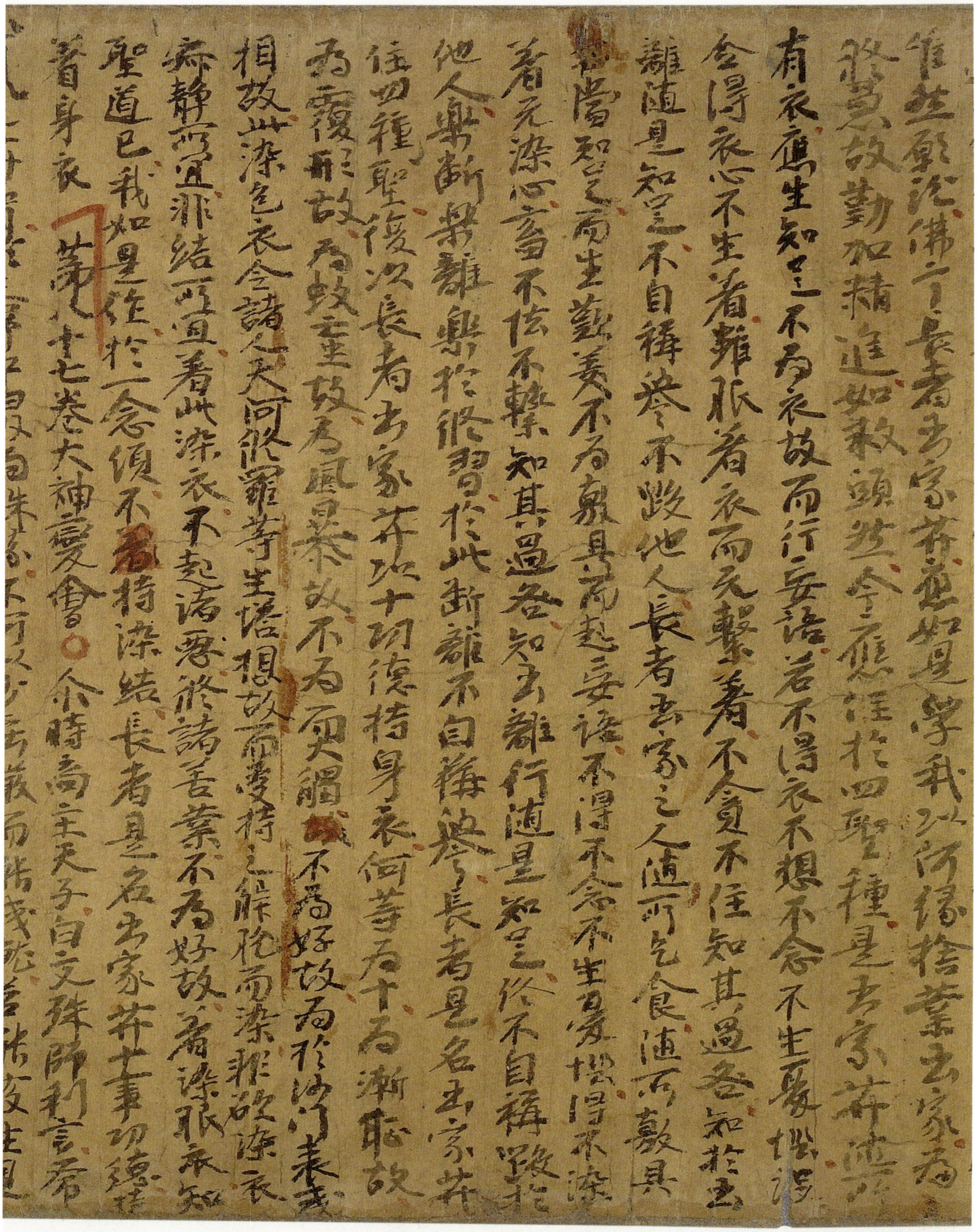

唯然願從佛受長者去家苦如是學我如所緣捨業去家為
發其故勤加精進如救頭然今應住於四聖種是去家新發
有衣應生知足不為衣故而行安語若不得衣不想不念不生憂惱得
念得衣不生著難�者衣而元繫著不貪不住知其過各知於去
離隨見知足不自稱嘆他人長者去家之人適可乞食隨而飲具
當知足音生而生勤美不為家具前起妄語不得不念不生憂惱得衣染
著元染心言不恨不輕知其過各知去離行適是知足從不自稱嘆於
他人樂斷眾樂於彼習於此新離不自稱嘆長者是名去家苦
任四種聖復次長者去家苦不求十功德持身衣何等為十功德故
為覆形故為蚊蟲故不為風寒故不為慚愧
相故此染色衣念諸人天何從羅等生塔想故而受持之能於染衣長
齋靜而遠非結而直著此染衣不起諸塵於諸菩薩不為好故染衣染知
聖道已我如是從於一念頃不當持染結長者是名去家苦士事功德
著身衣 箱十七卷大神變會 ○ 余時高王天子自受珠師利言

着身衣　第六十七卷大神變會○爾時高座天子白文殊師利言希

有是菩薩摩訶薩中最為殊勝不可以少功惰嚴而能成就若能教生是

智慧者為大神變文殊師利云何能於此法具足三摶嚴文殊師利言夫

于若聞一切眾生本來寂滅不生轉怖是名菩薩具足三摶嚴天子言云何

名菩薩菩薩行趣而无所住是名菩薩阿云何名菩薩阿何記菩薩阿云

滿大智而專阿十天問云何記若殊脈眾生若曰以智慧故不着於法

以方便力橋受一切是故記為殊脈眾生又問云何名為清淨眾生不与一切

煩惱注故為染眾生煩惱病以教大精進是名清淨眾生又問云何名為橋清

淨眾生苔曰菩薩為度脫一切眾生修道品是名极清淨眾生又問云

何許為世　導師苔曰若能安住所行之道度无量无邊眾生

是名導師之問云何苔住於調伏眾生能令安住所

竟調伏是名調伏又問云何苔而得勇猛苔曰若能度難調伏眾生

霉然令孔生易苔是勇猛又問云何苔難可祖懷苔曰若能愛滿往

苦林敦令不求精調涅覺道澄是名難可祖懷又問云何苔上勝

會日以智方便諸持正法威羅眾生一切天心兼苹瞻仰是名勝五足石

菩薩為眾生故不求斷滅諸漏覽道推墨名難可得懷之問成行持臨

會曰救菩方便護正法故觀眾生一切人心兼未瞻仰是名福云不

云何說法答曰依佛所說權此論離耶異論是名論法又問云說律答曰

自注於成就斷眾生疑惑惡業是名說律又問云何具心答於貪恚癡後

所集善根迴向一切是名具心利益眾生又問云何直心答於貪恚癡後

曲眾生不生惡尋又問云何不諂答曰所言誠實又問云何離慢答於

菩言又問云何離憍慢答曰於一切眾生不起貢高慢 又問曰大施答曰所集難

得無上菩薩施眾生何渡世間而有之物又問云何其志答曰為至尖命終

不捨於大提云心又問云何忍答曰能思適迴不逼惱他又問云何精進答曰

簡擇諸法元少何逼又問云何禪定答曰不見故界又問云何智慧答

然所分別又問云何往表答曰住大慈樂求法元默答曰知諸法德

兩不捨精進又問云何身清淨答曰住一切眾生云何往檀答曰不染

世法能救世間云何意清淨答直元生身清淨答直一切眾生平等無現答曰

語清淨答元兩說法終不染一切眾生云何意清淨答

一切眾生而有心念於一切平悲能罗知云何天眼答能見一切包相見明而元

落清淨苦元兩說法終不空過悲能滿足一切眾生云何意淨苦曰

一切眾生而有忿念於心中悲能了知云何天眼苦能見一切色相克明而見

兩著云何天可苦例一切聲離諸聲相云何何神通苦不動魔業摧破諸魔

何福命智苦曰不動實際了知前深云何神通苦不動魔業摧破諸魔

云何調伏苦能調一切難調伏者云何□謢苦曰不為諸魔之所擾亂云

調順苦曰一切諸法而不能動云何寂靜苦曰慮惱擾止而不為所懷云

者而演說法云何淨信苦曰諸佛身是色相法終不信受不為所懷云

何莊嚴巧方便苦曰若見眾生煩惱過夫菩於菩提是名三方便從此法時方

二十眾生菽何禪苦五了苦福先生慧佛讚文殊師利苦能演論滿

林行即食之時一切苾芻無量印徒○余時高至天子為文殊師利言仁

恭敬供養幾佛世尊得是辯才文殊師利言辭如行人心數已從吾眾

志相尚不可得何況邡人而有心滅苦曰語溝如來注相如是我依是法供

卷如來天曰仁者行檀波羅塞而文近邡苦曰如佛所化人若有固志供

行檀波羅塞當云何苦夫曰天可苦也天殊方我宗如是云何乃尚之近苦

邡天曰汝往慨邡苦云何苦曰我不接佛法及一切眾生

意耶答曰聲聞陀中亦有文字是故殿於言論浮至但縣以塵一初諸濟

本秦餘陀不復餘陀又問是兼三耶答曰已餘陀又問諸

正法者豈不入地獄耶答曰若餘陀斷離諸振云何趣地獄耶天曰文殊師

利如是何論天讚助者答曰室无相貌中何可讚助又問從室行者當何所往

若同當住於慧耶以者何眾生知初自性空故天曰文殊師利云何知諸眾

生界答曰見一切眾生從因緣起不斷不常是故過知眾生界之何法界答曰

眾生界者為何義耶答曰眾生界者是法界之何法界耶答曰

自性空界名為法界又問何謂空界答曰即是眾生界又何

界又問何若是超過得若曰是佛境界又問何謂佛境界答曰

眼界是佛境界又從佛境界非眼之色眼識境界故可界是佛境

然佛境界非耳聲識境界故可至是界是佛境界從佛境

界非鼻云法之識境界故色界是佛境界從佛境界非

故受相行識界是佛境界從佛境界非受相行識境界故

佛境界於佛境界非无明界故乃至老死病界是佛境界從佛境界非

故受相行識界是佛境界非受相行識境界故无明界是

佛境界非无明界故乃至老死病界是佛境界共佛境界非

老病死境界故欲界是佛境界无貪相故乃至界是佛境界非對治

貪故无色界是佛境界非是佛境界界非

是佛境界非三相故天子是名佛境界如是境界入一切界老盡遍盡无

覺皆悉橋夌并善入是境界故常行世間一切境界超過魔界如實

知寂靜平等是剛名為衆大神變後次并不住平等以平等法成魔衆生

云何平等及非平等一切諸法自性寂靜如是了知名住平等不能入於

諸法性空名非平等并戒魔如是衆生而亦不住空平等故一切諸

故无取平等无住平等无生平等无滅平等離染平等寂靜平等无

性平等故并是故不住平等彼不了知是平等法并戒魔如是衆生而亦

住於平等故是故不離平等并行○今時高主天子自文殊

師利言顧為我說諸并行天殊師利言天子并行者不可思議天子云何吾

思議文殊言貪行是并行貪行不可思議故瞋行是并行瞋不可思議故癡行

思議文殊言貪行是菩薩行貪不可思議故瞋行
是菩薩行瞋不可思議故癡行
是菩薩行癡不可思議故故瞋行是菩薩行瞋不可思議故癡行
故不善根菩提是菩薩行無思想故不懈怠是菩薩行不求報相
住定故離愚癡見是菩薩行不住智退故無煩惱是菩薩行無所斷故無貪愛
是菩薩行離身相故悲愍心是菩薩行捨女人愛故無染汙是菩薩行呵責五欲
故離非法是菩薩行積集善根故無疑悔是菩薩行捨身命故淺諸惡是菩薩
無熱惱故無所著是菩薩行離愛憎非憎故無所壞是菩薩行已護頃惱故不怖
是菩薩行入無邊生死故伏精進是菩薩行荷擔一切眾生故不起轉是菩薩行減滿
昔願故眾寶行是菩薩行見諸寶故一切行是菩薩行勤修助道法無淨身是菩薩行
難一邊過故無過夫是菩薩行智者所讚故安住心是菩薩行念一切眾生故無分別是菩薩行
菩行等觀一切故善丈夫是菩薩行荷擔眾生故勇猛是菩薩行摧破一切煩惱故
固是菩薩行所住不中廢故勤出是菩薩行行精進不退故道順是菩薩行於諸同侶
元遠迂故歡喜是菩薩行於行惡者令歡喜故信樂是菩薩行於諸佛聞法
事師欣悅故金剛甲曹是菩薩行持戒律儀故弘嚴佛土是菩薩行淨其心故超過
初是菩薩行入最上乘故知恩報恩是菩薩行不斷佛種故智慧方便見是菩薩行

一切是菩行入最上乘故知恩報恩是菩行不断佛種故智慧方便是菩行

橋受元断故說此菩行時五百菩得元生法忍。余時高主天子白文殊師言

快我普得此行然燈世尊与我受記時權得元生法忍是名如來衆大縛
言菩諸菩能如是行則為已受如來記別佛答天子如是如汝所
愛若受成乾淨業者乃能終習此菩行　余時高主天子白佛言世尊
云何名元生元忍佛言元生忍者非先有生後說元生云何本自不生
故說元生非先有起後說元起本來不起故名元起非先有相後說元相

故說元生性先有作後說元作非先有衆後

於空衆生性空故說元空如是了知元生元衆本元所滅且名元作
本來元相故名元相非先有作後自元作故名元作非先有衆後說
姓是思可一切元本來不生是名為忍如是忍可一切聲聞緣覺本
未是思可一切衆生二初刹九本來不生是名為忍天子以諸法不生故
法本來不生是名為忍天子以諸法不生故刹那空於刹那空故名元相

剎那空相故色剎那空故受相行識剎那空故界剎那空故名元相
空若元相故豪剎那空若剎那空則元所有故則元所滅
故則自性離自性離故是名一切法本來寂静能如是忍入於平等是則名元

空為苦劒那空若劒那空則无所有故則无所漆无所
故則自性離自性離故是名一初法本未嘗靜能如是具入於平等是則名无
得无主恩愛禮記得此恩者為无所得云何名為有所得者見我人所二相可
得名有所得見眾主愛者養育我人二相可得名有
性及我所性乎知无二名无所得是則名為貴責在於无數故於行此君等
名如來眾大神變說〇復次弥勒若以无常
逢心行法施時不著名聞利養果報以饒益事而為上首常為眾生宣說正法
當得成就十種利云何名為十種利所謂正念成就智慧具足有堅持力往清净行
生覺悟得无世智不為眾覺之所得便少於貪欲无有瞋恚亦不愚癡諸
佛世尊之所憶念非人守護无置諸天加是威德眷屬親友无能沮壞有所
言說人必信受不為惡家伺求其便得无所畏眾多諸快樂眾為諸人之所稱歎
善能說法眾人歡仰弥勒是為菩薩得成就十種利不著名聞利養果報
行饒益事而為上首常為眾生以无邊心清净說法復次弥勒若菩薩以无
弥淨心行法施時不著名聞利養果報以饒益事而為上首而能得生已生辦末
第八十一教隊志樂會第卅五

布施行法施時不著名聞利養果報以饒益軍而為上首亦為眾生□□

法又能成就廿種利云何名為廿種利所謂未生辯才而能得生已生辯未

終不忘失常勤於習得陁羅尼以少切用善能利益无量眾生以少切用令諸眾

生起增上心恭敬尊重得身口意清淨律儀超過一切惡道布眾於命終

時心得歡喜揚正法權伏異論一切惡魔賣威尊嚴猶自不能有所窺望何

況下劣少福眾生諸根戏就无能映蔽且之橋受珠像言樂得大菩薩地□切

舍那難行之行皆得圓滿藪起精進善護正法速疾能超不退轉地一切行中

諸順而注弥勒是為廿種利不著名聞利養果報行饒益事上面

為上首書為眾生以□光□希望心清淨論法

佛若弥汝觀未來後五百歲有諸苾芻為人說法佐如是心云何當令觀友得

難歸屬於我後更念言阿當令在家諸苾芻而於我所生淨信

心茶敬供養衣服飲食臥具湯藥如是苾芻利故為人記法若元

養心主彼戲弥辟如有人志樂清淨或為死地死狗死人等尸臊穢

爛壞繫著其頸是人憂惱厭患以速遠故志悶不安弥勒當知於

崩壞繫着其頸是人憂愁渧淚王歡憙悶不安彌勒當知我

後末世五百歲中說法之人亦復如是於諸一切无利養處不順其心无有

滋味便生猒倦棄捨而去彼諸法師住如是念我於此中說法无益何

故是諸人等於我兩須衣服飲食卧其衣藥不生憂念何緣於此徒自疲

勞彌勒是諸法師自求洪養給待尊重橋愛同住及於近住不復於法

求者彌勒為法施清淨何以故若心有希求則法无平等我不說言亽貪汙心

城國邑聚落而貪不為利養威亥囂囂於諸眾生彌勒我不說言亽有希

利益事而橋愛…是諸法師自求飲食衣服眼卧其詐現異相入於王

者能戒囂眾生何以故自求成就囂他无有是處彌勒我不

言尊重洪春安樂其身貪着橋愛不淨橋者為利益事何以故

為求自身安源豐樂眾余不能念其安往正信彌勒我不

說言矯詐之人徑阿蘭若濱福德者而為才欲貪味者名易滿

邑若求美味乞食彌勒我不說言乞求種上妙衣眼謂如是等悔

董擇衣彌勒我不說言荷休福田在家出家无識知者為雜憒閙彌勒

我不論言論…之人值佛興世求地…者為如里惰行多憒…

董掃衣彌勒我不說言　□居家孟家无諒知者為雜憒閙彌勒
我不說菩薩曲之心住佛興世求他短者為如理行多積空者名戒溫
淨增上慢者為多聞等一彌勒我不說言好朋儻者名住律儀心貢高
者名尊敬法師綺語輕弄為善說法與俗交雜能於僧眾離諸過
彌勒我不說言閑靜福田為施不望報求恩報者為善橋諸事求恭敬
志樂清淨多要計者以為出家彌勒我不說言多別彼我名樂特戒不尊敬者為
聯法樂著世典晩誦言論以為愛法彌勒我不說言於諸空性无勝懈者諸
多雜生死執著者為雜諸行彌勒我不說言於上堤多住有所得名為諮
孫勒我不說言先勢力者忍厚威就无娆觸者被惡厚甲少煩惱者名律儀
淨斷方便者為如就於行孫勒我不說言說者為一心住好臺世緣於法
元憤悲導清淨法諸惡起終習智慧廬憧閑行孫我不說言方便開難
居為諸曲不求利养而為妄語无執著者誹謗正法護云法者而惜身命
阿行下劣為无勝楊如是弥勒於後末世五百歲中當有斗戰根小智
誦曲盧誕往於賦行汝應護之　　　茅九十六卷恒河上優婆義會
如是我聞一時佛在舍衛國祇樹給孤獨園時會舍衛誠有優婆義名
恒河上芝其生豪来諸佛竹頂礼佛足退坐一面尒時世尊聞恒河上言

如是我聞一時佛在舍衛國祇樹給孤獨園時舍衛城有優婆塞名

恒河上徃其徃豪來詣佛所頂礼佛足退坐一面尒時世尊問恒河上言

汝從何來波白佛言世尊若問化人汝從何來如是問者當云何答世

尊告言夫化人者无有徃來亦无生滅汝今說恒河上言若一初法皆如化者亦无所徃

言不皆如化耶佛言如是如汝所說恒河上言若一初法皆如化者有天何問

言汝從何來世尊告曰是幻化人不徃惡趣不生天上不證涅槃恒河

波亦爾耶白言我若是身異於幻化乃可說言徃善惡趣及證涅槃

不見身異於幻化汝云何說言徃諸惡趣乃至涅槃後次世尊如是佛言汝豈不取涅槃男耶

覓不後生者是善惡趣及涅槃我觀已身亦復如是佛言汝豈不取涅槃男耶

河上言如從此問之无生者應云何答佛言无生者即涅槃也恒河上言諸法之

不但問涅槃佛言如是世尊若无有攀緣恒河上言如來豈以有攀緣而

男耶復次世尊告言化人曰世豈不趣涅槃男耶波於是問當

銅答世尊告言此所問者无有攀緣恒河上言如來豈以有攀緣而

致斯問故致斯問何以故如來於諸諸法名字猶不可得何有諸法及彼報耶

P.3354v　佛經集抄　（44—42）

成熟故發斷問何如故如來於後說此名實積不可得何有諸法及作此解
嚴涅槃者恒河上言若如是者云何為次提故積集善根若諸并及彼生
根皆不可得積集之時即無心故非積集時亦無得恒何以故此中心尚不可得
世尊若言此法非思惟之所能知寧非思惟之所能得何以故此中諸是心故眼慣

何況而生法心不可得是則說名不思議云此不思議事無得無證非於
川淨何以故如來書論一切諸法猶如虚空無異礙故恒河上言善一切法如是
者云何世尊諸有諸色變想行識及於要衰十二因緣有漏無漏是深果
淨生孔涅槃佛告恒河上所如說我難有言說一切法中於覺行者見一切法無得乃
諸色實無有色相可得乃至涅槃亦後如見無得亦無得我論斷
色乃至涅槃亦後如見恒河上於我法中從覺行者見一切法無所得如是行

諸名真於此深法生大歡喜是不能發於此法中如是諸行
後有能宣說如是其深斷流轉法有愚癡
瞎苦心云是因緣隨諸地獄恒河上言如儀所說斷流轉法以何義故名為流
世尊苦言斷實深不思議界此法禾可穿鑿恒懷是故說
新流轉者不諫實深不思議從其而界此放種一免青黃赤白枉絕縣

世尊告言斷流轉者一向諦實深不思議界此法堪可穿鑿壞是故說能
斷流轉法○余時世尊還恰敬喩從其石門放種種光青黃赤白紅頗黎
雜色其光普照无量國界上至梵世還從如來頂上而入　余時尊者阿
難見是事已心自念言如來雁云等覺非此因緣現此徵喩佛言我念往昔有
之即從座起合掌向佛而住作是言以何因緣現此徵喩佛言我念往昔有
來亦於此處說如是法彼諸眾會各々亦爾恒河上憂婆塞而為上首
優婆塞及諸大衆聞是法已皆於先際涅槃而得滅度阿難白
言當何名此經我等云何奉持佛言此經名為離垢清淨以是名字汝當奉
特說此經時七三沙五眾四百皆心得解脫余时欲界諸天雨
諸天雨曼陁羅華而散佛上作如是言此優婆塞甚希有能興
未共相酬對得元此眾是人已曾親近供養種々善根諸佛說是經已恒所
諸天阿脩羅皆大歡喜信受奉行○天佛頂素尊○向靡如見眾生
中亦若々具十三顛倒道如裎日龍花樹主顛倒燭闇真淨明心慧智

虚空龍鬼神々等

P.3354v　　佛經集抄　　（44—44）

·421·

MANUSCRITS DE DUNHUANG CONSERVÉS À LA BIBLIOTHÈQUE NATIONALE DE FRANCE

VOLUME 111

Directeur par

RONG Xinjiang

Publiés par

Les Éditions des Classiques Chinois, Shanghai

(Bâtiment A 5F, No.1-5, Haojing Route 159, Minhang Régions, Shanghai, 201101, China)

Téléphone : 0086-21-64339287

Site Web : www.guji.com.cn

E-mail : guji1@guji.com.cn

www.ewen.co

Imprimé par

Impression artistique Yachang de Shanghai S.A.R.L.

787×1092mm 1/8   56 feuilles in-plano   4 encart

Premiére édition : Mai 2025   Premiére impression : Mai 2025

ISBN 978-7-5732-1594-9/K.3848

Prix : ¥3800.00

DUNHUANG MANUSCRIPTS IN THE BIBLIOTHÈQUE NATIONALE DE FRANCE

VOLUME 111

Editor in Chief

RONG Xinjiang

Publisher

Shanghai Chinese Classics Publishing House

(Block A 5F, No.1-5, Haojing Road 159, Minhang District, Shanghai, 201101, China)

Tel : 0086-21-64339287

Website : www.guji.com.cn

Email : guji1@guji.com.cn

www.ewen.co

Printer

Shanghai Artron Art Printing Co., Ltd.

8 mo 787×1092mm   56 printed sheets   4 insets

First Editon : May 2025   First Printing : May 2025

ISBN 978-7-5732-1594-9/K.3848

Price : ¥3800.00

圖書在版編目（ＣＩＰ）數據

法國國家圖書館藏敦煌文獻 . 111 / 榮新江主編 .
上海 ： 上海古籍出版社， 2025. 5. -- ISBN 978-7-5732-
1594-9
Ⅰ . K870.6
中國國家版本館 CIP 數據核字第 2025F627N1 號

法國國家圖書館藏敦煌文獻　第一一一册
主　編
榮新江
出 版 發 行
上海古籍出版社
上海市閔行區號景路 159 弄 1-5 號 A 座 5F
郵編 201101　傳真（86－21）64339287
網址：www.guji.com.cn
電子郵件：guji1@guji.com.cn
易文網：www.ewen.co
印　刷
上海雅昌藝術印刷有限公司
開本：787×1092　1/8　印張：56　插頁：4
版次：2025 年 5 月第 1 版　印次：2025 年 5 月第 1 次印刷
ISBN 978-7-5732-1594-9/K.3848
定價：3800.00 元